U0067799

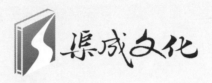

賴聰敏 ——— 著

精準溝通力

精準溝通　溝通改變關係　關係改變命運

Accurate
Communication
Power

賴聰敏 博士

親子教養訓練 36 年
法院心理諮商師講師
生命潛能培訓講師
台北暨基隆社大親子家庭講師
幸福人際高效能訓練講師
文化中心家庭教育講師
國際心理暨中醫博士
國際執業中醫醫師
精油五方康復療法創辦人
世界中醫藥學會聯合會會員
道家特效針灸講師
道祖太極養生功講師
高級健康諮詢師

相關課程

幸福人際高效能培訓課程
健康諮詢師課程
億起直線快速成交術課程
心花開財商重健課程
八字輕鬆學課程

《精準溝通力》生動細緻地向我們解剖了日常生活中大家正面臨的溝通難題，這些難題影響親子關子，或影響兩性關係、職場關係、家庭關係……最終影響我們整個人生和生命的幸福指數！

　　因為原生家庭的關係，本書作者從小就沈默寡言，不善言辭，不懂溝通。但她從來不逃避問題，任何事情她都有種打破沙鍋問到底的精神，為了突破自己在人際溝通方面的障礙，她在過去的幾十几年里都在致力於尋找科學的方法，為此她遠渡重洋，拜師學習。在回憶起恩師，諾貝爾和平獎提名得主托馬斯‧戈登博士時，她也是感慨萬千，感恩之心溢於言表。

　　「學習」讓她成功蛻變，「實踐」讓她更加堅定！回國後，她致力於將人際高效能溝通的科學方法帶給身邊的人，不僅自己培養出了優秀的子女，還幫助很多人改善了人際關係，重獲新生。學校、法院、政府單位更是頻繁邀請她去授課，她的教學成果，媒體也是爭相報導。

　　如何從「對抗」走向「對話」，讓聽眾產生共鳴，在這本裏都有答案！

電話：(+886)0935098978
微信 ID：fusun789
臉書：賴聰敏
Line：https://line.me/ti/p/Hz0ed1P2vv
Email：adda141319@gmail.com

CONTENTS

篇章一　　完美的「不完美」　　OK!

篇章二　「壞壞」的好媽媽

CONTENTS

篇章四　公益之心，大愛之行

CONTENTS

推薦序

所有的問題都是溝通的問題！

家庭的問題就是溝通的問題、夫妻之間的問題就是溝通的問題、跟家人的問題就是溝通的問題、夫妻之間的問題就是溝通的問題、跟孩子之間的問題就是溝通的問題、談客戶的問題就是溝通的問題、團隊的問題、和老闆的問題、財富不夠的問題、與合作夥伴的問題、甚至自己生活不快樂……有任何的問題，甚至連健康的問題，都是溝通的問題！

所有的問題都是溝通問題，所以解決溝通問題就能夠解決所有問題！

在這個聽起來大家都好像只知道，但卻沒有悟到，更別說做到，而沒有悟到，更別說做到，所以更無法得到的溝通能力上的提升。

《精準溝通力》橫空問世！我認為它會對所有閱讀這本書的讀者，產生巨大的蝴蝶效應！

從每一個字、每個句子、每一句話、每一段文章、每一次的重新閱讀，從封面內文到封底都會帶給讀者在每一段時間碰到任何困難、挑戰、問題、矛盾、猶豫的時候，猶如一盞明燈！不只是如此，它還具備很強的後勁，在人生未來做任何選擇的過程中，深深的埋下重大的因子。

這本超越溝通能力的《精準溝通力》，所帶給讀者朋友的，不只是自己，甚至會幫助到下一代！我認為這是一本改變、改善一個人基因的一本書，它會深深影響我們說話及做事的準則！

本書的作者賴教授，是一位具有耐心與愛心、恆心、毅力、努力，

有很強求知學習力的長者，她來談精準溝通力可以說是當之無愧！她自身數十年紮實的理論基石、實戰經驗、教學案例，都可以證明這本書不只是一本書，更是一個槓桿，是一個撬動美好生活、精準社交、精準學習，產生偉大力量的一本書。

我要在此鄭重的推薦，並建議讀者把這本書當成你人生的導航指南針與人生說明書。如果你是在校學生，它是一本最好的課外讀物；如果你已經離開學校多年，它是一本最好的課外讀物；或者你已經有了家庭，或者服務於某家企業，創業當老闆……都強烈建議必須要一個字一個字精準閱讀的一本書。

你會在看似平凡的字裡行間見到偉大與豐富的情感與讚嘆。它就像是一本人生的金鑰，它就像是一本生命的使用手冊！閱讀這本書的時候如果感動，你可以流淚；如果驚喜，你可以歡呼；如果快樂，你可以尖叫；如果悲傷，你可以吶喊；如果要去跟客戶溝通、跟團隊與夥伴討論或者是見任何人，說任何話之前，都不妨拿出來先查詢，它會幫助你精準的溝通，並擁有無比的力量！

我再次慎重推薦賴教授出品《精準溝通力》！

洪豪澤
暢銷書作家／國際級演說家
跨國企業家／教育／金融／科技
全球創業人物實錄／自媒體平臺／創辦人

推薦序

聽聞賴老師新書即將上市了，趕緊搶著寫推薦序。

這是種培養領導人的技術，非常的細膩，在對象不易產生對抗的心理的情況下，達成共識，啟發屬於自己的使命感，做事會很有動力。

書中鉅細靡遺，按部就班仔細的描述了這種技術，從對象無法接納的行為一直到很有意願的主動配合，出乎意料的扭轉逆境；運用的範圍從叛逆青少年、不同陣營的同行同事或難以締結的客戶，都可以達到顯著的效益，提升彼此的水準。

願每位本書的新主人，都能提升溝通效率，進而創造美好的未來。

Business Network International

Keelung Yilan New Taipei City North District Director Consultant

夏紫騰
BNI/ 台灣新北 . 基隆 . 宜蘭地區董事顧問

推薦序

　　我是富而喜悅品牌的創始人，創作的沙盤已經風靡了 40 多個國家和地區。

　　我非常榮幸能夠認識極致而又專業的聰敏教授：一個終身幫助很多家庭從混亂到幸福的心理諮商教授，富而喜悅的"擺渡人"這首歌共鳴到她的使命，將其在溝通力方面的畢身智慧濃縮在了《精准溝通力》這本書中。將諸多畢生教學、諮商的實例融入其中。這本書由淺入深，易學易懂，明你掌握精准對話而不是對抗的技術，你將學會如何培養出有財商有品格的明日之星（賴教授的小孩不到 40 歲就財富自由了，不但孝順還兄友弟恭），書中談到夫妻、家庭、親子、領導、家庭會議，家是小社會，父母是孩子一生的導演卻無照上崗？

　　教小孩要物質窮養、精神富養，才能讓你的孩子勤奮積極越挫越勇，具有成功特質。我和賴教授理念相同。她帶活動我帶沙盤，我們兩個天各一方，所做竟然意義相同，想到賴教授我就會心一笑，能夠跟這樣的夥伴生活在同一個時代，簡直是人生的幸事。

唐乾九
富而喜悦品牌創始人

學生見證

　　我是公營銀行的高階主管，家庭事業兩頭忙。過去常為了教養孩子和協助做家事的問題，和先生意見不合吵架。包括小孩子講不聽我也都用教訓的，工作已經夠忙的，家庭氣氛又很差，覺得心力交粹，常常暗自哭泣，甚至去求神問卜念經做善事，都沒有改善。最後差點跟先生離婚，小孩也都不願意跟我說話，我才發現事態嚴重，後來朋友介紹了賴老師的親子教育訓練，我才發現唯有改變自己才是最好的選擇。我學習之後改變自己和家人的溝通模式。

　　先生變得很體貼會主動幫忙做家事，孩子也很願意和我溝通講心事，小孩也變得積極獨立，家庭氣氛越來越好。包括在公司的人際關係及帶動團隊都變得順風順水，升遷更加順利。

　　非常感恩這一切的美好，都是上了賴老師的課程讓我有這樣的收穫，非常推薦大家一起來學習賴老師的課程。

賴秀玲
36 年公營銀行經理

　　我和媳婦因家事分配問題有心結！讓家裡氣氛猶如潛在未爆彈！不小心一觸即發！自己也因做生意和個性急躁，喜歡發號施令，儘快把事情做好，讓剛嫁來的年輕媳婦壓力好大，兒子也當夾心餅乾裡外不是人，我常想老媽子做那麼多還被人家嫌，想想真的很傷心。

　　好友秀玲關心，介紹我來學習賴老師精準溝通能力課程後，才知道可以父母在家中與小孩討論家事分配，應透過溝通互動討論，讓小孩或配偶能共贏式的參與家事，讓孩子們分擔而不是讓父或母一人承擔。問題歸屬釐清後，婆媳問題解決了，家裡氣氛變得溫馨又和諧。

　　學會精準溝通很棒！感謝賴老師。

張云溱
多元收入的負責人

學生見證

　　賴老師應該算是臺灣 80 年代溝通界的翹楚，頂著東西方心理學溝通三十六年經驗，幫助無數人走過生命低潮，在子女教育的推廣更是貢獻卓越。

　　在長期耳濡目染下，從賴老師的身上除了學到溝通協調能力之外，甚至更能面對問題、解決問題、創造三贏局面，書中提到的各種溝通心法，在現今資訊爆炸且複雜的厚黑環境中，實在受用無窮，在溝通這門藝術中，此書必定可以讓你精準掌握！

　　因為學得早，出社會貴人多相助，一路順風順水，在工作、在家庭，都能遊刃有餘。

　　團體說明會總是讓我遍地成交，成為業界翹楚。

　　如今還未滿 40 歲，年紀輕輕已是財富自由、心想事成。

夏胤峰
臺灣凱基銀行法人部協理

學生見證

　　當初會來學習《精準溝通力》的課程，是因為工作跟客戶的關係、事業忙碌沒空跟小孩互動，孩子長大後，我們在溝通上比較困難。再加上原生家庭的教育方式，成就我對小孩子管教是用嚴厲斥責的方式，因而我與小孩雖然同一個屋簷下，關係卻疏遠、冰冷，學完後完全顛覆自己的嚴父慈母、子不教父之過的觀念，開始破冰面對，本來小孩不喜歡跟我們講話，現在會來打招呼、噓寒問暖、聊聊、討論，雖然我們正在改變，使用得不順暢，或許長久以來造成孩子的防衛、不信任，但我們正在進步中，孩子也欣喜接納改變中的我們。

　　在工作上很容易被信任就成交，配合的載貨司機　原本很機車，現在用《精準溝通力》變得很好配合，遇到廠商凸槌，也能四兩撥千金，從此不再需要生氣了。推薦各位《精準溝通力》每個人都一定要上。

許定鵬、謝素華
沙發 ‧ 床墊 ‧ 床組 ‧ 家具工廠 CEO

自　序

親子教育是心與心的交流，
心與心相印，身與身才能相隨！

——賴聰敏

在戈登博士的面前，一位臺灣女孩連珠炮式地問出一個又一個問題，像一個調皮的孩子，心裡積壓了比天上星星還多的問題，見到老師，就一股腦全都問出來！而戈登博士只是靜靜地聆聽，給她理解性的回應。

這就是我初見戈登博士的場景。

我在美國主修心理學，後來師從戈登博士學習高效能溝通，再結合自己的親身經歷，三者融會貫通，最後形成了我自己關於人際溝通的課程體系，輻射多領域溝通方式的「精準溝通」理論。多年來，我在臺灣推廣，幫助很多家庭走出溝通困境，同時，我還服務法院系統，幫助大量家庭走出困境。

精準溝通，改變孩子的命運，更改變孩子背後家庭的命運。讓無數家庭從「對抗」走向「對話」，也讓無數人擁有溝通力，讓「溝通力」成為他們的「核心競爭力」！

父母與孩子的關係，是與生俱來的，但父母與孩子之間的溝通需要後天訓練！沒有溝通，就沒有教育；沒有共情，就沒溝通的高效能！

人與人之間的關係千差萬別，一切的社會活動都基於林林總總的各類關係，而所有的關係，都是由親子關係這個「第一關係」演化出來的，可見「第一關係」是至關重要的！有的人用童年治癒一生，有的人用一生去治癒童年。一段良好的關係，源於「同理心」與「共情力」，而高效能溝通能夠彌合人與人之間關係的一切裂隙！

日常生活中，親子溝通無處不在、無時不在。親子溝通的效能小則影響當下事情的處理，大則直接決定親子關係的和諧程度，甚至關係到孩子的一生。而在人生的方方面面，都面臨著溝通的問題，做到溝通無礙，是人生第一要義！

溝通的低效能，甚至無效，乃至出現「反效能」，不但溝通不成，反而激起彼此關係的逆反應，使一段關係走向反面。

也許溝通解決不了所有問題，但溝通一定是解決問題的第一步！人與人只有通過溝通，建立瞭解、建立信任，才能建立和維繫良好的關係。

那麼，如何溝通才能精準、高效能呢？因人而異，方法技巧極多。心理學提出的「共情力」、「同理心」，有助於提升溝通效能。

你想孩子強大，必從弱小開始，以共情之心，陪伴他們變強；你想孩子優雅，必從質樸開始，以共情之心，陪伴他們變優雅；你想孩子博學，必從謙虛開始，以共情之心，陪伴他們變博學；你想孩子富裕，必從貧窮開始，以共情之心，陪伴他們變富有；你想孩子幸福，必從艱辛開始，以共情之心，陪伴他們變幸福！

精準的人際高效能溝通，首先從親子關係這個「第一關係」出發，拓展到社會生活中的所有關係，從自然關係與血緣關係，到社會關係，我們要付出足夠的同理心與共情力！

除了「第一關係」之外，我們還應該關注夫妻、長輩、朋友、社會，乃至於自己與自己的關係！自己與他人需要高效能溝通；自己與社會需要高效能溝通；自己與世界也需要高效能溝通！

什麼是關係？在我們中國人看來，關係就是緣！我們要幫助孩子結善緣，我們要與愛人結善緣，我們要與長輩結善緣；我們要與朋友結善緣；我們要與社會結善緣；我們要與世界結善緣；從這一點來說，人際高效能溝通就是「種善因，得善果」的過程，也是和諧一切關係的過程。

精準、高效的人際關係技能，幫助孩子與他人、社會、世界建立良好的連結，也讓我們自己與他人和世界建立良好的連結，讓我們與孩子的成長效率超乎想像！

孩子不僅需要父母，他們更屬於世界，成長過程中，孩子得到的就不僅僅是知識、技能這些普世化的價值，更重要的是他們將通過人際高效能溝通得到「幸福一生」的能力！而從親子關係開始，一切良好社會關係的開啟，將助我們每個人成就幸福的一生！

從親子關係開始，通過精準的人際高效能溝通，重塑我們與他人和世界的關係，我們將創造更美好的、有愛的未來！

溝通極簡運算式

賴：信賴—真誠信賴是溝通基礎

聰：用心聆聽—總帶著耳朵聽，是溝通的前提

敏：敏銳—覺察自己，洞察對方才能高效溝通

花果同時

一蓮生，花果同時

因果不二

一語出，冷暖自知

高低立現

精，言不多語不少

準，意契理情切心

溝通無礙

心相印，身相隨

言有度，愛無界

萬物互通

天與地以光相通，我與君以心溝通

光與影總是相隨，雷與電感應相通

浮雲已隨晚風去，我與滄海話桑田

朝朝暮暮聽君語，暮暮朝朝訴我心

精準溝通語錄

01 如果你還不知道該怎麼說，就靜靜地當一個受人歡迎的聽眾，因為大多數時候，聽比說更重要，而且聽比說更難。

02 精準溝通就是知道自己該說什麼，知道自己該什麼時候說，知道自己該對誰說，知道自己該怎麼說，說服得了自己才說服得了別人。

03 溝通、溝通、再溝通！
這就是從失敗走向成功的「直線距離」！

04 溝通是教育的濃縮，沒有溝通就沒有教育；溝通是關係的養分，沒有溝通關係就不能維繫。

05 面對一億人演講和面對一個人溝通，是一樣的，其核心都是推心置腹，有效的不是語言組織，而是心與心的交流與共鳴！

06 懂得什麼時候開口，更懂得什麼時候閉嘴，這大概就是溝通藝術的精髓所在。

07 恰當地用字，極具威力，讓每句話都是有效的，讓每句話都說到對方心裡去。

08 尋找自我，保持本色；尊重他人，接納差異；雙向交流，溝通無礙！

09 心靈之間的捷徑，就是精準溝通！眼、耳、鼻、舌、身、意都是溝通的工具，愛、同理、共情則是溝通的手段，而語言本身的美，則是溝通的表相和顏值！

10 溝通的本質是「放下自己，接納對方」的過程。

引子

　　我從小沉默寡言，也不說話，靜靜地躲在角落裡，像一個影子！我不知道自己的夜空一顆一顆星星是被誰點亮，也不知道哪片烏雲就不識趣遮住了我的月亮，我只是默默地，默默地活得像一個影子，睜大好奇的眼眸審視、觀察這個世界，同時也覺察自己，洞察自己內在的心靈。

　　我並不擅長與人來往，更討厭搬弄是非的人，當女生靠過來說，某某同學怎麼樣、怎麼講，我聽了就覺得胸悶。我不需要與別人共用一個「是非」，通過這種方式而成為朋友。我內心光明，我希望大家彼此都是星辰，通過「相互輝映」而成為朋友，讓自己的人生「與光共舞」，這才是我的願望。

　　影子是沉默的，但它有說不盡的話，影子是最好的傾訴對象，其實就是—生命中的光！而我一輩子都在追尋自己生命中的光！

　　從小我更喜歡跟男生玩，因為男生不會搬弄是非，跟他們玩，讓我覺得放鬆。我其實那時也有一個唯一的女生朋友，但是她後來莫名其妙和我絕交了。因為這種絕交是沒有原因的，她沒有告訴我，我也沒有問，我們就默默地從好朋友變成陌生人，這個過程讓我無比痛苦。那一天我記得我回家吃飯的時候，是含著眼淚，然後吞不下去。

　　人就是這樣，當你不懂溝通，你會莫名其妙失去你最珍貴的友情，而且，自己連原因都不知道，就像天空落起雨來，天空不會告訴你原因；眼睛落了淚，眼睛也不會告訴你原因！

有一次，我數學作業都寫對，但是老師，改錯了，所以我分數比較差，然後就被老師叫到前面打手心，我也不會解釋，我就是白白被打。我寧願自己被冤枉，也不願意掀起一場風波。所有人都看到我的沉默，但我自己感受到內心的痛苦，我不知道怎麼訴說，也不知道應該向誰傾訴！

因為從小就被壓抑，我心律不整。小學的時候，只要是曬到太陽，我就昏倒，就是情緒會壓抑到心律不整，會昏倒，我不知道是跟情緒有關。我媽媽會被通知到學校，然後她就帶我去做心電圖，讓醫生看，醫生都說很正常。所以全家罵我裝病，我因此更壓抑了，我其實需要愛與關懷，我

也不知道該怎麼解釋。因為我又不懂，我不知道情緒造成我整個身心不平衡，雖然還沒有達到器官性的損傷，但心律不整讓我整個人時常喘不過氣，然後就倒下去了。

也就是說，醫生說你沒問題，很多時候並不是真的沒問題；而別人說你沒問題，同樣也並不是真的沒問題。夜有多長，要自己去體驗；路有多長，同樣也要自己去追尋！

其實，我是一個挺有天賦的孩子，為什麼會變得沉默寡言，這跟家庭教育有關係。我記得我小的時候得獎狀，然後得到一個算盤當獎品我拿回去，我媽媽就罵我。為什麼罵我？因為她覺得，這麼好的天賦為什麼不是生在弟弟身上，而是生在我這個女兒身上。媽媽其實是很愛我的，只是她身上的傳統觀念，讓她這樣做的。因此，後來只要我得了獎狀，我就把獎品留下，把獎狀撕掉、扔掉，因為拿回家，也得不到讚美，只會帶來責罵。

小時候，學校有手工課，我做手工特別厲害，所有同學都排隊找我幫忙。這讓我感覺到心慌，我不知道怎麼跟他們交往，但同時，這也讓我體驗到「發光」的快樂，我可以是一個影子躲在靜靜的角落，我也可以是星辰，而且可以是最亮的那顆星，照亮別人！做手工這件事，讓我學會了專注做一件事，專注到一定程度，你就能夠發光。

到了初中，因為成績好，我當班長。而且，我突然長得很高，甚至可以和很多男生比身高。身高是女生裡最高的，又當班長，所以大家都對我有幾分敬畏。到高中，我就喜歡溜冰、打籃球還有游泳，因為運動，然後發現了我很多的鬱悶就在運動過程中煙消雲散了。

那時，運動場的管理員就很喜歡我，一直說讓我叫他爸爸。我那個時候的年紀會覺得我已經有爸爸了，我幹嘛還要一個爸爸？我就不要。

可是他對我很好，我一直保持距離，我害怕，因為，老一輩人說不能跟男生太靠近，不然會大肚子。其實，那是一個非常保守的時代，因為對很多事不瞭解，可能在自己的內心就提前勾勒好了「危險的樣子」。

　　喜歡運動，讓我在運動中找到了一種成就感，我開始有快樂，而且，從內心深處也產生出一種自信。

之後，我考上大學，考了一個考古系，不是自己想要的，也不想讀，加上又因為生病，所以就在家休養。生病的原因，就是累積了太多的情緒，但是我沒辦法處理，我沒辦法表達我自己，或是我沒辦法紓解情緒，在生活中更沒辦法當自己，我只活在別人的眼中，然後從來沒有自己，所以我會一直生病。但我當時不懂，只是現在回過頭來看，那是因為不能當自己，也沒有人支持我，因此就一直生病。生病了之後，就休學了一年。

　　我在外婆家，休養了一年。然後他們介紹我做一個工作，就是在一

個毛線廠裡做事，給我一點工作，然後賺一點錢。這樣讓我在賺錢的時候感覺蠻辛苦的，覺得自己應該發憤多學一點東西，自己是可以發光的，為什麼要一直躲在角落裡辛苦謀生？後來，我陸陸續續又做了幾份工作，我就去讀書，去複習，然後去讀了一個成人夜間部。

從此，學習成為我生命的主題，一直上學、一直學習，一直學習、不斷學習，到現在還在不斷學習，學習是一輩子的事，成長也是一輩子的事！

結婚後，在婚姻裡面，我覺得老公無法成為我的依靠，因為我受苦，他也沒有能力處理。我只有靠自己。我就有一個決定，靠山山倒，靠人人跑，還是要靠自己。於是，我進入保險行業，結果連續 7 個月，沒有業績，在最後一天，我要被辭退的那一天，有一個客戶主動跟我買保險，她說我這個人很好，因為她問我問題，我全都如實相告，所以，她信任我，就主動找我買保險。通過這件事，我茅塞頓開：原來，溝通並不是說你要說服對方，你也可以通過你的行為與真誠打動對方，而且善於聆聽比善於說還要重要！後來，我的業績就越來越好，可以說是賺到了我人生的第一桶金，為我日後出國留學做好了資金的準備。

保險公司引進一個日本人來臺灣講課，講溝通方面的課程。當時日本老師說：「課程是從美國引進的，已經在日本教了 10 年」，他覺得這個溝通課真的好，又有深度，10 年來就像瞎子摸象一樣，也只是學到一部份精髓。但學問真的很浩瀚，通過學習，困難很多，也在日本人身上問不到答案，我自己也揣摩不到，因此起了一個追尋高效能溝通這門學問源頭的念想。後來，我留學就一直一直搜索高效能溝通鼻祖戈登博士的訊息。

後來，經過努力，我終於見到戈登博士本人，追隨他學了很多東西，

去上他的課。因為他徒弟很多，我不僅跟他本人學，也跟他徒弟學，學了大概一年，就漸入佳境。

臺灣人一直喜歡貼標籤，就覺得那是正常的，其實是不太懂那叫標籤，是一種粗魯行為。而戈登博士卻說人與人的溝通關鍵是聆聽、同理心與共情力。通過學習高效能溝通，讓我發現自己過往的一些觀念全是錯的，有一種醍醐灌頂的感覺。我們的說話方式，我們都認為是理所當然，然後他說話的方式裡面不帶有任何的批判或貶損。可是我們的批判貶損會變成正常，這是我們溝通裡面最大的問題。

我是個很沉默的人，但是碰到問題，我要打破砂鍋問到底！我就一直問戈登博士問題，他很有耐心，從頭到尾專注聆聽，理解性回應。在耳濡目染的過程中，我逐漸理解了高效能溝通的精髓。

我在留學期間，修的是心理學，這對我幫助也非常大，這可以與戈登博士的理論融會貫通起來，讓我一通百通。

在我們中國文化裡面，老爸老媽說了算：「你們什麼東西呀？你們小朋友怎麼可以講話？」；但是在西方的話，他覺得每個人的需要都很重要，所有人都不可以被犧牲。溝通不是一方贏一方輸，是雙贏、是多贏，學了這套理論，就是可以讓溝通中的每一方都贏，這才是真正的高效能溝通。

比如說，家長帶著孩子在公園騎小車，小孩不小心把花盆弄倒了，媽媽會說：「爸爸會叫警察來抓你，你趕快把它恢復原狀。」其實這樣說，對小孩沒有幫助，小孩只是害怕而變成比較乖。但是，小孩沒有真正的徹底改變，他只是偽善。這裡的「影響」，是說小孩如果沒有把盆栽還原位，把那土、樹枝，全部都歸到那個盆栽裡面，有可能別人走過去會因此跌倒受傷，這才叫做「影響」。那麼，這個小孩聽到了會很擔心別人受傷或自己受傷，就會把它弄好。這個叫「影響」。影響就是你的影響、

我的影響及所有人的影響。所以，打罵、恐嚇都沒用，要讓孩子有同理心與共情力。

每個人都非常珍視並希望維持彼此的良好關係，但我們是獨立的個體，有著不同的需求和價值觀。我們要有同理心和共情力，要始終堅持真誠而開放地溝通，從而更好地理解彼此的價值觀和需求。

從美國回到臺灣，我就開始做推廣，印了很多 DM，在別人補習班的場地租了一個時段，開始講課。第一場來了 60 多人，講完之後，有 12 個人報了班。因為我講的都是新東西，所以，有一些人還在猶豫要不要報，這確實需要一個過程。其實，在臺灣有很多家庭那麼多的爭端，而我講課的內容可以幫助到他們，這就是我做推廣的初衷。高效能溝通解決不了所有問題，但生活中很多問題根源都在溝通上面，這是從根本上讓生活走向正軌的一種方法。為了更多人來聽我的課，並從中受益，我那時開班，是完全本著一顆推廣的心在做的，就是為了幫助更多人。

那時，戈登博士的一本著作已經引進臺灣，有一些人看了他的書，也開始教別人。我們就去旁聽，結果發現他們講的課，並沒有講到戈登博士的精髓，有一些甚至背道而馳。我的助理聽了很生氣，想當場與他們理論，但被我攔住了，我說：「我們又不是來砸場子的，雖然他講得不好，但我們也要尊重他，我們只要做好自己就好了！」。

那時，我每天堅持講課，越來越多人從中受益。

有一個家庭，小孩沉迷打遊戲，沒日沒夜，什麼都忘記，打他罵他都沒有用，大人都睡覺了，小孩還在打遊戲。

孩子有惡習，打罵沒有效果，孩子反而像野獸一樣，會用怒吼的方式對待他的父母，父母沒辦法滿足他的需求，孩子一直被打被罵，就越來越叛逆，進入惡性循環。僵持到快不行，快把小孩逼走了，但小孩沒有能力賺錢，不敢離家出走，因此那個家庭，大家都過得氣氛很不好。

後來，媽媽來學了之後，小孩就決定不打遊戲了，用比較便宜的價錢，把他的電動玩具「任天堂」賣掉，從此就專注學習。

　　這個媽媽學完我的課程，自己先成長了，她發現以前的溝通方法其實是最無效的，只會累積小孩的情緒的。最開始學習擴展接納區，別人在玩電動，別人快樂，這件事是要接納。他沒有行為不端，只是需要被協助，於是這個媽媽就在孩子旁邊，只是陪伴，陪伴久了，拓展接納區，再試圖去引導孩子就會比較有效果。

　　你改變到什麼程度才能改變孩子？因為孩子是你的鏡子，你用什麼方式，他就回應什麼方式，你還沒到那個程度，他也沒有辦法對你有好的回應。所以有一個方式，就是從週邊開始，去訓練你的聆聽能力，找到切入點，問題也就慢慢迎刃而解了。

　　我並不是只生活在我的世界裡，你也不是只生活在你的世界裡，我們的世界是相互交融的！

　　當別人在生活中遇到困難時，我們要帶著真誠的接納和同理心來傾聽，並協助他找到屬於自己的解決辦法，而不是居高臨下去幫助，更不是把自己的想法強加於人，而是平等地去協助。

　　我們都曾面臨同樣的困境，所以真誠協助是出於本心，而不是強對弱，更不是施與得的關係。當我們沒能力協助，我們就默默聆聽，靜靜陪伴，給予精神支持就好了。

　　當別人的行為影響到我的需求時，真誠敞開地告訴他，對事不對人，只說「這件事影響到我了」，並且表明你相信他會尊重你的需求和感受，自然對方會試著改變，而這種改變，也是基於彼此的共情，好品性正是在這樣的過程中養成的。

每當我的行為令你無法接納時，我希望你也能真誠敞開地告訴我，這樣我可以試著去改變我的行為。

　　當發生衝突時，衝突的解決都不是憑藉權威的方式，讓一方獲勝而以另一方的損失為代價，而是我尊重你的需求，同時我也必須尊重我自己的需求。

　　我們努力尋求一種「多贏」的方式，你的需求將會得到滿足。同樣，我也可以滿足我的需求，大家在溝通過程中都可以滿足自己的需求，沒有人會遭受損失。

　　在這種溝通方式中，你能成為一個可以滿足自己需求而且持續成長的個體，而我也同樣可以。因此，溝通的各方能夠擁有一種健康的關係，彼此都能發揮自己的潛能。在相互尊重、愛以及和平的氛圍中，彼此相處並建立持久的連結。

篇章一

完美的「不完美」

第1章　出生地決定我的生命底色

時間建造一切，又毀滅一切！當我們完全忽略了時間的存在，我們才驚覺，連我們自己都是時間的造物！

1953 年，我出生於臺灣新北市板橋，紅磚古厝的屋頂上，流光溢彩的燕尾脊兩端微翹，曲線飛揚，好似俊逸的燕尾，這大約就是我內心的鄉愁的樣子。「居同厝」、「雙燕歸脊」、「家的榮耀」與「守望相助」這些大約就是我的故鄉給我帶來的些許印象。

童年，是一顆種子，所有人都對其懷有無盡的期待，而我自己卻和大多數孩子一樣，只想一件事：玩！

在我的童年記憶裡，最有趣的大約要算「林家花園」，它是古時候有錢人家的私人府邸，是非常顯赫的歷史遺存。但在我看來，它就像是我的「百草園」，我可以在裡面玩耍，在裡面「朝花夕拾」，很大的一個園子，樓閣、水池和假山，一切都是那麼的親切，仿佛是專為板橋的孩子們專設的一個遊樂場。

音樂教父羅大佑說「臺北不是我的家」，我卻要說「臺北就是我的家」，我可以嚮往鹿港小鎮，也可以喜歡大臺北，這兩種風格可以在我心裡並存，且握手言和！

身為臺北人，我深知臺北人的特點，那就是比較疏離，也就是說，他們不熱情，鄰居沒有什麼來往。高雄人則不然，他們超熱情，誰來都好，都一直請你要留宿。而大臺北的話，他們的性情裡有一種冷漠。有各地方的人過來，因為大家都要來臺北賺錢，臺北比較繁榮興盛，臺北又有

港口，所以外國人來得也比較多。

臺北是一個「聚人氣，不聚人情」的地方，這大約是幾乎所有國際大都市的共同特點，人們各自忙著自己的事，很少會關注別人，或是很少關注人與人之間的關係，像孤星，不像群星。

在這樣的大環境中長大，我應該算是一個比較冷的人，不夠熱情，或者說，我的熱情是藏在內心深處的，旁人是很難發現的。我在接觸別人的時候，大部分情況下總是冷冷的，應該是跟整個大環境有關，再加上後來原生家庭的影響，就讓我更加冷了，其實，也許是內心深處對這個世界有一種防備心。

不過，也沒有絕對，臺北有些地方也挺有人情味的。霞海城隍廟位於臺北市迪化街。1853 年艋舺住民發生爭鬥，同安縣人失敗，在火中搶出霞海城隍爺金身，撤退至大稻埕，大家都會去霞海城隍廟求姻緣，有甜甜茶可以喝，還有一些習俗是說甜茶因為很燙，不能用嘴巴吹，一吹就會把姻緣吹散。大家都來求姻緣，求到了他們就會送喜餅還願，去拜城隍爺。

臺北的迪化街，大家都很愛逛，因為那邊有很多東西可以買，它接近港口，有一個大稻埕港口，這個港口就會有很多進口的東西，所以那個地方就是「人氣之地」，剛好，霞海城隍廟也在那裡，就又賦予它些人間煙火氣和人情味。

說到底，世上所有城市都是平平無奇的，城市本就屬於平庸的存在，就像房子並不是靈魂的居所，我們自己的身體才是！房子是我們自己平庸的造物，而身體是上帝精妙的傑作！

在生命中，並沒有比生命本身更珍貴、更神奇的，除了生死皆是小事，生死就是生命。生命經過的事物，都會變得完全不同，生命經過歲月，歲月就分隔成了有生命特質的春夏秋冬，我的春夏秋冬裡，有時光的輕

舞，也有歲月的沉重！

我記得我在 19 歲的時候，爸爸說要去一個山裡面什麼廟拜拜，半夜就要出門，四點多天沒亮就出門。因為霧很大，坐計程車，結果出了意外，那個輪子陷下去了，險些就要掉下山崖，那個時候就是搖搖晃晃，命懸一線，然後，非常幸運我們開了車門成功爬出來。所以，經歷了這樣的驚險之事，我的人生也可以說是重新活一次，與死神擦肩而過。經歷過生死的人，想法會有很大的不同，也正因為有這樣一些特殊的經歷，可能也就把我骨子裡潛藏的生命熱情給激發出來了！

我想，人生路上，出生地為我鋪紙，原生家庭為我上色，人生的繪本，生命最初出發的地方就決定了我的生命的底色。在我的內心深處，那些無形的「畫筆」從未停歇，人生旅途，它們與我共呼吸，給我造成了潛移默化的影響。

人要瞭解最深層次的自己，應該時常回望自己來時的路自己出生地與原生家庭。原來人生就是不斷的修正行為，人生像一條路，出發的那個地方，總是深深影響著我們。想著過往，經歷風雨，那些心裡的石頭，竟變成了磨練我的礪石；那些生命天空的煙火，竟變成我人生星空中永恆的星辰！我們終於還是自己學會了長大，並且成為不動聲色的大人，在沉穩裡磨煉出了彩虹式的驚豔。

生命的蛻變從何而來？每個人都有每個人不一樣的答案，我的答案是，人的蛻變和成長是始於原鄉，發生於內心深處的。願我們都在以後的日子裡不斷跟隨內在的聲音，讓內心的聲音成為自己的老師。

知所從來，知所去向，這對於人生來說，真是太重要了！願我們都活得無有恐懼，越來越自由，越來越自在，也越來越自得！

向世界出發，也向內在出發！穿過靈魂的暗夜，跳著自己的舞，帶著自己的光行走世界！

第 2 章　「不完美」是前行的動力

《詩經·小雅·庭燎》，有句云：「夜如何其？夜未央，庭燎之光。君子至止，鸞聲將將。」

「未央」這個詞可是古風的寵詞，在很多古風作品中都可以看到。漢代興建了未央宮，在後世文人的詩詞歌賦中，特別是把漢朝當做偶像的唐朝，言必「漢皇」、「漢宮」、「長樂」、「未央」。其實「長樂未央」是中國人常見的吉祥語，就連漢代建築物檐頭的瓦當，都有「長樂未央」四字。

「未央」二字從漢朝到唐朝，從問候語進化成文藝創作的固有意象，在盛唐飛歌中人放異彩。

承載了民族歷史的漢唐風韻，「未央」二字既顯得古老又有韻味。

其實「未央」二字，揭示了中國人的一個哲學意味的觀念—接受不完美！

一個事物，一旦如日中天，到了最頂峰，它就要走下坡路。所以，永遠未央、永遠不完美、永遠都有不斷向上的空間，也有不斷向上的動力！

賴聰敏這個名字是菜市場的名字，雖不完美，而不完美，我們才有前行的動力！

我的原生家庭也不完美，爺爺人很好，很慈悲、寬以待人、與人為善。他樂善好施，乞丐最喜歡找他，他在弱者面前總是很慷慨。他脾氣很好，

做食品生意，賣一些雜貨之類；我奶奶，她做家庭主婦，沒有工作，所以賺錢都是我爺爺的事。奶奶比較會罵人，奶奶是傳統舊觀念很強的人，她希望自己的兒子第二個生的是孫子而不是孫女，因為老大是孫女，她就第一次當奶奶，對老大比較疼愛，不管老大是男生，還是女生，都很疼愛，100% 都給了這個大孫女，而後面生的孫女她看都不看，不是不愛，只是相比之下，不夠愛！

我那個時候，晚上奶奶跟我們一起睡覺，我會睡在邊邊，奶奶把蚊帳偏向大孫女，而我那一邊就沒有蚊帳。這是一種偏心，也是一種率真。有時，我身體不舒服，肚子痛，就在床上打滾，然後奶奶就會昭告天下，跟鄰居及所有人，說我是多麼懶惰，清晨不起床，在床上假裝生病。她就不曾關心我，但是我做的每一個行為，她都給我解釋得很不好，都看不慣。代與代之間應有的愛，就因為舊觀念給抹殺掉了。

我因此做什麼事都會默默地做，做了之後我不會張揚，我覺得只要有做就好，不必讓別人都知道。所以我會打掃，比如說我擦地板擦完之後，就當作沒這回事，我告訴我自己，對自己交代就好，至於奶奶把我的功勞變成姊姊的，那都沒關係。

其實，奶奶對我的成長也有正面的協助，我養成了寬容的個性，從不計較，我變成一個無聲無息的影子，也不愛講話，這樣低調而寬容的個性，自然在我的人生當中也贏得了很多人的認可與讚許。

人生沒有完美，但我們可以用完美的態度來對待自己的人生。

在我們的人生中，或許會因為一些人或事而感到生命的不公平或是不完美，而這一切，在那時無從改變，而現在也無需去改變，因為過去的終究已經過去，而在回憶裡，事事皆可愛，人人皆可親，能改變的就是用完美的心態去對待不完美的人生。

生活離不開酸甜苦辣，嘗遍人生滋味，經歷風雨坎坷，遇到各種不

順心的事，回頭看看，那些所謂的偏心，何嘗不是另外一種偏愛。奶奶率真地表達她自己，我自然也該心懷感激，倍感珍惜與她相處的點點滴滴。人生是不完美的，也無法事事如願，奶奶不懂這個道理，所以，她把她的寵愛都給了大孫女，卻吝嗇把她的愛給我。

代溝的困擾，其實不是偏心，而是傳統舊觀念造成的隔閡！

人生不完美，要學會用完美對待自己的人生。得到總在失去之間，失去總在得到之間，有失必有得，有得必有失。不必對舊事耿耿於懷，一切都著眼於更美好的未來，幸福就在前方，而我們心存感激前行！

雖然我曾經默默無聞，活成了影子，但當我用完美的心來面對我的人生，我漸漸發現自己也是美好的，我值得這世上最美好的一切！

第3章　悅納彼此才能溝通無礙

誰都想生在好人家，可是我們無法選擇父母，也無法選擇親人，甚至無法選擇環境。發給你什麼樣的牌，你就只能儘量打好它。

懂得接納原生家庭的不完美，也就懂得接納自己的不完美；學會打破原生家庭的桎梏，也就學會了創造自己的再生家庭。如果原生家庭沒有給自己足夠的愛，那就自己給自己更多的愛；如果原生家庭沒有給自己太多的錢，那就自己努力賺錢；如果原生家庭讓自己變得自卑，那就一點點學著變得自信。

所謂成長，本來就是用自己的成長，彌補之前的不好，用自己的愛，去彌補那些缺失的愛。

不管發給你什麼牌，努力打好它，就等於做對了人生大部分事情。

代溝的「攔路虎」其實是腐朽的舊觀念。

我出國學到了人際高效能溝通，只要我懂得欣賞奶奶，我與她自然可以化干戈為玉帛，這是我的信念。我覺得，我奶奶對我的方式就像仇人，其實，那個把我當成仇人對待的是「舊觀念」，而不是奶奶，奶奶的內心深處其實是愛著所有孫子及孫女的。

奶奶後來轉變很大，見到我就非常熱情，會跟我打招呼，然後，好吃的東西會拿過來給我吃。奶奶會主動問我要吃什麼，而且會主動關心我。我覺得，就是我懂得欣賞她之後，其實她也懂得欣賞我，我悅納她的同時，她也同樣悅納我，因此我們之間不需要更多語言，關係就轉變了。

奶奶她依然最愛她的大孫女，但對我已經悅納並帶著欣賞的眼光發現我身上的閃光點。而我也慶幸童年時沒有受到過度寵愛，因此價值觀各方面沒有跑偏。而奶奶的大孫女—我大姊，卻因為受到奶奶過度偏愛，養成了喜歡與人爭鬥的個性。所以，世事就是這樣，有所得，必有所失；有所失，必有所得。

人際高效能溝通最大的用處就是，你知道你自己的位置應該是在哪裡，你內心想追求的到底是什麼。換句話說，就是當初沒有得到這樣的一份愛，其實對我來說也不見得是壞事，或者說，我們始終要用積極的心態生活，用陽光的心態去與人溝通，即使有些事當時不太好，但我們最終是要把所有事用正面的思維去善解。

有一個女孩，她去賣珠寶，業績相當不錯，但她姊姊卻看不慣，找到那些買家讓他們退貨。當這個妹妹加入獅子會，姊姊還是出來作梗，暗地裡把她從獅子會退會。為什麼姊姊總是這樣來破壞妹妹，見不得妹妹一點好？其實，就是因為這個姊姊從小被寵壞了，她從小得到的任何東西都是最好的，長大了，她也同樣見不得妹妹比她強。從表面上看，是姊姊在破壞妹妹，其實，本質上來說是姊姊頭腦裡一種「落後觀念」在破壞姊妹倆的關係。

一段不和諧的關係，雙方都是受害者，並沒有任何一個受益者，由此可見，溝通在任何情況下都異常重要，就算親如姊妹，也要坐下來做深層次溝通，才能讓彼此的關係真正親密無間。

我與姊姊關係也不是很好，也是因為她被寵壞了，一天到晚都罵我。但我沒有討厭她，反正我被罵慣了，我不會生氣，也不會怨恨，也許我內心知道姊姊的不易，她被寵壞了，她自己也是受害者。有時候，我們容易理解好人，卻不容易理解所謂的壞人，其實，親人之間哪裡來的什麼壞人？真正壞的，也許只是我們腦海裡的一個舊觀念或是落後的一個觀念；

真正壞的，也許只是長期的「積習」，習氣一旦形成，帶上這種習氣的人本身也是受害者。

有時，我也後悔，當初應該多與姊姊溝通，打開彼此的心扉，也許就能幫助姊姊走向充滿陽光的生活，也不至於姊姊後來人生遭受那麼多衝擊，得了肺腺癌，臥床十年，然後過早走了。

溝通是雙方的、相互的，而不是自言自語、自說自話。我覺得，不管是代溝，還是平輩之間的溝通，不管是親人之間的溝通，還是朋友之間的溝通，抑或是與陌生人的溝通，任何溝通都是建立在悅納彼此的基礎上，建立在相互信任的基礎上的。

溝通是人際關係建立的根本，即使在資訊時代的今天，溝通也從來不是一件容易的事。如果梯子搭在了錯誤的牆上，那我們向上走的每一步都離錯誤更近一步。

現代社會，我們通常在爭奪利益，而不是共用利益，我們在計較得失，而不是在做平衡。我們通常要求別人悅納自己，接受自己的觀點，卻很少想到自己要先悅納別人。真正有效溝通只能建立在足夠悅納彼此才能溝通無礙。沒有接納度，彼此關係平衡是無法持久的。

有效的溝通，是建立在雙贏的基礎上，你對雙贏的態度越堅持、越真誠、越積極、越投入，你對他人的影響力就越大。因此建立尊重、接納的基礎就是基於雙方價值觀的相互認可，以坦誠溝通的態度來面對彼此，只有選擇坦誠，才能感受到「悅納彼此」帶給我們的力量。

溝通，其實不是技巧，「悅納彼此」是每段關係需要修煉的第一課。

任何一種關係，只要走出了「彼此悅納」的第一步，那麼，這段關係終將溝通無礙，也終將親密無間。

第 4 章　被偏愛的永遠都有恃無恐

我挺喜歡〈紅玫瑰〉裡面的一句歌詞：「得不到的永遠在騷動，被偏愛的都有恃無恐。」，這句歌詞不知道唱出了多少人的心聲，也不知道讓多少人恍然大悟或者後知後覺。

有時，看到這世界上的每一粒沙、每一粒塵、每一塊石子，都清楚地知道，那都是有著幾十億年歷史的。如果沒有了整個人類文明史，我想無垠的時間依然會成其厚重，無限的空間依然會成其廣博。

人也是這樣，每個人都有他自己不同於常人的經歷，也有著他不同常人的生命印跡！

外公外婆收養了兩個兒子及一個女兒一就是我媽媽。我媽媽本來就是要配給小兒子的，可是小兒子出外去工作，就愛上別人，然後就娶了別人。而那時，我爸爸就是一直來追求我媽媽，然後就被他追求成功。

我爸爸到處講，說這個女人是他的人，他說他那時真的挺勇敢的。爸爸媽媽結婚以後，生了四個孩子，我排老二，上面一個大姊，然後老三是男生，還有老四是女生。就等於說是三個女生和一個男生，我排行老二，也是最不受寵的那個。因為我都不敢講話，我好像講話會講錯吧，大家都很討厭我，因此總是默默無聞，不敢吭聲。

很小很小的時候，我就是因為愛問為什麼，問這個為什麼？那個為什麼？問到大人都沒辦法回答。我現在也愛問，但是現在把別人問煩了也沒關係，因為現在懂得溝通、懂得協調關係。但小時候不懂這些，因為愛問，所以就常常被罵太笨了，這個也在問，那個也在問，怎麼那麼笨，

然後你不准講話，從此我不敢開口了，不敢說，我慢慢就活成了影子。

我們家就是阿公開個挺大的食品店，父親也會去幫忙，因為他是獨子，就等於這份事業將由他來繼承。所以他通常抽屜錢拿著，然後就出去花天酒地。父親他人很聰明，他就是碰到一個不善於教育的媽媽，不知道怎麼教養他，然後給耽誤了。因為從小被寵壞，父親是一個沒有什麼責任感的人。父親發明的東西他也不知道怎麼去申請專利，然後就被別人拿去申請專利，人家就生產成商品。臺灣的絞肉機其實是我父親先發明的，但他沒有去申請專利，到哪裡去申請，他不懂，他也不去溝通、也不去問，他完全不懂得去爭取。

父親不懂得上進，也不懂得把這個食品店經營好，然後加上是家裡的獨子，實在太寵了，所以就放任他出去花天酒地。這樣的生活過久了，他好像比較自暴自棄，能力方面沒有長進，創業都失敗了。

父親很愛說笑話，是很幽默的人，這是他的優點。有個什麼故事，一些很有趣的事情，經他的口一講，莫名其妙，所有的人都被他逗笑了。但是不懂得溝通，所以，能力方面也沒有大的長進。

父親好像就對我有一種疼惜，然後又有一種惋惜，覺得為什麼我養了一個笨女兒，有時候又會很心急，就會謾罵，然後我就默默的，後來我就變成善觀察的人，這個人是怎麼樣，這個又發生什麼事了，那什麼是不是是，而是非，非不是非，而是是，然後我成了生活的旁觀者，就在那裡看看看，可是我沒有對象可以講話，可以溝通，但此時我已經與自己的內心溝通無礙了。

父親他想要什麼，他就會想盡一切辦法去擁有，但是他的擁有往往不是通過自己的努力。

但同樣的情況，放在我身上，肯定這個過程我是需要付出努力的，那我通過努力之後，我肯定就能心想事成。

比如說，我來到臺北，去到一個社區，這個社區很漂亮，路也很寬，很乾淨，我覺得好棒，住這裡多好。然後天天就想住那裡，有一天我真的就住那裡，這必然是通過我的努力辦到的。

　　我會去定那個目標，然後通過自己的努力，我就會達成。我跟爸爸不一樣，我相信努力的意義，也相信溝通的意義。

　　人生忽如寄，一轉眼就已揮霍了青春，父親被寵愛，但依然沒有過好自己的人生，我不被寵愛，漸漸成了生活的旁觀者，成為影子人，隨著歲月的流逝，我這個生活的局外人，反而越來越接近生活的真相，並且憑藉對人性的了然，懂得與別人交心，懂得與別人溝通。我知道別人想要什麼，也知道自己想要什麼，這大約就是高效溝通的基礎吧！

　　在歲月中，現實一點一點消磨我們的棱角，在失落、遺憾、不甘或憤懣的時候，想到還是自己的親人和朋友。即使有些東西已經再也找不回來，有些人遺落在歲月裡。但我們曾經的一切都是最珍貴的寶藏，最初的血脈親情，總是給我無窮的力量。

　　影子有時比本體，更知道發生了什麼，而且，也更知道珍惜一切！

第5章　有時我們都誤解了家的意義

夢中的管弦震顫，山外山，樓外樓，小橋流水卻無人家，忘川已過，浮萍依舊漂泊，離人淚滿衫，煙波槳聲裡，所行皆他鄉。

家是什麼？

有人說，家是黃昏湖邊的攙扶，家是燈下互相剪去絲絲白髮，家是一件舊風衣，風也是它，雨也是它。然而，家只與愛情有關嗎？

家其實有更廣博的內涵，它是生命開始的地方，也是生命棲居的地方，更是生命的歸宿。當我們在這個星球上尋不到人生的意義，卻驚覺，其實「家」給了我們人生不一樣的意義！

也有人說，家是倦鳥歸來的巢，家是小船避風的港……。

家就是家，「家」是一輩子圍繞著我們的一個字。用濃濃的墨蘸滿濃濃的情，來書寫這個「家」，一生有多長就能寫多久……。

「家」是一個值得每一個人一輩子善加經營的心靈聖殿！而心靈之間，溝通至關重要！

作為家庭的旁觀者，我在觀察，家裡很多事情發生，我覺得這些角色裡面，我媽媽最辛苦。她好像就是人家講的，就像魚一樣煎過來煎過去，倒來倒去，然後屍骨無存的感覺，她做了很大的犧牲。

媽媽本來還沒結婚的時候，是在政府機關上班，結婚之後，就跟著爺爺一起做食品，因為我們越做越大，所以，食品店就成了一份非常不錯的事業。

後來，我結婚的時候，我媽媽覺得我這樣的個性會被欺負，所以就跟對方談條件，說我們家還需要這個女兒幫忙，所以沒辦法這麼早嫁給你們，如果你要現在娶的話，男方要住在我們家附近，然後還要我在娘家幫忙，其實，媽媽就是想保護我，我其實就是幫幫家裡到處送貨。很多工廠啊，或者是什麼機構，他們訂的東西都是我去送貨。

　　我媽媽在我心目中，是一個堅忍不拔的人，她對家庭的忠誠，從一而終，也沒有讓人家知道她受的苦。在外人看來，大家都認為她很幸福。她的氣質有點像日本女人一樣，就是有點內斂，有點優雅，也不嘮叨。可是，其實她微笑的臉龐背後，其實有蠻多的痛苦。

　　父親花銷大，總是拿錢出去花天酒地，奶奶又愛鬥爭，家裡的關係就不容易協調，而作為這個家裡的媳婦，媽媽就會老被爺爺和父親罵。父親投資失敗，把媽媽的錢賠進去，而他又不長進，所以，家庭的重擔就落在媽媽一個人身上。而這種種痛苦，也沒有任何人可以分擔。

　　媽媽維護這個家，把這個家維護得非常好，然後外面人看不清楚，都不知道，覺得我們是一個很幸福的家，有錢、有個好的事業、有個美麗的媽媽及一個很好的爸爸。

　　媽媽有個傳統觀念—她認為男人會浪子回頭，出去玩和家是不一樣的，所以出去玩沒關係，但是就是不能太過分。

　　大部分家庭都這樣吵吵鬧鬧，根本原因是溝通的問題。我們給女人一個傳統觀念，男人就是茶壺，他可以有很多杯子，然後女人只能忠於一個男人，這是個文化觀念。女人要守好她自己的這片土地、這個家，而男人不管怎麼樣，最後還是會回頭，所以中國婦女在那個年代沒有人離婚，而缺乏溝通的結果，就是默默承受一切痛苦。

　　我們這個大家族，看似兄弟姊妹多，應該其樂融融，但是好像大家彼此之間的關係也很微妙。姊妹之間、夫妻之間、長輩和晚輩之間，關

係好像都沒有想像中的那麼好，原因就是親人之間溝通不到位。

法國哲學家蒙田說：「一個人能和家人和諧相處，是人生的最大成就。」

一個人事業再輝煌，或者事業不如意，抑或在社會上地位很高或很低，都沒關係，但如果不能與家人和睦相處、不懂溝通，甚至完全沒有心思、沒有時間和家人相處，家則不能稱為家，「家」的意義就不能全部發揮。一個單純溫馨的家庭往往幾十年平淡無奇、相守相助，良好的溝通對家庭幸福起到至關重要的作用。

人生要懂得取捨，在年輕的時候，有很多時間可以去嘗試，成熟後你就越發知道哪些事情不可以做，哪些事情能做，而哪些事情可以堅持做下去，做一輩子，甚至成為一輩子的夢想和追求。

家是心靈棲息的港灣，沒有一個溫暖和諧的家，事業上遇到挫折，沒有人為你分擔；取得成功，沒有人和你分享。家是最溫暖的地方，因為那裡有自己最愛的人和最愛自己的人。重視家庭、多多與親人溝通並且願意去創造和諧家庭的人，會活得更幸福。

家，不在於大小，在於溫馨。

家是一塊田，種瓜得瓜，種豆得豆；種下了理解，收穫了寬容；種下了體諒，收穫了和諧。

所謂的家，不是共同住在一套房子裡就行，也不是擁有一張結婚證書就行，也不是親人們在一起就是家，而是要彼此尊重、彼此溝通、彼此相愛，這樣才是一個家。

家是需要溫度的，男主人可以不是日進斗金，但一定要顧家；女主人也不必貌美，但她一定要賢慧，大家彼此懂得照顧、保護家裡的所有

成員不受傷害，大家彼此真心相待，這樣才能其樂融融。

　　家應該是那種讓你一離開就會牽掛的地方，是你不管去得多遠，都心心念念想回去的地方，是你一想起來就笑意盈盈，心裡暖暖的地方。

　　「家」是心靈的聖殿，而我們每個人都是虔誠的朝聖者。

第6章　缺乏溝通，愛也解決不了所有問題

　　我是一條魚，當我的愛成為化石，它依然保持著最初的形象、氣質與姿態，億萬年後人們依然能讀懂那最初的生命溫度，愛就是這樣，亙古不變！

　　無論何時何地，牽手即是天涯，擁抱即成天堂！愛是大多數問題的答案，然而沒有良好的溝通，愛有時似乎也解決不了所有問題。

　　為你掌燈照路、為你用愛焚香，你感動或不感動已經與我無關，我自己感覺已經圓滿！愛，有時可以一個人完成，而溝通需要所有人帶著心、帶著愛參與其中，萬物相通，但人並不是天生就相通！

　　我跟媽媽比較好，我也比較佩服媽媽，媽媽和藹可親，她和爸爸、爺爺奶奶是不同的教育方式，她平時很忙，不是很管我們，感覺在跟她的關係裡面比較自由，平時要有一個合理的理由，你可以跟她申請，她往往會答應，所以我們做兒女的都感受得到她的這份慈愛。比如說我在學校，我忘記了哪個東西，我打給她，她會給我送來，我感覺媽媽是完全融入到我的生命中的，我們的關係是那樣鮮活，值得永久銘記，同時，我與媽媽的故事，也有血有淚。

　　我是早產，我媽媽說我生出來比貓還小，皮膚是透明的，能夠看到內臟，她跟我說，她覺得想要把我養活，當時是很難的事，很恐怖的感覺。可是都沒有人幫，婆婆也不理她，因為又生女兒，所以她說，其實她那個時候帶我，很緊張，就是很怕把我養死了。

　　那時，姑婆有來幫忙，不然，媽媽說我應該會死掉，因為有一天我

好像也不哭了，然後身體都黑了，奶奶就用一個很大的葉子把我包起來放在門邊要丟掉，媽媽很緊張，就趕快請人去找大姑婆來幫忙，大姑婆就來看看，她經驗比較豐富，閱歷比較深，處理處理就活了，就沒事了，那一次，我真的差點死掉，所以，我與媽媽的故事，真是有血有淚，我與媽媽是一種生命的關聯。

媽媽說她養我，其實有很多的擔心，因為我也不太講話，也不太能為自己站出立場，所以她很擔心我這一輩子會受苦、會吃虧。慈母總是這樣牽掛自己的子女，她擔心我在家吃虧，也擔心我在外面吃虧，因為我的個性就是這樣，別人吃雞腿我就沒得吃，我有新衣服的話，姊姊會搶走，鞋子也搶走，所以，我一過年就是穿制服、穿布鞋，然後人家在進補，我不敢吃，我不喜歡那個味道，我就會跑掉、就躲起來，不然會被要求要進補，我又受不了那樣的味道。立冬都吃什麼燉羊肉，或者是吃什麼薑母鴨什麼的，我都不敢吃，我身體太弱，受不得補，所以，媽媽看在眼裡，覺得我在這個家裡是吃虧的，她對我有一種心疼。

我也比較奇妙，我被罵，就會生病。心裡沒有出口，罵當然有感覺，所以受傷了，受傷了又沒有能力講，所以就常常生病，這也是一個問題，就是我那時不會溝通，因為不會溝通，所以心裡有苦說不出來，只能自己默默承受，而媽媽也跟著我受著擔憂之苦。有時，我會暈倒，我媽媽就會花比較多的時間來照顧我，有時候她會說，什麼意思，又生病啊？怎麼這麼難養！

我從小就是一個很敏感的小孩，對於語言的傷害是有感覺的，然後心理受傷，身體就會生病，而媽媽比較擔心，照顧我也比較用心。所以我在結婚的時候，媽媽就要求要住在我家附近，這樣便於照顧我。因為我婆婆看起來就像撲克牌，不好相處，媽媽就更堅持要讓我們婚後住在家的附近，她說一定要保護我，她怕我去到人家家裡受苦。

我們家有一種教育方式我也不滿意，就是「連坐法」，我就想說，你們每次所做的行為全部都是不公平，為什麼一人犯錯，要涉及他人？為什麼一個家庭裡面會這樣爭爭吵吵，家不是可以放鬆的地方嗎？我們家，身處其中，每次都覺得很緊繃、很緊張，且很怕犯錯。我覺得不應該是這樣的，應該有更好的做法和溝通方式，所以，我會想到要去找一個好的方式來讓家庭的關係更好，而這真的都是跟溝通有關。

　　有多少父母能說自己完全瞭解孩子，就算真的瞭解，對待孩子的方式是否完全正確呢？你的孩子其實不是你的孩子，他們通過你而來，但他們卻有自己獨立的思想與性情，所以愛解決不了所有問題，溝通與相互理解卻可以。我們有多少家庭進行過實質性及情感性的溝通交流呢？

　　有些父母、或者孩子，正在苦苦掙扎，想獲得理解支持但孤軍作戰，想改變舊狀但苦悶無力，想讓心靈靠近卻適得其反。相信當明白了家的真正意義，可以有轉機，是有機會被救贖的，一家人真正深情有愛。

　　希望那些因缺乏溝通的「傷痛掙扎」被看見，家庭走向幸福的第一步就是：用心溝通！

第 7 章　溝通像探戈，是一種雙向奔赴

　　人生的旅途中，總會由於某些事的發生，打破原來安然平靜的生活，它們帶來許多聲音，肆意喧鬧又充滿驚喜。

　　溝通就像跳探戈，它是雙向奔赴，雙向奔赴才能讓生活像舞蹈一樣越來越美，也越來越充滿快樂的元素，我對生活的態度真誠而虔敬，亦是寬闊且細緻，然而，溝通也帶給我內心的悸動或安寧、平和或雀躍。

　　像探戈一樣，那種不同層次的細緻與細膩感恰恰是人與人溝通過程中要無限追求的感覺，這是溝通迷人的地方，溝通是打開自己的過程，也是打開對方的過程，雙向奔赴的溝通讓人享受其中，讓人感覺到了自己細膩的部分，也讓人懂得關注別人，更深層次地溝通，不是僅僅浮於表面。

　　愛，無須搜尋，無須證明，它就一直存在著，然而，愛同樣需要溝通。

　　我性格就是一味退讓、沉默寡言，我像空氣一樣。因為我不知道怎麼跟人家相處，所以我存在感就很低。我不會爭，我不會打架吵架，我又沒有背後那個支撐我的人，所以，我就真成了我媽媽擔心的那種在家吃虧，在外面也吃虧的人。因為我那時不會溝通，我就沒有靠山，說話也不敢大聲，唯唯諾諾的，別人就更覺得我是一個好欺負的人。

　　我就是一個一整天都聽不到一個聲音的一個人，你也看不到我在哭，甚至你都看不到我，更看不到我的內心感受，我漸漸習慣變成這樣一種模式。

　　我妹妹很可愛，受寵！我姊姊很聰明，受寵！我弟弟是兒子，受寵！

而我呢，笨笨的一個人，真正懂我的、寵我的，也只有媽媽一個人，但我的性格是這個樣子，媽媽也不可能一輩子護我周全，我只有自己強起來才行。

我弟弟他是兒子，所以大家都喜歡，他有承襲的爸爸那個優點就是幽默，他講話大家都笑到抱肚子，吃飯的時候，他講笑話，大家都噴飯，很有趣，我和弟弟相比，就是吃虧在不會溝通，不擅於表達。

因為缺乏溝通，我們家兄弟姊妹，感情方面也存在問題，所以，長大後都不往來，後來我去幫助我姊姊，我姊姊也會害怕，她會懷疑我是不是會對她不好，帶著什麼目的性，她可能會那麼想，因為缺乏溝通，所以，她沒有辦法了然我的本心。

當我出國學了人際高效能溝通之後，學會建立人與人的關係之後，跟弟弟、妹妹的關係就有了緩和，我和弟弟可以非常愉快地聊天，所以，漸漸地我跟他的關係就越來越親密了。

我的所有成就，比如說我有上報紙或是上電視報導，我就錄起來，然後把影片給我媽媽看、給我弟弟看，作為我送給他們的一個禮物，他們都非常替我感到高興，也就是說，我和弟弟之間，學會了相互欣賞也相互助力。

我妹妹在銀行當經理，也是超優秀的，年紀輕輕就取得不小的成就。她退休後就做精油，一開始她找我，我沒有理她，後來有一天，我的兒子問我要不要出去做點事，這樣比較充實，於是我就去幫我妹妹，給她提供協助。

因為我專業化的表現，我妹妹突然發現，我這個姊姊怎麼完全不一樣？她之前是不認識我的，中間沒什麼往來，所以她對我相當陌生。因為他們都認為我就是一個沒有用的人，從小就是一個空氣，等於說我們的鏈接從這一刻起，才真正開始。現在我們在一起做教育訓練，諮商助人。

因為我專業化的表現，我妹妹開始佩服我，而且她就跟著我學習，我帶著他們做經銷商訓練，教他們做溝通，當我指出一個團隊成員的問題時，那個人不但沒有反抗我，反而會順從地按我說的做，甚至會主動跟著我學習，我妹妹看到這一點，就特別欽佩我。

媽媽在我心目中，是對我影響很深的人，所以我想到她的時候會泛起淚光，我們兄弟姊妹關係之前沒有那麼好，也正是因為媽媽的存在一直維繫著。而後來，我們兄弟姊妹的關係走向緩和，則是因為我學了人際高效能溝通，我主動去緩和了與他們之間的關係。所以，人與人之間的關係，僅僅有愛是不夠的，還要懂得如何去溝通。

我們家過去更多的是暴力溝通，比較少非暴力溝通；而慢慢地，我們家加入更多非暴力溝通，情況就有了很大的改觀，從這一點上來說，正確的溝通，是走向幸福的正確道路。

溝通不應該情緒化，心理學家馬歇爾盧森堡將情緒化的溝通方式稱為暴力溝通，而薩提亞把這樣的溝通定義為指責型溝通模式，這種類型的人常常忽略他人的感受，習慣於攻擊和批判，「都是你的錯」、「你到底怎麼搞的」是他們的口頭禪。

情緒化的表達是單向的、是無效的，正確的溝通必須是雙向的！雙向奔赴，才能溝通無礙！

當我的弟弟願意來瞭解我這個沉默的人時，當我的妹妹願意來發現我身上的閃光點時，我與他們之間的關係，就由過去的單向，變成了雙向奔赴，自然我們的關係就得到了質的突破。親人之間，感情基礎一定是一直都在的，只不過因為不會溝通，往往不盡如人意。

學會溝通，由單向變雙向，才能雙向奔赴，讓彼此關係和諧！

第 8 章　理解有時比給予更重要

張愛玲說：「因為懂得，所以慈悲。」

我的理解是：懂得過去，所以讓過去過去；懂得未來，所以給未來未來；懂得自由，所以給自由以自由；懂得別人，所以給別人當他自己。

生命因為慈悲充滿了溫暖，即使未來的路上孤單前行，那些充盈在心中的懂得和銘刻在靈魂中的慈悲，也會像一束陽光，時時帶給你煦暖，帶給他人光明。

每個人都渴望被理解，但生活中卻存在很多誤解。有時候，疲憊多了，人心便冷了；壓力重了，情便淡了。抑制不住的脾氣及控制不住的委屈，你身邊的人就成了突破口，其實那並非彼此的本意。

有些事明明可以靠擁抱解決，卻偏偏要講理；有些人明明可以多包容一些，卻偏偏要指責，愛沒有錯，錯在不會溝通！

小學的一個同學給我印象很深刻，有一天她跟我說，我要給她什麼東西，她才要當我好朋友，小孩子的友誼，有時就是這麼奇妙。然後，我們的關係又一再改變，一直改變，好像她得寸進尺，然後到後來她跟我絕交，我傷心好久，我對這個人怎麼會覺得很放不下，覺得我莫名地就是被她絕交。

有可能我小時候一直被家裡所有的兄弟姊妹排擠，然後，我會在外面，在同學之中去尋找溫暖，我到小學的時候又發生同樣的事件的時候，特別的心痛，好像是我有問題，而不是她們有問題。我在小學的時候，

我明明對這位同學很好，她要什麼都給，可是，後來她連看我都不看我一眼，不想理我，我就受傷很久。我不知道我到底哪裡錯了？

另外有一個同學，她就是愛借錢，以前的那種本子很便宜，就是作業本，好像 1 角而已，她就每次都借錢去買，說她沒有錢買。她常常向我借錢，後來，她就躲著我、不敢見我，就一直躲，一直躲，因為她借的錢沒有還我。

那時同學之間的關係很簡單，雖然我一直滿足她們，但是那不是她們真正想要的，她們是希望被理解，我那個時候並沒有能力理解別人，所以我的人際關係沒有辦法做好。第二，她有困難，但是她又不敢講，比如說她沒有來告訴我說：「哎，我有困難，多久以後再還你。」，她並沒有這樣講，我也不知道怎麼去處理這件事。

如果以我現在的角度回頭來看，我可能就主動跟她說：「我知道你有困難，那如果說你沒辦法還的話，你就慢一點還，但是不用這樣，不好意思躲著我，我也會覺得你躲著我，我覺得很不舒服。」。

我覺得一個關係的建立跟溝通有莫大的關係，她也不敢講，所以才會造成那種躲躲藏藏。

後來，我結婚的第一個月，有一個老公的大學同學來借錢，那時我們錢不多，但我們還是把有的都給他，我就想說，總是要救一個人吧，那個人說，他隔天就會還，可是從此人就不見了，這幾十年沒見過他。

這些人窮途末路的時候，他來借錢。我們怎麼這麼單純呢？人家說明天還你，就全部都給了，然後我們自己沒飯吃，我們身上一塊錢都沒有，後來就學會了，有人來借錢，自己的能力範圍之內，要留下自己要用的錢，然後在能力範圍之內再借給他，借出的錢，當作丟掉，你還我也好，不還我也好，因為窮途末路了，才會來借錢，就不去希望對方還不還。後來就演變成我要幫你，就不期待你還我。

通過一件事一件事，然後慢慢學習，用曠達的心，來處理人與人之間的關係。

曠達是一種人生態度，更是一種待人處事的方式，是一種內在涵養，更是一種超凡脫俗的氣質。有了曠達的生活態度，生活才會少了很多煩惱。

人生短暫，不要計較太多，多理解別人，讓自己的心得到自在。很多事都可以通過溝通解決，人與人的關係，如果能相互理解，友誼是可以長久維持的。不要讓自己活得太累，做不到的事，就說做不到；幫不了的忙，就說幫不了。要隨時保持曠達的心境，才能樂觀面對生活，開啟自在人生。

浮生一夢，像一杯新茶，開水注入的剎那，茶葉被燙的跳起來，可正是這痛苦，造就了它的先苦後甜。這世界上，有人睚眥必報，有人不念舊惡，我願我是後者，因為善待他人，就是放過自己，善待他人也是一個曠達的心胸。

以「曠達心」對待一切人和事，是一種「放下」，不執著也就不會痛苦！放過他人就是放過自己，放過過去，也就是著眼未來。人生比金錢和友情更重要的是內心的自在！

人生有人愛、有事做、有所期待，當然很重要，但最重要的還是內心的自在。

何為內心的自在？林深時見鹿，海藍時見鯨，夢醒時見你。世間美好太多，值得我們放下煩惱，向著前路跋涉。

終有一天，會有人與你一起，看這煊赫的燈市、柔軟的星河、大夢春秋的盛世與生命華章。

人最大的不自由，是心靈的不自由，如果心靈沒有「內心的自在」，無論身處何處，也是不自由。做一個曠達的人，才能真正獲得「內心的

自在」，才能看透生活、認清生活及熱愛生活。

　　成熟的人在當下耕耘，聰明的人佈局未來，而曠達的人不執著過去。

第9章　父母的角色沒有任何人能替代

親子教育是心與心的交流，心與心相印，身與身才能相隨！

我們總把自己當成教育者，出點問題就想把道理講清楚，其實孩子不需要教育者，他們什麼都明白，他們需要傾聽者。

我們在教育孩子，孩子也同時在教會我們很多東西，當我們是孩子的時候，我們並不覺得大人比我們懂得多多少。

父母其實是「生命的陪伴者」，不是不關心，也不是不引導，而是不以干涉來代表關心；生命的陪伴者不是不教育，而是不以指手畫腳、張牙舞爪地方式及強迫別人接受意見的方式來詮釋教育。

還是那句話：親子教育是心流，心與心相印，身與身才能相隨！父母的角色沒有任何人能替代！

無條件的支持和愛，是允許孩子犯錯、陪著孩子經歷錯誤及陪著孩子經歷成長，允許孩子勇敢表達自己的想法，儘管可能這個想法是對父母想法的徹底否定；允許孩子不敢和不願意，儘管可能父母特別擅長，但還是願意陪著孩子從頭學起⋯⋯。陪伴是沒有期待，隨時隨地和孩子一起享受；陪伴是真實地看到孩子的需求；陪伴是通過兩個生命的同頻共振，體驗生命的神奇與美好⋯⋯。

我與先生的相識，很簡單，因為我們是同學，他是退伍後再去讀書的，我是應屆畢業生。開始時他追我，而我不太理他，他就一直追一直追，後來我好像是覺得他非常可憐，就引起我的同情心，他說他如果沒有我，他會死掉，他都沒辦法睡覺，因為他是我的第一個男朋友，我自己也比

較珍惜，所以，我們最終走到一起。

其實，那時我對這個感情沒什麼感覺，可能是我的緣分還未到，還是其他什麼原因，總之就是沒什麼感覺。然後他說他沒見到我，他就會怎樣怎樣，我就覺得我好像很沒良心，給人家見一下不會掉一塊肉，然後就經常見面，就跟他交往。

後來懷了孩子，我不會講話、人很內向，怎麼辦呢？鼓起勇氣跟媽媽說：「我要結婚了。」我媽媽很生氣地說：「你怎麼了？你要結婚？天呀！你是我最乖的小孩，一聲不吭的，怎麼懷孕的？」

我也想說，我自己其實蠻好奇的，因為其實這個事情對於我來說還蠻大膽的。現在想想，應該是笨，莫名其妙就失身，然後也不敢講，也不知道怎麼應對。

先生剛開始是做印刷，就是印刷工人，因為收入不好，養家有困難，所以他就決定要去考公務員，考上了。挺厲害，當一個公務員，有固定薪水，但是仍然不夠用，我們還是租房子，住在我的娘家旁邊。

我婆婆的臉就是撲克臉，沒有表情，我們也不會看人，也不知道她是好人還是壞人？她兇不兇啊？我搞不清楚。然後結婚生小孩之後，她就說要養我的小孩，可是看她的說話方式，就是有點不和善，我就不放心把孩子讓她帶。我在我媽媽那個店裡面工作，帶著小孩在店裡面忙的時候，婆婆會派我公公來把小孩抱走。我正在忙，就沒空管了，然後忙結束之後我就趕去公婆家把小孩帶回來，每天都這樣。

為母則剛，我這樣軟弱的性格，在做了母親之後，我第一次變得剛強。第一次，我感覺我有能力抵抗別人，然後要把小孩帶在身邊，我感覺因為孩子的出生，我有了很大改變，我竟然會去跟我的強勢的公婆搶小孩。

我的觀念是父母很重要，教的方法很重要，做父母的一定要親自教導自己的孩子，教育孩子，父母不能缺席。為什麼有人教得好，有人就教得不好？就是由我們自己的態度決定的，做父母的一定要有「陪伴孩子成長」的心。

　　愛孩子幾乎是每個父母的本能，怎麼愛，卻是一個老生常談的話題。

　　托爾斯泰說過：「愛孩子是老母雞都會做的事，關鍵是如何教育。」

　　親子教育，首先「親子」就是愛，而「教育」則是一個大話題，父母教育孩子，有陪伴、有引導，是一個靈魂推動另一個靈魂，是一朵雲推動另一朵雲。

　　親子教育是深入靈魂的事，是精神上的紮根和薰染。親子關係是人生「第一關係」，其他一切社會關係，都是以它為基礎的。而家庭教育是學校教育永遠的底色，父母是這底色最重要的繪製者。所以，我會一直堅持把自己的孩子帶在身邊教育，即使我工作再忙、再累，我都堅持這麼做。

　　作為孩子生命中「最重要的人」，父母必須明確：陪伴才是對孩子最好的愛，陪伴才是最好地教育。

　　陪伴是最長情的告白，沒有什麼比父母的陪伴更重要，因為孩子需要陪伴、需要引導，而身為孩子最親近的人，父母的角色是任何人都替代不了的。

　　然而，隨著生活節奏趨向於越來越快，更多的父母如今已難得有充足的時間來陪伴孩子，這是非常遺憾的事，因為缺乏父母的陪伴，由此而導致的種種教育問題，不可小覷。

　　有時候，父母不會教育沒關係，不懂教育也沒關係，因為，教育是深入靈魂的事，是精神上的紮根和薰染，只要懂得陪伴自己的孩子，就

能讓孩子在薰染的過程中，繼承父母的好品性，同時也能在陪伴的過程中讓孩子學到更多知識和技能。

對孩子而言，他們需要的不是奢華的物質享受，而是無助時有人陪伴、迷惑時有人指引、成功時有人鼓勵及失敗時有人理解。

在陪伴孩子成長這件事上，父母的角色，沒有任何人能替代。

我們終將明白：「一切的愛，都基於陪伴！最好的教育，都基於陪伴！」

第 10 章　發現生命的困惑，找尋生命的答案

在物質世界擁有的一切都是短暫的，最後，這一切都必須被拋下。我們的一生或許都在尋找生命的答案。

或許，我從小就處在焦慮、恐懼與不信任之中，換言之，成長過程中所學習到的一切觀點、感受和情緒，都會有錯誤的成分，這些東西都是需要超越的，當我們在尋找生命答案的過程中，不要與表相形成認同，因為當你認同表相的時候，你就是在強化它，於是，你開始擔憂、害怕、恐懼⋯⋯，你的各種各樣的體驗就是這麼來的。

你需要做的是與自己的內在建立鏈接，當你與自己的內在鏈接的時候，你才能成為真正的自己，明白自己最終想要的是什麼，所有的擔憂、害怕、恐懼都會消失，你會變得自由。

生完孩子之後，我出現了血崩的症狀，人家月經來是正常的，而我在生完孩子後，最怕來月經，就像那個水龍頭，停不下來，伴隨著心悸、全身無力，越來越嚴重，一天到晚血崩，然後就送醫院。醫生說因為子宮出血，子宮要開刀拿掉，而我說那是結果，請問醫生原因是什麼？醫生說那就是原因，你的原因就是子宮出血，所以要拿掉，我覺得不是這樣的，我想要知道之所以會這樣的根本原因是什麼，所以我一定要弄清楚，我會血崩的原因，我才能做決定。

醫生說你就後天過來開刀，我說我不要，他說你這一定要開刀，不然會死人的，我幫你安排好，然後我就是不去。下次我再出血的時候，我就換一家醫院，醫生還是這樣講，每一個西醫都這樣講，我說不是，絕對不是，表面上看是血崩，但它背後一定有原因，我一定要弄清楚這

背後的原因，我才能做出決定。

　　我認為醫生雖然每次都這樣講，我還是覺得沒道理。我從小就很喜歡問東問西，我對很多事都存在疑問，然後都會去找答案。我碰到這件事的時候，我也一直去找答案，我覺得不對啊，我為什麼會大出血？一定有背後的原因。後來我都看中醫，中醫也看不好。

　　然後我跟我媽媽說，我媽媽就很緊張，媽媽要我按醫生說的去做。但我覺得醫生亂講，現在大出血切子宮，那下次又哪裡流血，他要切哪裡？我有這麼多器官讓他切嗎？他這個理論不合理呀。我媽說你很固執，我說不是固執，是醫生很奇怪，哪裡壞掉切哪裡，其實，這是有問題的。我們應該弄清楚大出血的原因，把這個原因給它阻斷就好了，而不是哪裡出血就切掉！

　　反正一定是有問題，我就去研究，我沒有搞清楚之前，我的子宮不會讓他切。就這樣子很多年，就一直一直大出血，後來我就出國讀書。我就這樣血崩了十年，慢慢地，也就自己好起來了。

　　生命可貴，要倍加珍惜，活著就是為了遇見美好！人們總覺得美好需要自己在浮躁的世間，去苦苦追尋才能得到，但其實當你真正沉靜下來，便能看到真實的自己、看到美好！美好，如此簡單！生活總在匆匆中度過，錯失了多少美好的的風景，只有堅持本心，才能讓遺憾的事情少一些！

　　找尋真實自我，與真實的自我同頻共振，多思考，積極面對，其實人生的惑，會不解自開！

　　如果一個人總是按照別人的意見生活，沒有自己的獨立思考，那麼，他就等於辜負了這只有一次的人生。一個人，如果不能為自己的人生做決定，那他就是一個沒有自己的內在生活的人。人應該活成自己，在關鍵性的問題上，我們要對自己負責，自己對自己的事做決定。因為確確實實，

從頭腦到我們自己的心靈，我們都要自己決定自己。等著別人來做決定是一件非常錯誤的事情，別人不瞭解我們，他們的決定並不適合我們，我們生命的答案，要靠我們自己去解答。

在茫茫宇宙間，每個人都只有一次生存的機會，每一個人都是一個獨一無二、不可重複的存在，我們要認識到這一點，並且讓自己成為自己，而不是人云亦云，讓別人來決定我們的人生。

正如盧梭所說：「上帝把你造出來後，就把那個屬於你的特定的模子打碎了。」。因此，每個人都是獨一無二的，每個人都要自己去尋找那個獨屬於你自己生命的答案。

別人無法替我們活，更無法替我們做決定，生命是一場苦旅，我們的人生要自己去尋找答案。

篇 章 二

「壞壞」的好媽媽

第 11 章　誰有負面情緒，問題就歸屬於誰

　　現代心理學家將人的基本情緒歸納為五類：快樂、憤怒、厭惡、恐懼及內疚，除了快樂之外，其他情緒都可以歸入否定性情緒，即負面情緒，而所有負面情緒都是溝通的障礙，人一切心理活動都帶有情緒色彩，並以不同的狀態顯露出來。

　　心理學家認為，一切情緒狀態都具有暫時性及主觀性，但它們都是由一定的原因所引起的，儘管人們並不總是明確地意識到自己情緒的成因。從心理健康角度來看，情緒的控制與調整是自我心理結構中最重要的調節機能，也是一個人心理成熟的首要標誌。

　　情緒控制的前提條件有二，一、接受自己的情緒而不否定和排斥它；二、理解自己的情緒，不過要做到這兩點，需要被協助。

　　「說不聽，就要打！」、「昨天晚上才被我揍了一頓！」很多父母，在孩子「不聽話」時，往往採取簡單粗暴的方式管教，打或者罵。其實，這樣的教育方式是一種「無能的教育」，因為你的教育無效，所以孩子越發變本加厲，你的暴跳如雷，正反映了你在教育孩子這件事上的無能。

　　打罵，只不過是大人發洩了怒氣而已，甚至還越打越生氣，而問題並沒有得到解決，甚至走向惡化，最糟糕的狀況是影響了孩子的一生。

　　這樣的家長，除了發洩自己的情緒，還有一個錯誤的認識：「棍棒底下出孝子」。舊觀念與約定俗成的一些做法，不一定是對的，在教育孩子這件事上，不要迷信，「捨得打罵才是愛孩子？」一個人一邊傷害你一邊說他愛你，你相信嗎？

我的老公是老么，他是一個模範生，但是這個模範生是從小被打出來的，他怕被打，所以他天天一早起床就背書，連數學都背，所以數學題目只要改了，他就不會了。

我記得四年級的時候，孩子考了 97 分，然後爸爸就抓狂，洗澡的時候把他壓在水裡面，說要把他溺死。小孩當然掙扎，小孩 11 歲了，我就跟老公說：有教訓到就好了，你這樣子小孩會嚇到。

然後孩子爸爸就把孩子的東西整理整理，跟兒子說：「你這麼笨，讀書這麼不認真，我把你趕出去。你背著包，給我出去吧。」孩子就莫名其妙背了一個包袱，然後就在夜裡被關在門外。我們有院子，不是關在院子，是關在院子的門外，可想而知孩子此時的心情。

小孩哭，孩子的爸爸就出去罵，小孩就離很遠，在黑漆漆的外面哭了一整夜，然後我跟孩子爸爸說，其實這樣對小孩很危險，而且是很恐怖的一件事，但他不理會，繼續睡自己的。然後當天，我仍跟孩子的爸爸說：「你就原諒他，他這麼小什麼都不懂。」，是不是讓他進來，有教訓就好？於是我就把小孩叫進屋內了。

這件事影響這個小孩，他從此不讀書，他的考試寧願考零分，因為零分只能進步，不會退步。這個小孩很聰明，但是他從那一刻開始，他知道他再努力，都不一定會考 100 分，那就是零分最好，零分最安全，因為考零分被打了很多次，後來爸爸也不打了，因為零分只有進步而已，沒有退步。

我是順著我老公，因為我老公說我不會教，所以我就順著他，只要他怎樣，我就只是儘量挽回，不要繼續這樣而已，但是我沒有阻止他做任何的行為，我的兒子其實受了蠻大的傷害，因為這樣，他不愛讀書，所以最後沒有很高的學歷，這影響了他的一生。

小時候，我會買很多繪本、故事書或是知識方面的書，書櫃排一整

排給小孩隨便翻，而我的老公會買很多的玩具給他玩，這就是我們的觀點不一樣，我的孩子他的速讀能力很好，因為他都會去翻書，會說第幾頁有什麼什麼，就好像律師在背法條一樣。

大兒子對我的防衛，對他爸爸的防衛都很深，因為我們是用那種權威支配的方式，所以他防衛心很重。很多事都不敢講，然後也很小心。

事實上，以打罵的方式管教孩子，恰恰是一種不負責任的方式。美國心理學家托馬斯•戈登在《PET 父母效能訓練手冊》一書中說到，誰有負面情緒，問題就歸屬於誰。

比如當孩子做事沒有達到父母期望時，家長有情緒，這部分問題就歸屬於家長，而不是孩子。孩子只需要為他自己的情緒負責，而不應該為家長的情緒買單。

有一種不打不罵的管教方法，效果要好上很多很多。非暴力溝通，以同理心與共情力教育孩子，陪伴他們成長，跟孩子做朋友，才能施加給他們最大的影響力！當你真正做到平等與尊重時，哪個孩子不願意配合呢？以朋友般尊重的語氣和孩子們商量，更容易令他們接受你的觀點，以強迫的手段逼他們去做，只會激發他們的逆反心理。

大人的臉，孩子的天！

我們對孩子要時常微笑、鼓勵及讚美，以朋友的身份，施加最有效的影響，這才是有效的溝通，也才是有效的教育！沒有教不好的孩子，只有不會教的大人！

當我們大人做到 100 分，那麼孩子就沒有不做到 100 分的！

第 12 章　子女教育放手而不撒手

每個孩子都是一顆花的種子，只不過每個人的花期不同，有的花，一開始就會很燦爛地綻放；有的花，需要漫長的等待。

有的父母說「放養孩子，順其自然」，或者是說「只要孩子快樂就好」，其實孩子終究是孩子，教育並非兒戲。孩子需要釋放天性，但更需要陪伴和引導，他們不是天生什麼都會，他們需要被協助，父母應該放手但不撒手，掌握一個「度」，就是愛得剛剛好！

如果家長以孩子的心態為標準，是非常不負責任的表現，最好的家庭教育，是對孩子放手而不撒手。如何掌握教育孩子的「度」，讓父母之愛到達「剛剛好」的境界，做到真正的放手又不撒手，是每位家長都值得思考的命題。

對於子女教育，尤其是成年子女，要放手但又不能撒手不管。掌握一個度，既有利於子女，又有利於父母。該放手時就放手，給子女自己長大的空間，該出手時就出手，給子女協助與引導，放手是愛，協助也是愛。

我大兒子在國中的時候是非常叛逆的，我就把他帶在身邊，當我的助教，正面思考和正能量的薰陶，漸漸地他的問題就得到改善，也學到幫助人的技巧。過了幾年，他不但在社會上表現很優秀，還在全省競賽中得了銷售第一名，第二名還遠遠落後 45% 的業績。目前，他應聘做行銷的教育培訓，事業做得越來越出色。

當講師就是要一再複習才能教得好，學了做、做了教，不斷重複就會內化成自己的人格。

我推崇人本主義的教育方法和哲學，康得說：「規訓只是教育中的一部分，而且是不被提倡的一部分。」

在亞里士多德的靈魂三分中，分為植物的靈魂、身體的靈魂及理性的靈魂，其中植物的靈魂和理性的靈魂是不需要靠打罵等控制的，只有身體的靈魂是需要控制的，稱為「規訓」。傳統的管教方法，忽略了一個前提：「每個孩子都有自己的個性」，所以並不是所有的家庭都適用這種管教方式，因材施教，並且要掌握一個「度」，這才是高效能的親子教育。

教是為了不教，教育的全部目的是提升孩子主動性，培養孩子獨立性，相信孩子可以自己變得越來越優秀，而家長只需要從旁邊協助他就好了。

家長需要學會放手，守住自己的邊界，這樣孩子和你都會越來越幸福。

該放手時就放手，該出手時就出手，有些責任，父母不能撒手；有些事情，父母卻要放手。如何掌握一個「度」，是為人父母必須思考的命題。

現在的家庭教育存在兩種截然相反的情況，一類是「監控器」，恨不得全天候對孩子緊盯不放，事無巨細安排得異常周密，這是一種「窒息的愛」，既毀了孩子，也毀了大人；另一種情況則是「甩手掌櫃」，就是完全不管，放任自流，孩子很容易就把人生路走歪，這當然更加不對。

家長沒有定位好自身角色，以致不能正確把握親子關係的界限，更沒有掌握一個適宜的度。大人要適度參與到孩子的生命與人生當中，但不是掌控，更不是放任。

那些無形中把孩子當成了自己的私有財產或附屬品，沒有將孩子看作一個獨立自主的個體，覺得既然孩子是自己生的，就有權利決定和控制

孩子一切的父母，應該讀一讀著名詩人紀伯倫的詩：「你的孩子其實不是你的孩子，他們是生命對於自身渴望而誕生的孩子……，他們在你身邊，卻並不屬於你。你可以給予他們的是你的愛，卻不是你的想法，因為他們有自己的思想。」孩子是與父母平等的獨立的個體，他們有自己的人生，我們只要協助他們就好了。

家長只有學會適當放手，給孩子獨立成長和體驗世界的機會，才能幫助孩子更好地成長，同時，要做好陪伴者和堅強後盾的角色。

第 13 章 情緒化就是一種暴力，要學會「愛的語言」

什麼是非暴力溝通呢？非暴力溝通首先就是不要情緒化，因為情緒化就是一種暴力。

美國馬歇爾・盧森堡博士提出，在日常生活中我們很多談話方式是「暴力」的，常常會引發自己和他人的痛苦，而「非暴力溝通」是一種全新的溝通方式，是「愛的語言」。

盧森堡博士認為要建立一個和諧的人際關係，就需要消除那些責備、羞辱、批評和苛求的語言，我們需要專注於彼此的觀察、感受、需要和請求，讓愛和尊重融入生活。

反思我們和孩子們的對話，當他們的行為不符合我們的預期時，我們往往會使用一些責備、批評的語言，這樣的談話方式是「暴力」的與情緒化的，會讓孩子感到他們不被喜愛和尊重，因此我們要用愛的語言和孩子對話。

每一個情緒都是一種語言，都是帶著資訊來與我們溝通的。

有時候，在教育孩子時，大人識別不了自己的情緒，只有把情緒的細微性識別得越來越細，我們才能平復自己的心情。這時候，我們平復之後的情緒更容易被孩子接納，而不是讓孩子接受我們的負面情緒。在家長與孩子之間要形成一種「情感反哺」，這樣就能建立起更深的親子關係。所以，在親子關係中，共情與接納是很重要的，破壞性的行為，要盡可能少，最終就能形成習慣，他們就知道什麼事情可以做，什麼事情不可以做。

我們鄰居的大兒子對孩子的教育就值得深思。有事情要教育的時候，就是動手，就是打。因為小孩也不懂，反正每天住在一起，就覺得他爸爸是對的，其他人都是不對的，奶奶說的話也是不對的，漸漸地就跟奶奶很少往來，所以他們祖孫之間的那一段關係都是空白。

有一次，鄰居孫子撞到頭流血，孩子就有照相過來，學校也發現，報到上面去，說家裡有家暴，然後就也通知鄰居的阿嬤過去。她就跟大兒子說，小孩不是用打的，用打的小孩會笨掉的，而且，沒有弄好那個力量的話，有時候還會打死，所以不要動手就對了，你不得已動手，打到第三下就要停了，因為我們越打會越殘忍，我們會越來越憤怒，就沒辦法停止，鞭子一定要放下，不然你極度憤怒的話，就要趕快走出門，中止這個危險的行為。鄰居的阿嬤把這套親子溝通學得很好！

阿嬤有跟自己的大兒子聊一聊，大兒子過去找她，那一次，鄰居阿嬤故意不讓他進門。她拿了一根自己平時練武功的那種很長的棍子，在他上樓梯時，就拿了棍子打他，鄰居大兒子閃來閃去，不知道阿嬤為什麼打他，於是就生氣逃走了，從此就不跟鄰居阿嬤往來。

過了一年，鄰居阿嬤全部人要去日本沖繩旅遊，她主動詢問她大兒子要不要去？出乎意料，她大兒子決定一起去，阿嬤將自己和她大兒子安排住在一個房間。

阿嬤主動溝通：「哇！打你一下，你一年不跟我往來啊！恨死我了，對不對？」

大兒子說：「你幹嘛打我？」

阿嬤說：「你可以打你孩子，我當然可以打我孩子啊！我是跟你學的。我打你，你恨我一年，那你兒子要恨你一輩子，可能好幾輩子，也不一定喔！」。

聽到阿嬤這樣說，大兒子突然恍然大悟。

阿嬤繼續說：「我打你，你又怎麼恨我這麼久？不跟我往來，不打電話，還不跟我說話，什麼都不說。」。

那一天，鄰居大兒子聽完突然哈哈大笑，然後就很高興地和阿嬤一起吃飯，也很高興地一起遊覽，之後就化解了。

當初，鄰居阿嬤打他就是要讓他知道被打的滋味怎麼樣，因為勸他的時候，他不清楚，勸他都聽不懂，只能直接拿個棍子敲醒他。

鄰居阿嬤的老公抱怨孩子沒有被教育好，講得很難聽，說妖怪都是鄰居阿嬤造成的。雖然不是鄰居阿嬤造成的，但孩子確實是鄰居阿嬤生的，既然妖怪是自己生的，當然要收妖啊，所以鄰居阿嬤堅持要引導孩子，一直修正自己的孩子。

每一個情緒都是一種語言，當我們帶著覺知，而不是無意識地去看這些情緒的時候，就會發現情緒有暴力與非暴力之分，過度情緒化就是缺乏理智的，就是一種暴力溝通，而暴力溝通是一種無效溝通，因為溝通無效，所以你才會暴跳如雷，你才會通過動手打孩子這種非常愚蠢的方式教育孩子。

所以，如果你處於巨大的情緒中，感覺自己很情緒化，要自我覺知，洞察到自己的問題，因為這絕對不是什麼好事。家長要時時覺察自己的情緒，平復自己身上的負能量，再來教育自己的孩子。只有跟自己的孩子平等相處，像朋友一樣，才能對他們施加最大的影響力，才能讓教育最高效。

真正需要去解決的，不僅僅是孩子的問題，而是面對孩子問題時父母的情緒。當憤怒佔據了你所有心智的時候，這時候最受傷的往往是孩子。因為父母的臉就是孩子的天，陰晴圓缺都會深深影響孩子的心情，當

父母暴怒的時候，孩子的內心是極為恐懼的，這對於他們來說，受傷不可謂不大。要認識到我們身體就像一個容器，當情緒壓抑積攢到一定地步，我們自己就要覺知它、覺察它，並適當地處理它，能很好地處理自己的情緒，是一個人成熟的表現，也是作為家長的必修課。

如果我們堅持回避情緒，必將被打擾，正確的做法是直接面對情緒、直接面對問題，並積極解決。如果極力避開情緒，必將被負面情緒淹沒，當斷不斷，必受其亂。

情緒沒有對錯，紓解得好就是愛，表達不好就是害，非暴力溝通應該是一種愛的溝通。

第14章 從「要我做」到「我要做」

愛因斯坦指出：「提出一個問題比解決一個問題更重要」。提出問題是科學探究的起點和動力。做父母的一定要珍視孩子的提問，不要敷衍了事，隨便答覆。比如孩子可能會問「燈為什麼會亮？」、「車子啟動時人為什麼往後倒？」、「為什麼小動物不用穿衣服？」等等的問題，家長首先要讚賞鼓勵孩子的提問，先問問孩子自己有什麼想法，之後可以啟發孩子自己尋找答案。

如果孩子的好奇心僅僅停留在好奇的層面上，那麼也僅僅是好奇而已，他們還需要去探索和體驗。其實，不按常規方式的玩耍就是一種典型的探索行為。比如當孩子把一個好端端的鬧鐘拆得七零八落時、當孩子在玩具上隨意塗抹色彩時，家長不要馬上喝斥孩子，孩子的這些行為看似帶有破壞性，但也恰恰是孩子對事物的最初探究。另外，想要在玩耍的過程中激發孩子的探索精神，家長除了要讓孩子多多體驗不同的玩具之外，更重要的是要讓孩子學會一種玩具的多種玩法。

孩子的好奇心、求知欲與探索精神是無比珍貴的。

孩子的發展過程是一個主動成長的過程，但現在家庭教育中孩子主動成長的力量日漸萎縮，他們被照顧得太好，失去了主動成長的機會。許多家長抱怨孩子唯唯諾諾、不喜歡動腦筋、不喜歡學習等等，孩子不急家長急的現象普遍。激發孩子主動成長的力量，要想辦法激發孩子的主動性，將「要我做」變為「我要做」。

我的小兒子小時候很沒膽量及很內向。所以他在讀幼稚園的時候，

他的老師要派他當班長，他回來跟我說，他不想當班長，因為當班長，就沒有人要跟他當朋友了，他不要。我說那怎麼辦？他說你去跟老師講：「說我不要當班長。」我就跟他說，這件事情還是你的問題，那你要不要自己去跟老師講？他說他不敢講。所以我那個時候就跟他說，有什麼辦法可以幫你，他說最好是你到學校去幫我去講。

我覺得這孩子太內向了，我要訓練他主動性，就跟他說，不太適合，因為那是你的事，不是我的事，你必須自己解決你自己的問題，而不是我幫你解決。

隔天他要上課的時候，就假裝生病，他假裝肚子痛，痛得要死，沒辦法出門了。我就跟他說 OK，我又不是醫生，我帶你去看醫生，他說不用了，不用了，我不要，我不要去醫院。我說：「那你不要去醫院，怎麼辦？還是要去醫院啊，痛死掉怎麼辦？」他就說我不痛了，我肚子不痛了，我不想去學校，因為他們要選我當班長。我說你不去，就連反抗的機會都沒有，連說服的機會都沒有，大家就是直接選你當班長了。

於是，他想了想，真的都對啊。我不在也可以選我當班長，更麻煩，全班一致同意我當班長，那不是更糟？

我說你要想辦法讓別人不找你當班長，所有人都不要你當班長，然後你也要去想辦法告訴你的老師為什麼你不能當班長，因為你已經長大了，你的事情要自己解決。然後，媽媽支持你，不管你怎麼做，我都支持你。

他就想一想說，我應該跟老師說，我不適合當班長，因為我跟同學都很好，這樣子會不公平。我說：「喔！你好像想了一個說服老師的方式。」他說：「對！」。

然後他去跟同學說請大家反對我當班長，因為我當班長的話，我就要管你們，然後我就沒有辦法跟你們當好朋友，這樣你們會失去我這個

朋友，我也會失去你們。要不要看看，讓我平凡一點，這樣我們還可以每天一起去玩，每天在操場玩。

小兒子回來說，我有去跟老師講，說的時候很害怕，但是我更害怕當班長沒有朋友，所以我就跟老師講，說我不適合當班長，因為我跟同學太好了，我管不動他們。老師覺得有道理，因為全班同學都是他的好朋友。然後他也去遊說所有的同學，所以最後，班長選了別人，副班長選了別人，他什麼都沒做，他很高興回家，這是他的第一次「勝利」。

我說：「你今天很高興，很得意喔。那我們要不要慶祝一下？」他說：「我們要慶祝」。就這樣，這是他第一次勇敢去面對問題並解決問題，而且成功了。那是在幼稚園的中班，小兒子這麼小就能做到這一點，這非常不容易。

同時，為孩子創造安全的外部環境與有愛的心理環境至關重要。

孩子在探索過程中難免會遇到一些不當的及存在危險的行為。為了既不傷害孩子探索的積極性，又要避免對孩子身體的傷害，當發現不當行為時，不要馬上大聲說「不許動」、「趕緊放下」之類的話，而是採取交換法，將孩子可以玩的安全物品拿來代替孩子正在玩的危險物品，因為孩子還小，跟他講道理他也未必能明白危害性，只能採取具體措施加以解決。

小兒子更小還不太會講話的時候，我忘了收梯子，結果發現他爬到最高地方，我嚇到全身發抖。我想怎麼辦呢？那個時候我先深呼吸，讓自己穩定下來，跟他說：「你爬高高，好像不進不退，不知道該怎麼辦了，對嗎？」，他就說「對啊！」，我說：「你要下來，是不是？我說你不用看下來，你手抓好，你的右腳慢慢地伸下來，然後左腳再下去。」，我這樣慢慢指揮他自己下來，很順地下來之後，我就捏把冷汗，把他抱起來，說「你好棒，媽媽覺得你好優秀，好勇敢。」。媽媽告訴你，這是

小孩不能爬的，是媽媽錯了，沒有把它收好，以後你不能爬，很危險的，掉下來可能會缺了手、缺了腳。剛好那天他爸爸在上班，不在家，不然爸爸一定是大吼大叫，如果摔下來，就可能很慘。

那一次，小兒子勇敢很多，每一次他遇見一些事情，然後他就是勇敢一些，就這樣，一次比一次勇敢。

盧梭說「出自造物主手中的東西都是好的，而一到了人的手裡，就全變壞了。」，這樣說雖然極端，但也有他的道理，即使小孩子的許多不好的行為，其實根源在大人身上。

小孩子是會主動適應環境的，他們知道什麼時候哭、知道什麼時候鬧，也知道什麼時候停止，家長的教育方式不正確，小孩子就會鑽漏洞，消極地適應外界。

我們要多多鼓勵孩子主動去探索這個無比精彩的世界。

每一次探索都是因為孩子感興趣，而每次探索也都會有所收穫。所以在孩子每次探索完以後，家長要鼓勵孩子，並做探索總結，比如孩子在探索中，有時候會遇到一些自己解決不了的事情，該怎樣克服困難、下次應該怎麼辦？這都是需要孩子動腦去想明白的，在思考的時候，孩子才會回過頭來，開始想自己在探索中到底做了什麼，然後發現自己的潛能，同時學會自我欣賞。

在培養孩子主動性的過程中，除了減少替代之外，家長還要著眼於怎麼給孩子減壓，這樣他們才會更主動、更積極及更勇敢地去探索這個精彩的世界，才能激發孩子發展的主動性。

優質的親子教育，不是外加的力量，而是激發孩子內在成長的力量。

第15章　蛋殼要從內部打破

雞蛋從裡面打破才是生命。即使你想從裡面打破，自己不用喙從裡面找到突破口，把蛋殼捅破，而是等著外面人幫助，那麼即使你得以存活，也可能仍然是弱小的，而無法直接面對外面的風雨。

人生亦如此，從內打破是成長，真正的力量都來自於「內在的自己」。

每次克服和戰勝一個困難、解決一個問題，每一次的進步，哪怕是一點點，都是成長，無止境的追求、無止境的需求，帶來無止境的超越。

打破人生的蛋殼，需要源自於你我的內心和行動，如果你等待別人從外打破你，也許你只是鍋裡的雞蛋，你註定成為別人的食物。因此，訓練孩子的主動性是至關重要的。

如果能從「內在的自己」打破，心動、行動、積極努力、不斷解決困難及不斷突破極限，那麼每次打破都相當於一次的重生。

人類關於教育最大的誤解，是父母以為孩子是自己教育出來的。事實上每個孩子都是獨立的存在，內在精神胚胎會指引他們鏈接各種資源，最終成為他們自己，而我們要做的只有陪伴和給予愛，並警惕不要施加給他們壞的影響。

只要一個孩子得到比較充足的愛和自由，大人們不侵犯他的界限，他時時刻刻都在進行身心的自我成長。探索這個精彩的世界是孩子們的本能，他們需要的是朋友，我們要成為孩子的朋友，而不是成為他們的上級或某種權威者。

有一次，我帶小兒子回公公家，小兒子一進門，見到爺爺，他太小沒有打招呼。於是，爺爺很不高興，就說他是啞巴、沒有家教，用那種責罵的語氣說。

然後我就跟我的公公說：「爸爸，你的意思是說，你的孫子回來，如果叫阿公一聲，你會很高興。也就是說他要叫你一聲爺爺，你就很開心。」我公公就點頭。

我就說可是你剛剛說，他是啞巴，然後他沒有家教，他聽不懂的，因為聽不懂，所以跑掉了。那麼如果你說他沒有家教，就是你罵了兩串人，就是我這邊上面那一大串，你那邊上面那一大串，全部都被罵到了，但是罵到了沒什麼意義，因為孩子還是不懂。所以費了老半天勁，我們這麼多人都被罵了，但孩子還是不懂。

然後，我公公就點了頭，很不好意思回房間了。

下一次我們再去的時候，我公公就說：「阿孫呀！叫一下爺爺？爺爺聽了會很開心。」，然後，我小兒子也很開心，就叫不斷地叫「爺爺」。我公公聽了就十分開心，而孩子也十分開心。

我公公他想講話，但是不會講，因為世世代代都是用罵的，就是教育的方式太舊了，所以他也學會了用罵的方式教育，所以小孩也沒有學會。因此，我只有跟他直接講，是我聽懂他背後心裡要的那一句話，然後跟他講清楚，讓他明白，所以後來他就會講，因為會表達，事情就變得簡單化。就這麼簡單的一句話就好了，孩子就會正面溝通。

我把問題直接講出來，但是我們的關係也沒有更差，對不對？最後他也很高興喔，發現原來可以這樣講。孩子呢？也很高興，因為他能跟阿公非常正面溝通。

我們很清楚，我們終於在幾十年後證明了這一套是對的，這一套就

是「給愛」。

怎麼給愛？這孩子在告訴你說，媽媽，老師要選我當班長，我不想當，這個時候我的「給愛」是聆聽，聆聽就是我聽懂你，他就覺得被愛。所以我們不會給愛，是中國式教育所欠缺的，他本來的傳統的溝通模式是不會給愛的，就是只會打罵。

親子教育要懂得給愛，要和孩子做朋友，因為我們本來就是當朋友，你當朋友才有最大的影響力。

當孩子們感受到自己被愛，有人陪伴，他們就會變得勇敢，他們會積極及主動地去獲取他們自己想要的一切資源，天空、大地、文字、音樂、圖像、網路等，一切的一切都將成為他們探索這個精彩世界的工具。

現在大家普遍認可，學習能力比知識儲備更重要，性格比學歷更決定命運。這說明一點，那就是教育本質上是培養能力而不僅僅是知識；教育是培養性格，而不是為了學歷；教育是修養健全的人格，而不是以扭曲個性為榮。

心理學認為，親子關係決定孩子一生的性格命運，孩子一生能否幸福成功，親子關係比教育重要一萬倍。而親子關係是建立在正確的溝通方式基礎上的，沒有正確的溝通，就沒有良好的親子關係，沒有正確的溝通，就沒有真正有效的教育。

生命像一顆蛋，只有從內部打破才有意義，從外部打破就是傷害。

第16章 親子關係中的「幸福的保護」

　　界線非常重要，親人之間也應該有恰當的界線，這樣才能讓關係更和諧。

　　有效的界限對每個人來說都是必須的，都是一種「幸福的保護」。你願意、不願意或不允許做某事的原則，就是一種界線。如果你不會拒絕，常常屈己為人，別人加在你身上的一切，你都無條件接受，那這樣就不是長久之計。設立界限的目的不是懲罰他人，而是讓自己得到「幸福的保護」，我們在親子教育中應該讓孩子擁有這種「幸福的保護」，也讓自己同樣擁有這種「幸福的保護」。

　　有學生說，我發現我大兒子的小孩講話很有邏輯，有点嚇到她，大家也都有被嚇到。我學生這個孫子，講話變成非常有邏輯，可能就是在這個互動裡面他學到很多。

　　她說，有次聽到孫子跟他爸爸互動說：「爸爸，你能不能賺錢，賺多少錢是你的事，那你要解決你自己的問題，我要吃飯，我必須要吃那麼多，我才夠。所以如果你沒辦法的話，是不是其他人可以支援，而不是說我很會花錢，或我怎麼樣，這跟我很會花錢，或是我忘恩負義什麼的，都沒有關係，我們現在談的是錢。」。

　　我學生突然就發現，她的孫子邏輯很清楚，于是就對他說，你爸爸賺錢不容易，沒有責備他。然而她孫子的意思是這件事情其實本來就是一件很辛苦的事，但不能加在他的身上，他可以跟爸爸同甘共苦，但爸爸不可以把所有的罪推到他身上。我學生那天聽他在跟他爸爸對話的時候，就會覺得這個小孩是長大了。17歲的小孩竟然就知道這樣講，這說明他

對任何事都有自己的獨立思考，都能看到事情的本質，而不是人云亦云，同時也有一定的界限，懂得維護自己的權益。

我學生說那一次她開完家庭會議之後，她兒子又要開會，她堅持不用再開會，她兒子每次就是吵，自己也被吵得很煩，於是就對她兒子說了一句：「你再吵你就給我搬出去！」。

想不到，她大兒子竟然突然就乖起來了。其實，這就是我學生的界限，我學生也在實施一種「幸福的保護」。

我學生說本來整個客廳都是他佔用的，我們本來就是都線上開會，而現在我們就在客廳開會，在客廳辦公什麼的，結果他就躲到房間去，也不敢在客廳了，我們從此就相安無事。

相反，當別人做得對、做得好，我們也要多多給予稱讚，這也是一種幸福的保護。我通過讚美，把你身上的優點放大了，你身上的缺點也就起不到傷害你的作用了。

有一天，我對大兒子說，我就喜歡吃蔬菜而已，於是他就主動去買。他在一個商務平台為大家服務，他可能就是為平台的夥伴付出很多，然後有夥伴是蔬菜業者。知道他要買菜，就很便宜賣給他。大兒子菜帶回來，就跟我說：「你知道嗎？一大箱，老闆根本不想跟我收錢。」我說：「怎麼有可能？這一大堆大概要三四千元。」大兒子表示平常都在幫他們商務培訓、引薦客人、幫他們做批發、幫他們連結與合作，所以他們很尊敬與感恩。後來大兒子就變成經常負責買菜，明明是在疫情期間，物資短缺的情況下，拿回家的各種食材蔬菜水果都是很高質量的，有時候是市場上沒有的品項，我們都能夠享用的到，這都不是用金錢可以衡量的。

結果，都是大兒子在買菜，每次我說我菜吃完了，然後他就買了一整箱的菜回來，我就在我們家庭群的群主公告我們今天家裡有好多最上等的蛋及這麼多的蔬菜，都是大哥買的，我就一樣一樣照相，分享給大家，

並讚美大兒子那個手骨很粗、很有擔當。然後小兒子就說大兒子很有潛力，大家也都讚美他，於是就產生了畢馬龍效應。

畢馬龍效應就是欣賞效應，畢馬龍效應也就是皮格馬利翁效應，又稱羅森塔爾效應，是一種社會心理效應，指的是對對方的殷切希望，能戲劇性地收到預期效果的現象，越讚美對方越優秀。所以，小兒子就在那個群裡面欣賞大兒子，他說：「讚讚讚！我就最欣賞你，你就是可以依靠的。」然後大兒子就非常高興，其正面的東西就不斷被激發出來了。

親子關係是非常親密的關係，很容易造成界限的模糊，界限一旦模糊，總會有人的利益受損，為了讓每一個親人都不受傷，適當的界限是非常有必要的。而當別人做得很出色，我們要不吝我們的讚美，因為讚美是放大別人身上優點最好的辦法。

界限保護了我，讚美成就了你；界限是為了把不好的制止，讚美是為了把好的放大；而這兩者結合，進退有度，就是非常好的一種親子關係。

　　俗話說，良言一句三冬暖，惡語傷人六月寒。學會說話，對人生大有裨益。

　　人們普遍欠缺處理人際關係的能力，要想提升人際關係能力，必須學會把話說到心窩裡。關鍵中的關鍵是注意溝通對象。和小孩溝通，不能忽略他的純真；和少年溝通，不能忽略他的衝動；和青年溝通，不能忽略他的自尊；和老人溝通，不能忽略他的尊嚴；和男人溝通，不能忽略他的面子；和女人溝通，不能忽略她的情緒；和上級溝通，不能忽略他的權威。

　　而且，溝通過程中要使用正確語氣。我們和別人交流時，要從消極轉向積極、挑釁轉向探討、優越轉向尊重、命令轉向平等、評價轉向建議。

　　高情商會溝通，有一部分是與生俱來的天賦，但有的人天生就笨嘴笨舌，不會溝通表達，經過後天的磨練，也可以有很高的情商，讓溝通無礙。其實高情商也不完全是天生的，雖然有一部分人生來就有超強的敏感性、覺察性與溝通能力，但也不乏有許多人經過後天長期努力訓練也能獲得。

　　我女兒在情商與溝通方面，既有天賦，也有後天的磨練。我女兒一出生，我的大兒子無意中就等於是在磨礪我女兒的情商，情商其實是我們在複雜的關係中尋找解決方案的一種能力。

　　我懷我女兒的時候，其實有跟大兒子說你要當哥哥，妹妹跟你玩，好不好？就是你會多一個妹妹，可以跟你玩捉迷藏。他聽了，很高興他會當哥哥，可是女兒生下來之後，他沒辦法忍受，女兒哭的時候，我就

要去抱她，她喝奶，我也要過去，她尿尿了，我也要換尿布，所以大兒子就會去偷打她。女兒哭的時候，大兒子就說她不乖，媽媽你不要理她。嬰兒都愛哭，但是這反倒成了一個成長點。小孩子天生就會有爭奪關注與爭奪愛的本能。

小的時候，大兒子欺負妹妹，因為他覺得妹妹的到來，搶了本應屬於他的愛，他們兩個好像有點像仇人一樣。可能是老大，因為有五年佔有了那100%的愛，來了一個妹妹，把他的愛分掉，他就會沒辦法接受。可是我說，你是哥哥啊！你就是可以管你的妹妹，但是，你要用愛的方式。然而，大兒子的管法都是他爸爸的那一種暴力，就是打人罵人那種方式，所以，女兒從小就很會哭。

女兒剛會走路的時候，每次都提著包包去撞門，好像要離家出走，小時候很好笑，然後半夜不睡覺就拎個包包，就是想要去開門，小孩子表達自己的方式是非常直接的。

後來，女兒讀書的時候，放學回家，一定是摔書包大哭。爸爸會罵，說她是死了父親，死了母親，才可以這樣大哭，所以爸爸不准她哭。爸爸如果不在的時候，我就跟女兒說，你可以哭，反正人本來就是跟天氣一樣，有春夏秋冬，你現在要下雨，你就儘量哭。等你哭好了再告訴我，但是因為我不太有能力聽你哭，我會心情不好，所以我出去走一走，等一會再回來看你，等你哭停了，那我再聽聽你發生了什麼事。

所以，我的女兒就是一個兩派教出來的小孩，爸爸是一種教育方式，而我是另外一種教育方式。恩威並濟，我這邊是恩，爸爸那邊是所謂的威。

這個小孩其實表現還不錯，小學的時候就已經很優秀，她小學畢業就得到人際關係獎。然後她會去聆聽老師，老師有時候上課，小朋友太吵了，老師會生氣、會大小聲，我女兒會跟老師說，老師您上課，大家都不

聽，你心情很不好喔！老師覺得她能體諒自己的心情，就跟她關係很好，很喜歡她。我的女兒學生時代，大部分都領人際關係獎，朋友都特別多，大家都喜歡她。

後來，她學校畢業，讀醫科。畢業之後，她就去找工作，而她有個同學，有心事就會來找我。她戀愛的幾段都不太順利，都很激烈地大哭，那個時候女兒這個同學最"厲害"的就是哭，在我印象中，她就是一個愛哭鬼，只要一有什麼事情發生就是哭。然後我就跟她說，其實哭是不能解決問題，但是哭可以發洩情緒，哭完了你要來決定做哪些事，轉移這個痛苦。因為痛苦就要像翻書一樣翻過去，你沉淪在那裡是沒有用的。爾後，那一年，她失戀了，也哭得很慘，但沒有停留很久就恢復了。

女兒和同學 IQ 都很高，很優秀，一年考到三張證照，游泳教練的證照、救生員的證照，還考一個醫學方面的證照，可以到醫院當醫生。就那一年，她的同學和她內心都強大了，成長有時是一瞬間就完成了。

我女兒和她同學的成長可以說是跌宕起伏，吃過不少苦，終於越變越優秀。但凡比較優秀的人，都是這樣，必走過艱辛，才能完成內心的修煉與能力的累積。

英國前首相丘吉爾，小時候有口吃的毛病，但他沒有放棄，經過長期的勤奮練習，成為了世界有名的演講家。其實人與人的溝通，乃至語言本身自有一套規則，所以，如果我們想要說話得體，想讓別人答應我們的請求，讓溝通力成為我們的核心競爭力，都有實現的辦法。這就需要平時多觀察和總結，多在生活中練習和應用，同時要在複雜的環境中磨礪自己的情商與表達力，精準、簡潔與得體，把話說到別人心裡去。

就拿我自己來說，我原本是一個不會說話、不會表達、不會溝通且不善交際的人，就會默默無聞而不善於表現自我，但我始終相信世上沒有笨人，只有不努力的人，所以經過多年的學習與鍛煉，大量的刻意練習

與實踐，我現在不僅善於溝通，我甚至成了溝通導師，教人們如何由「對抗」走向「對話」，讓精準溝通力，成為核心競爭力。

語言表達具有改變人生的力量，高情商的人，往往會有更多的話語權，精準溝通的關鍵是時時刻刻能掌握人的命運。

多一點努力，多一點自信，多一點練習，提高情商，才能談吐自如，溝通無礙。

第18章　從「對抗」走向「對話」

　　兩種教育方式，是兩個結果、兩個答案，也是兩種個性，而這些都在我女兒的人際關係的世界裡展現出來。我們這個世界正是因為矛盾而存在，正視所有的矛盾衝突，通過覺察自己，覺察他人，覺察關係，磨礪自己的情商和逆商，從複雜的關係與環境中，找到一條通往和諧和幸福的路，從對抗走向對話，從對話走向理解與同頻共振。

　　我女兒的同學很優秀，但從教育的角度來說，她們是兩種教育方式的混合，她同學在激動的時候可能會表現出她的另一面。我看見她同學在愛情第一次失敗的時候，雖然情商很高，但還是難免會痛苦。

　　在我這一套溝通理論裡，我是說，你的愛人外遇的話，就是已經劈腿，他和外遇的人都很快樂，而你因為自己很愛他，就很容易受傷。愛別人的時候，是我們自己有情感問題，所以首先要在我們自己身上找原因，要祝福對方，因為他在我懷裡可能會枯萎。

　　不妨試試跟對方坦誠溝通，告訴他你依然愛他，或沒有希望，但要對方老實告訴自己，如果沒有希望的話，就忍痛離開他。雖然你很愛他，但是他不愛你了，那你們之間如果再耗下去，是你我都痛苦。

　　人在情感受傷的時候，就可能會有價值觀衝突，其實在這個時候是沒有辦法教的，只是陪伴與支持，她就會一次次越來越進步，越來越正向成長。

　　後來，女兒同學遇到情感挫折，看得出來她很傷心，但傷心完之後沒再聽到她哭，也沒聽到她用其他傷害自己的行為，就自己默默的一直

去讀書，慢慢自己學會堅強，自己越來越進步，自己學會長大。男朋友不要她的時候，她學會放下，但內心不甘，她是很痛的，但那個痛要自己療傷，不是去讓對方也痛苦，所以一個人痛苦就好，不要讓兩三個人都痛苦。她那一次就處理得比較好，學會放下，那接下來，她的感情就相當穩定，也沒有什麼狀況，有短暫分離，是因為對方要回家孝順父母，家裡的父母在比較遠的鄉鎮，然後工作調到家附近照顧父母，因為對方的父母有一點身體的問題，然後就在家附近照顧。這樣過了大概一年多，對方的父母身體好了，他又把工作調回來了，這段感情就比較穩定。而我女兒透過陪伴她的同學，自己也快速成長。

我們這一套理論是說，出現裂痕的時候，我尊重你，因為起碼你快樂，只是我自己一個人痛苦，所以你快樂和別人也快樂，那麼這樣，兩個快樂一個痛苦也挺好。我是痛苦的，要去改進、要去成長，該放下的放下，該往前走的就往前走。如果我跟他談，而他對我的感情非常少，少到為負的話，可能也無法挽救的時候，那我要去切斷這個關係，然後自己療傷。

我們內心出現空位的時候，不要去痛苦，將有一個更好的人填補這個空位。一段新關係和新感情出現以後，上一段感情自然就放下了，人要學著面對問題、解決問題，學著放下那些已經不屬於自己的東西。

臺灣人好像比較會念舊，抓住舊的不放，對不對？然後抓住那份情不放。或者應該是說女人比較會這樣，這當然在所難免，但我們在任何的關係中，都要懂得時時覺察自己、覺察對方，也覺察你們之間的關係。

人與人之間的關係應該是一種相互理解、相互尊重與相互合作的關係。

親子關係也是如此，最關鍵的核心在於雙方是一種合作關係，而不是敵對關係。要用精準溝通，用「對話」來消弭「對抗」，當我們在孩子很小的時候，就學會和孩子一起合作，一起去努力達成雙方真正的約定，

而不只是在要求他們配合或者要求孩子按照我們的期待和標準去做事，
合作才是一種建設性的關係。

　　好的親子關係中，父母從孩子那兒得到的和孩子從父母那兒得到的
一樣多。這種得到，不是索取，也不是付出，是在互動中的共同成長。

　　溝通不是分化關係，而是互相支持對方的關係，共同創造一切美好，
共用幸福美好。

篇章三

「可憐」天下父母心

第 19 章　父母應該受到訓練而非責備

「父母」這麼重要的職位，居然沒有經過考核，這是非常令人震驚的事。

「怎樣做父母？」這個題目非常之大，也至關重要。每一對父母都是第一次做父母，每一位孩子也是第一次做孩子，都沒有經過學習和考核，有時是孩子教會父母怎麼做父母，而父母也通過自己的言行教會孩子許多事。

「做父母」實在要有專門的技能和專門的學識。這種技能、這種學識，是需要悉心學習的。「做父母」是一樁不容易的事情。一般人太把這樁事情忽視了，把這樁事情看得太容易了。

栽花的人先要懂得栽花的方法，花才能養好；養蜂的人先要懂得養蜂的方法，蜂才能養好；育蠶的人，先要懂得育蠶的方法，蠶才能育得好。難道養孩子，不懂得方法，可以養得好嗎？

孩子的成長是一個長期緩慢的過程，我們的任何行為對孩子所造成的影響都不會立馬顯現出來。這種延遲效應讓很多父母對孩子的教育有某種程度的忽視。

當孩子們惹了禍，或是引發社會問題的時候，每個人都會責備他們的父母。

父母平時忙於工作無暇照料孩子，很多孩子只有靠問題來贏得父母的關注，贏得與父母的時光。很多父母意識不到這一點，是自己的問題或者說疏忽導致了孩子的問題。

父母不應該被責備，而是應該受到訓練。不是小孩養出問題的時候，大家都罵這個爸媽沒有養好，意思是說為人父母的沒有用，沒有盡到責任，而實際上，其實是他們缺乏訓練，他們沒有學到一個正確的方式。

我去法院裡面教一些問題青少年的父母，其實，他們也很用心在教小孩，他們每次在分享的時候，我完全可以感受到這一點。那麼，為什麼他們還是教不好自己的孩子？一開始第一堂課會問他，你是怎麼樣教小孩？然後他說我又打又罵，我使出了所有的辦法。其實，本質上來說他們都不是不負責任的父母，有的父母說，我想盡了所有的辦法處理教育小孩的問題，但是他就去殺人放火。

在傳統的教育方式下，就是打罵、責備，或是諷刺小孩。講了很多道理給他聽，或者教訓，這些其實都沒有用，因為小孩是善良的，只要你告訴他，你做什麼事影響到我，他會改變，但是你講道理，反而聽不進去。

我們在學校不是有訓導主任嗎？在罵小孩的時候，小孩他們都說他們只會聽到一句話，其他都沒聽到，就是只會聽到結束的那一句話。

你給小孩吃很好的東西、穿很好的衣服，然後帶他去玩，但是，精神層面、價值觀層面，你沒有一個架構來引領他，這個小孩雖然過了富裕的生活，或是你給他最好的學校教育，但是回家你沒有陪伴他，這樣的教育依然是無效的。

一個老師可能要帶30個學生，或許小班是20個，老師也是負荷很高，老師沒有辦法一對一，但是家長可以。所以，很多家長說我小孩沒怎樣，很乖呀，不可能啊！結果小孩他已經交到壞朋友，有些小孩在家被打罵之後是很乖的，從不反抗，在家裡也沒有聲音，結果他們到外面，就結交了壞朋友，就被帶壞了。因為內心是空虛的，他們才會隨便結交壞朋友。

你只管他的吃住、營養、美麗外表，其他沒有，那個叫做金錢富養，但是精神是匱乏的。我要告訴大家，小孩要物質窮養，精神富養。因為

他精神如果不夠富有的話，他沒有能力來面對他的世界，他就沒有那麼堅強。

父母應該受到訓練而非責備，父母受到訓練後，其實是可以教好自己的孩子的。

有一對夫婦，這個媽媽來學，她的問題就是她習慣把小孩的事都做了，所以小孩在家裡就是像老爺一樣，就只要讀書就好，其他都不用做。

然後這個媽媽有個苦惱，小孩就是什麼都不做，請小孩做一點事，小孩就說，我要讀書，反正就是用讀書搪塞，因為小孩已經發現讀書就是免死金牌，什麼都不用做。這個媽媽真的慢慢學了之後，發現她的方法需要改進。

我記得我多年後碰到這個媽媽，這個媽媽跟我說，老師你當初跟我講那一句話，你還記得嗎？你跟我講：「我以後棺材的蓋子要自己蓋。」。她對我說，你講那句話對我來講有很大的震撼，也就是說我把我的小孩寵到他只活在他自己的世界。所以，用了我的這個方式之後，他的小孩就會自動自發，而且會分工合作，然後也會體諒父母，這個媽媽覺得很高興，她說她以後棺材蓋不用自己蓋了。

媽媽在學怎麼樣表達；怎樣開家庭會議；怎樣改變環境！這位媽媽就會跟她的小孩溝通：「母親也希望跟他們一起去看電影、一起玩，可是母親就是好忙喔，沒有機會和他們一起去。爸爸要出去的時候，母親還留在家裡做家務。」小孩聽了媽媽的話，就覺得有道理，心裡就有一份關愛支持。

當這個媽媽也要一起出去，而家裡的家務還沒做完，小孩就會開始幫忙，大家分工幫忙，做完家務，就一起出門。所以，學會與孩子溝通，孩子也是可以體諒父母的，他們不會只是活在自己的世界裡。

很多女人把自己當家裡的長工，就是不會為自己活，都是為小孩犧牲。當初，這個小孩也不知道體諒母親，就是假裝要讀書。後來這個媽媽就都陪在小孩旁邊讀書，就這樣陪伴三年，小孩習慣了，就自己很會讀書，後來學歷蠻高的。這位媽媽自己現在都在做瑜伽，保持著漂亮的身材，她自己也不斷成長。現在，她一家人過得很幸福。

有衝突的時候，你我都有情緒的時候，其實，本質上是我們彼此都有需求，這種情況下，不是用吵架的，而是用雙贏的方式，所以你的需要很重要，我的需要也很重要，通過溝通，從對抗走向合作，是讓彼此都贏的一個方法，就沒有輸家。

一般我們都是爸爸說了算，媽媽說了算的，所以小孩都輸；然後學會這個溝通的方式，是小孩贏，大人也贏。大概會有六個步驟，第一個步驟，我就是會跟你聊天，然後聊出你需要的是什麼？也告訴你，我的需要是什麼？我們就想很多辦法把方案都提出來，提出來之後，第三個步驟就是篩選，選出最優方案，可能我們想了 15 個方案，但是只有兩個方案通過，然後再用這兩個方案去討論，就會有一個好的決定，可以去執行。執行了之後就是追蹤結果。最終檢視這個結果好不好，如果不好，重新再討論。

通過開會的形式，建立起一種機制，讓彼此建立良性溝通，通過瞭解，再到理解。

孩子是第一次當孩子，父母也是第一次當父母，父母與孩子要達到雙贏，父母應該受到訓練而非責備。

第 20 章　說給父母的話

父母是普通人，不是神，不會因為你做了父母，就從普通人變為神，所以也會偏心，我們允許你偏心。

偏心的意思就是，一般我們都有一個觀念，為三個小孩買玩具，就要買三個玩具，每個小孩都有一個。其實，父母不用假裝公平，你也不用假裝理解，爸爸媽媽不能結盟，不能和孩子分屬兩個陣營，就是爸爸媽媽一起來對付這個小孩，不用這樣，這樣是錯的。

因為在社會上孩子也是要去應對各種真實的情況，並沒有人會遷就你的孩子，他要跟他的主管討論，討論完了可能又有另外一個主管，他也要討論，他要學會去協調好各種關係。我們要提前通過模擬社會的感覺，來讓孩子們得到成長，他們將來才能去適應社會。

我們是跟父母說，因為你不是神，你可能喜歡這個小孩，你可能不喜歡那個小孩，但是你可以在心裡不喜歡，所以你在處理問題的時候只對事不對人。意思是說假設某個人是我愛的，所以某個人走過去，把我的杯子拿起來喝一口，啊！我沒感覺，因為我愛這個人；但是，換作是一個我不喜歡的人，我的感覺可能就會不一樣，所以，人天生就是有分別心的，不必太在意，正視這一點就好了。同樣的事情，在不同人身上，我們會有不同的標準。

我們當一個正常的父母，不要假裝我愛每個孩子，不要假裝一視同仁，沒有一個母親父親是不偏心的，一碗水是端不平的，總是會些許的傾斜，這都是正常的，我們只要能正視這一點，其實對我們來說是更好的。

因為，我們是真的而不是假的，這就更有可能把事情處理得更好。看似不公平，但最後反而會走向更公平。你不要讓小孩感覺到，愛這個多一點，愛那個少一點，你要糾正行為就好，自然對每個孩子都是最好的。相反地，當你說出來，指明是誰，我最討厭誰，就會造成傷害。因此，你默默地正視自己的偏心，在心裡默默糾正它就好了。

其實父母是凡人，所以有些小孩你怎麼看怎麼生氣，那麼你就不用假裝無條件的去對待他，在他每一次的行為讓你不高興的時候，你要講那個行為，而不是講那個小孩。

我們平常溝通，就是直接講某某你怎麼樣怎麼樣，對不對？然後是一大群小孩在那裡說：「喔！某某人就是怎麼樣怎麼樣」，這樣不好，因為這是對人不對事。應該就事論事，講具體的行為，這樣的話，小孩也不會受傷。

父母不需要假裝無條件接受孩子的一切，可以對孩子的行為做出指點，但不要涉及到對人貶損，當父母的要真誠，不用假裝，他的每一次行為觸犯你的時候，你只講行為，然後小孩也會改變。小孩不會覺得你偏心，也不會覺得你只有對我不好，因為你只是論事，不是對人，沒有指明。沒有指明就是人不好，只是在講事情和行為不好，這樣批判性比較少，孩子比較容易理解，也有利於他們成長。而且，對於親子教育，不是責備及貶損小孩，是小孩他需要被協助。

每個家庭，他們的傳承，也是文化的傳承。舊觀念認為小孩就是父母的財產，然後小孩就是要管，要打要罵才能成才，說什麼玉不琢不成器，所以小孩一定要打罵。這是一種文化的傳承、一種觀念。所以，首先就是要完成觀念上的轉變。

說給父母的 5 句話：

1. 你不是神，你也是一個平凡人，你不可能做到完全公平。

2. 你不接受的時候，也不用假裝接受，不要假裝接納。

3. 父母不要做分化，父母不要結盟，不要與孩子對立分屬不同陣營。

4. 小孩沒有行為不端，小孩只是需要被協助。

5. 親子教育，對事不對人，只講對行為不滿，不涉及對孩子的褒貶，把評判性降到適宜的位置。

從此刻起：
要多鼓勵、讚美孩子，而不是批評、指責孩子。

因為只有鼓勵和讚美才能帶給孩子自信和力量，批評和指責只是在發洩情緒，傷害孩子的心靈；

從此刻起：
要多聆聽孩子的心聲，而不是急於評斷孩子。

因為學會傾聽才是最好的溝通的開始，學會聽，才學會講。

從此刻起：
要學會蹲下來與孩子平等溝通，與他們做朋友，影響力才最大。

從此刻起：
要用心去陪伴孩子，而不是心不在焉地敷衍孩子。

因為只有真正的陪伴才能讓孩子感受到關注與被愛的溫暖。

第 21 章　怎麼聽孩子才肯說

　　人與人相處，你說了不該說的話，對方連講都不願意講，孩子也是這樣，小孩跟大人都一樣，因為我們是用平等的方式，就是小孩會把他當成跟我一樣的地位，我們是平等的，我在講話，或小孩子在講話，我們都是樂於傾聽彼此，而且我們之間是相互尊重的關係。

　　小孩為什麼不說？他怎樣才能說？我只是讀他的心，讀他的表情，小孩高興或是生氣，他都在臉上。看到他高興就說：「哇，今天你看起來很飛揚，不知道開心什麼？可不可以讓我知道呢？」，這樣他可能就會說：「我今天，打籃球，多厲害你知道嗎？我們贏了 20 分。」。這樣，是不是孩子就樂於跟我分享了？所以要站在孩子的角度，不要站在他的對立面。

　　只有站在對方的角度，說對方的話，找出共鳴點，與他共情，孩子才更樂於分享。當你在聽孩子說話的時候，一點都沒有接收到孩子傳遞的訊息，只是自顧自地說自己想說的。如果剛剛前面那個小朋友，他講的時候，父母是說：「我就知道你很優秀，你就是我的基因遺傳呀！所以跟我一樣優秀。」。如果是這樣講的話，效果就會完全不一樣了，因為你是站在你自己的角度，而不是站在孩子的角度，所以孩子聽了，就不願意多說什麼了。你跟我一樣這麼厲害，這個小孩就聽不下去了。

　　把主角轉移到家長身上，轉移焦點，溝通效果就完全不同了。所以，我給家長的建議就是，第一要打開胸襟，沒有任何批判，你對他的失敗、成功、痛苦、傷心、或者是快樂，全都是開放性地接納，沒有任何的批判，內心裡也沒有任何的批判，這樣你才有辦法做比較好的聆聽。第二點就是

你願意花這些時間聆聽，聆聽還是要花一點時間，有可能你正在炒菜快焦了，你根本沒有空聆聽他，但你要找一個空閒時間，並願意花這個時間，這樣才能更好地聆聽他。第三點就是你要專注地聽，整個心只在他身上，要耳朵為主，不要把注意力轉移到別的地方，整個心都在他身上，只專注聽他的，那個眼睛全部看到他、尊重他，他自然樂於說，樂於分享。

我有一個學員，她本身在做教學，也是個老師。她對她的小孩要求比較高，所以她的小孩有時候感到壓力山大！就覺得很倒楣，為什麼她的父母是老師，讓她壓力這麼大，後來，我的這個學員，她學完了之後就是很會聆聽，她的小孩就變得自動自發，表現都很優異，已經上了很好的大學。

這個孩子之前感覺就是壓力太大，她就早出晚歸，每天都到很晚很晚才進門，她的爸爸媽媽就很頭大。小孩怕回家，因為回到家充滿了壓力，以前父母說話都是咄咄逼人地問：「妳去哪裡呀？」、「今天做什麼事？」、「功課有沒有做完啊？」、「妳跟哪個同學一起」，就是什麼都管，這樣一來，小孩在這個家裡沒有得到溫暖，小孩的壓力很大，覺得每次回家就好像要被審問一樣，就很害怕，因為每每在那個家，就像枷鎖一樣，一進家門就沒辦法放鬆，所以才會拖多晚回家就拖多晚回家。她是一個女孩子，家裡人又很擔心。這個女孩覺得如果她長大有能力的話，她一定離家出走，原因就是家裡只有壓力，沒有溫暖。

當這位媽媽在我這上完課，回家換一種方式來對孩子的時候，孩子還是有防備心，那個家長說，小孩大概防備了半年吧，然後就開始覺得好像家其實挺好的，壓力少了，覺得溫暖了，好像很久都沒有被罵，就開始會主動說話、主動分享，也慢慢的提早回家。

這個小孩後來就表現很好，連讀書都進步很多，後來考上一個蠻不錯的學校。可是她內心還是有以前那個陰影，所以故意填志寫離家很遠的

地方。所以，他爸媽現在都是在 FB 看到他們小孩的表現，然後偷偷歡喜。因為很多小孩子不喜歡父母控制，連 FB 都不要讓他們加進來就對了。這個家長現在就說，我不知道我們小孩怎麼越來越優秀了，我們都不敢吵她，也不敢罵她，都不敢。可是，這個家長講的時候很得意，我的小孩子表現這麼好，所以，家長與小孩溝通時，要覺察自己的情緒。就是你在發怒的時候，敏銳的覺察自己不該發怒，就馬上平靜心情。重新整理思緒，講一個正確的話。這個家長就是這樣不斷地成長，改變了自己，改正了自己與孩子的交流方式，從而也改變了孩子的命運。傾聽有時比說更重要，家長能站在孩子角度，樂於聆聽，孩子才樂於分享。

第22章　不要讓情緒成為溝通的障礙

你不能左右天氣，但你可以改變心情；你不能選擇容顏，但你可以展現笑容；你不能控制他人，但你可以掌握自己。

人生這條路很長，未來星辰大海般璀璨，不必躊躇於過去的半畝方塘，那些所謂的遺憾，可能是一種成長，那些曾經受的傷，終會化作照亮前方的路。人生，要讓好情緒始終與我們相伴。

消極的情緒，使人際關係緊張，不和諧，缺乏親和力。而積極的情緒使人心情舒暢，精力充沛，思維活躍，效率高，人與人相處更加和諧融洽。

人生，要擺脫不良情緒的困擾，要時時疏解自己的壞情緒。要常寫情感日記，疏解情緒，不要讓情緒成為溝通的障礙，情緒疏解之後，學習界定問題，協助別人解決問題，也能幫助自己突破困難。

家長要有能力觀察，就是我先學觀察肢體語言，看到對方是什麼狀況。比如說孩子平常嘰哩呱啦很愛講話，但是今天進門都不會講話，平常不吃飯的，今天就悶頭一直吃，這也有問題，就是類似反常的狀況，家長要有覺察。這個狀況，你只要用心去看，你會看出他今天到底是灰心呢？還是沮喪？還是傷心？發現問題，才能著手解決，發現困難，才能著手去協助。然後，家長有疏解不了的情緒，就是會控制不了自己，那怎麼辦？我會請他寫情感日記。情感日記可以幫助我們疏解情緒，也可以幫助我們覺察自己與他人。比如寫別人的行為，然後寫你對這些行為的感覺是什麼，假設小孩去叔叔家睡，你覺是對你是一種背叛，然後你可以寫下「喔！小孩去叔叔家睡覺，我感覺有背叛的感覺，內心很傷感。」，

就是把它寫下來。

把情緒寫下來，情緒也就得到疏解，而且，通過寫情感日記，你也覺察到自己內心的真實感受，當你覺察到自己的情緒，你同時也會覺察，也可以往另外一面想，那就是有安全的人可以來照顧我的小孩，我的小孩才不會到處亂跑，也是一件好事。所以，我們的看法是不是變得更全面了？寫情感日記是要檢討自己，不是檢討別人。當你說這個小孩背叛，這個小孩無情無義的時候，你不會進步，所以不要檢討別人，而是要檢討自己，這樣你周遭的關係才會變得更好。而且你會一直通過寫情感日記檢討自己，檢討自己的同時就可以去處理情緒。情緒其實在檢討之後可以疏解，情緒得到疏解，我們對事物才有不偏不倚的正見。

有一個媽媽，她家裡小孩的教育，弄得亂七八糟，然後，大家脾氣也都不好，就是全家人罵來罵去。她要幫助她的小孩疏解情緒，就會跟她小孩聊，她說這個方式對小孩是有效的，就是以前他們因為太會人身攻擊，通過寫情感日記的方式，大家疏解了情緒之後，再溝通就心平氣和，沒有障礙了。

有時候，情緒就是溝通的障礙，不良的情緒要疏解掉。

在教育孩子方面，她之前都是用罵的，罵得很難聽，就是說你這個小孩，永遠都沒有用，就一輩子都是一個麻煩鬼，就是搗蛋鬼，不是好東西，就是貼比較負面的標籤。然後小孩因為被家裡的權威人士，就是父母，這樣定性之後，這個小孩就會很難翻身，他們就會認定「那我就是一個沒有用的人，我就是一輩子只能這樣而已。」。所以，這個小孩只要遇到挫折，就沒有能力翻身，他只會自責，然後陷在那個情緒裡面，更嚴重的話，就要看醫生吃藥。那個媽媽說：「他們家的狀況就造成小孩會自責與自殘。」。

之後，這個媽媽學了這一套之後，回去以後就開始寫行為日記，就

是行為加情緒那樣的日記。寫日記的目的是覺察自己及疏解情緒，把內心可能累積幾十年的情緒把它疏解掉，這樣才有空間可以去接納自己的小孩，去聽小孩的心聲。這個媽媽非常認真地寫，所以她後來就改變了。她說，這個方式很好，好像比她去找諮商師還好。這個媽媽自己治療了自己，她也治療了她的小孩。

媽媽學了，成功地把這一家改變了，她說她的小孩從此會自己整理房間、會洗衣服，剛開始是輪著，每個人洗全家的衣服，現在變成每個人洗自己的衣服，每個人都主動承擔家務，媽媽說她輕鬆很多，不然事情好多，還要上班很累。現在媽媽也輕鬆了，家也變快樂了。

在培養孩子的這條路上，做家長難免會遇到一些讓自己抓狂的瞬間，但情緒往往解決不了問題，只有把負面情緒疏解掉，才是解決問題的第一步，協助孩子解決問題，同時也是解決自己的困難。

有的時候，我們也很難控制自己的情緒，通過寫情感日記，疏解掉情緒，心平氣和地跟孩子溝通。隨便亂發脾氣就像到處扔垃圾一樣，在家庭裡是非常不好的行為，這是一種破壞性非常強的行為，孩子不應該成為家長負面情緒的垃圾桶。與其發火動怒，還不如把負面情緒疏解掉，好好地去跟孩子溝通。

好情緒，是溝通的潤滑劑；壞情緒，則是溝通的攔路虎。

第23章　學會愛，更要學會傳達愛

愛沒有標準答案，也不需要標準答案。

無論是廣義的「愛」還是狹義的「愛」，哲學家們都給出不同的解釋。愛是人的本性，就像太陽要放射光芒，它是人類靈魂最舒服、最自然的受用；沒有它，人就蒙昧而可悲，沒有享受過愛的滋養，無異於白活一生，空受煎熬。

「愛」可以是擁抱、可以是陪伴，更可以是眼眸中的一抹柔情⋯⋯。

孩子是天使，無論他們是誰，來自哪裡，對於愛都有同樣的需求，也有著相同的感受。媽媽的懷抱以及爸爸的陪伴，都可以讓孩子感受到愛和滿足，並將這種愛回饋給父母和他們身處的這個世界，而孩子對世界的愛，也會讓他們的將來變得更加美好。

愛要傳達，要付諸行動，愛的行動貫穿在日常的生活中，人們似乎認為這不足為奇，好像說出口的愛才是最重要的，可是「愛」不單單是語言，也是一種切身的感受，需要我們細心去觀察和發現。

因為「愛」是孩子內心最堅實的後盾，是他們勇往直前的根基，只有被濃濃的愛滋養的內心，才不會對這個世界產生畏懼。

生命是短暫的，「愛」是有限生命的無限延伸。

滿足愛與被愛的溝通，讓教養子女有好品格能輕鬆有效。

一般的溝通就是他的愛傳達出去，但對方有沒有接收到，不知道。其實是有很多愛，可是孩子感受到的只是被罵、被打而且被打很痛。所

以，如何把愛傳達出去，讓對方會收到愛，這才是關鍵。

還有「討愛」是什麼意思？當然，當父母的也要愛，所以我會討愛，那怎麼討愛？

比如，我兒子開車，他開得太快，我就說：「車速 180km/hr，讓我頭暈、噁心及感到好害怕」，他開車的速度就慢下來。講完之後，他是不是因為愛我，馬上慢慢的到達那個正常的車速。所以我得到了我需要的愛，然後他為我做出了改變。就是說，你說出來的話，首先就是要對方感覺你也是在愛他，同時，你也要有向別人討愛的這種溝通的能力。你雖然是討愛了，可是你說出來的話讓他覺得舒服，而且願意為你改變。在解決困難的過程中，在無形中就成就了他這個好品格，就是為他人著想的好品格，或是對我的孝順。所以，我們沒有說你孝不孝順，而是說，我告訴你，你怎樣影響到我，造成我的不便，於是他就改變了他的行為，就是對我的孝順了。

有一對父母，他們都是罵小孩打小孩。有一次，小孩放學，他們剛好煮了一鍋肉羹。父親就喊小孩過來吃，這只是父親一個已經習慣的溝通模式，是慣常的命令，聽起來比較沒禮貌，可是這個小孩累積太多已經到達了一個臨界點了，那一天孩子就生氣跳起來大吼大叫，跟他父親打架，就把這個父親給打傷了。

他父親很傷心的報案，就是未成年小孩傷害父母，所以，這個爸爸就被勒令強制要來學怎麼樣溝通的課程。上了我的課，爸爸就發現：「喔！原來就是自己常年給了孩子精神暴力，造成這個小孩變成暴力傾向」。所以，這個爸爸發現他雖然很愛小孩，但小孩都收不到，因為小孩收到的都是責備。

後來，這個父親也寫了很多行為日記，就是記錄自己的行為及感覺，慢慢就對自己的行為與情緒有覺察，終於明白他之前這種教育方式是不

懂得怎麼去表達愛，以及怎麼樣討愛。

他兒子要保護管束，父母要學怎麼溝通，學了之後，父母發現是自己錯，不是小孩錯，父母發現事情發生在孩子身上，而問題的根源卻在自己。

上課時，這個父親本來很不甘願，很生氣，就說他小孩沒良心，煮了肉羹給他吃，小孩還要拿刀殺他，可是小孩這些行為是常年累積下來，不只是那一次，問題在於父親的精神暴力導致孩子暴力傾向。

學了課程之後，這個爸爸很認真改變，所以他們家的相處品質就不一樣，命運也就跟著改變。

親子教育最核心的一點就是一定要學會愛，更要學會傳達愛與討愛，愛要讓孩子接收到，同時也要向孩子討愛，讓孩子體驗被愛與愛他人的感受，從而培養好品性。

孩子是父母最愛的人，不論是富裕還是貧窮、健康還是病痛，父母都應該堅定不移地支援及幫助他們。學會愛的表達至關重要，如果只是把愛放在心裡，孩子接收不到愛，他們沒有被愛的體驗，也學不會愛父母。那麼，他們會因為沒有愛的體驗，而讓精神世界貧乏及空虛，這非常不利於他們成長，也不利於他們好品性的養成。

每一對父母在養兒育女的人生階段，都需修學「親子」的功課，學習將內心的美好挖掘出來，也將這份真善美，通過親子間溫馨互動，傳達出去。

在愛中長大的孩子，更懂得愛別人，每個在愛中長大的孩子，都善良有愛。

每個孩子都是上帝給父母最好的禮物，每一個孩子都是珍貴的，都有其獨特的地方，是其他人無法取代的，他們值得被愛。而每一個孩子

也是本性善良的，他們接收到愛，也懂得感受愛和回饋愛。

父母向孩子「討愛」，其實，也是在訓練孩子「愛」的能力，這種愛的訓練亦是養成他們好品性的捷徑，經歷「愛」鍛造的好品性一定是充滿了真、善、美的元素，願每個孩子都是這世間最美好的存在，也願他們擁有這世間最美好的一切。

在日月寒暑的交替中，在高樓大廈的壓抑下，作為父母的我們為了生活、為了理想、為了未來……，我們在歷練中，磨礪出一身的本領。但是，愛的能力，才是我們最應該學的本領。

傳達出去的愛，才是有效的 1；傳達不出去，對方接收不到的愛，只是無效的 0。

第24章　讓我所說的話發揮作用

說話是一門藝術，一句話可以興邦也可以滅世，說話也是每個人的重要修行。

也許，有人會說語言不能推動大山，語言更改變不了星辰運行的軌道，但是一句話，從一個人的心中來，又進入另一個人的心，憑藉心的力量，語言的力量是無窮無盡的。語言有神奇的力量，它能夠觸動人心，能夠指導一個人回歸正道，也可以誘導一個人走上邪路。一句話說出，是向左向右，還是向上向下，它產生的力量是正能量，還是負能量，這都取決於說話的人。

對孩子說的話，要讓孩子受益，對先生說的話，要讓先生受益，不說就罷了，說了就要讓每一句話發揮它的作用。所以我每天就是對小孩成交，對先生成交，然後出去的時候就對客戶成交，因為我知道說話是可以很有影響力的。

成熟而準確的語言體系，使人類似乎能表達一切，但表達不見得精準，也許你的心是好的，但說出的話卻傷害到別人。語言幫助人們可以簡單地表達自己的想法，讓心情、意願…等感受之類主觀的東西，可以通暢地在人跟人之間進行傳播，但如果我們沒有掌握語言的藝術，那麼語言也僅僅是輸出思想的工具，或是輸出情緒的工具，而當我們掌握了語言的藝術，我們每天的一舉一動、一字一詞一句，都可以幫助到別人。「業」有善業、有惡業、有清淨的業、有煩惱的業。一句話說出來、一個業造出來，就不可避免地對別人產生影響。一個影響串聯著一個影響，如此重疊無盡，持續擴散出去。

說話雖然簡單，但可不是一件小事。說什麼話很重要，傷害別人的話要爛在肚子裡，讚美別人的話溫暖他人，也溫暖這個世界，可能給人帶來的就是一時、一天乃至一生的幫助。

有時候，我們是什麼人，就應該說什麼話。學生說學生應該說的話，老師說老師應該說的話，官員說官員應該說的話，司機說司機應該說的話。這樣大家就各司其職，說話得體，井然有序。

但有時候卻反過來，我們說什麼話，我們就是什麼樣的人。你總是說實話，別人就能體驗到你的真誠；你總是說貼心的話，別人就能體驗到你的大愛，你總說至理名言，別人就能體驗到你的高明。好話說多了，就成了好人；總是說惡語，本來不是壞人，也慢慢成了壞人；說智慧的話，你就成了智者；說善良的話，你就是個善良的人。

所以，你說的話，其實就是別人眼中的你。

要讓自己說話有影響力，如果只要開口這件事就解決了，語言會發揮作用是因為講完之後事情就解決了。那為什麼會有這個功效呢？因為我們在說話的時候從來沒有說到對方這個人的行為造成我的困擾在哪裡，因此我們說話就沒有效果。

我記得有一次，一個媽媽，她來參加課後聚會，她的小孩大概有七八歲那麼大。孩子看到了桌上芒果，就一直吃一直吃，最後把整盤都吃光了。

這個媽媽突然看到的時候，臉都綠了。因為水果是用來招待客人的，這麼多同學，她的小孩把水果都吃光了。媽媽的臉一陣青一陣紅，不知道怎麼辦，因為這個聚會很重要，所以她就特別手足無措，不知道該怎麼辦，這種著急上火的時刻，是最容易說出傷人的話來的。

由於這個媽媽有跟我學過，她知道我們要學會怎麼說，小孩才會聽，

她想了想就說，一大盤水果，一個人都吃光，媽媽要有個地洞鑽進去，好丟臉，我沒有把小孩教好。

而這個小孩聽明白媽媽的感受，突然覺得他所做的事情可以讓他媽媽丟臉丟到極致，就對媽媽說：「對不起我不知道那個水果是給大家吃的啊。」

媽媽就說：「對，水果是給大家吃，既然是大家，就不是你一個人吃，所以當你一個人都吃光的時候，我真的想要找一個地洞鑽進去，所有人都看著我，我好丟臉。」。

孩子不停地說：「真的嗎？對不起，我不知道，而且我不知道要克制，原來我太貪心了，我把那整盤都吃光，我真的很不好意思。」。

見到這樣的情形，大家都接受了這件事的發生，因為媽媽的教導已經達到目的。

有一對爸媽，小孩離家出走，因為他們平時又打又罵，甚至把小孩關起來，關到那個孩子決定離家出走。他們家很有錢，房子很大，小孩關在最上面那一層，小孩竟然從上面那一層打開窗戶，爬了出去。

他為什麼要離家出走？太壓抑了，因為這對爸媽就是太關心小孩了，就是「窒息的愛」。

愛沒有控制，就不是真的愛，成了害。

把所有的事情，都在爸媽的掌控裡面，在爸媽的眼皮底下，過份控制，過份管束，所以這個小孩就常常被打被罵。然後他覺得這樣太痛苦了。當他被關在三樓，爸媽把樓梯鎖起來，以為這樣就萬無一失，送東西上去給他吃就好了，結果這個小孩，還是從頂樓爬牆，慢慢地爬下去，跑掉了。

這個小孩大概 14 歲吧，就有這樣決絕的、不計後果的舉動，完全是

他的爸媽逼的。

這個小孩就是國小過後，國中就讀到二年級，完全還是一個孩子，他爬出去，從頂樓三樓那麼高，然後沿著牆壁的一些設施可以攀著這樣爬下去，跑掉了。跑掉了之後，他的爸媽就很著急、很緊張，到處找，就覺得好害怕。

這小孩不是第一次逃跑，他是逃跑了 N 次，每次找到了，把他抓回來，痛打一頓，又繼續把他關起來，就這樣，一直惡性循環。小孩離家出走，跟人家混。然後在晚上去街頭跟人家打群架。因為同學就是同年紀的，惺惺相惜，就會說話比較同頻啊，所以就跟著人家去混，他們同學要去哪裡就去哪裡，後來有一些衝突，他就也跟著人家去打架，他因此就被抓到派出所去，就變成了不良少年，而他的家庭就是問題家庭，後來法院就要求父母來上課。

小孩想盡辦法脫離爸媽的魔爪，發生事情以後，還通知學校，後來學校通知家長說：「你們去上個課，因為專家一定會有一些方法，既然你們用了所有的方法都無效，有可能在這些方法以外，還有你不知道的方法。」，既然法院和學校都這樣要求，於是，這對爸媽就很勉強地來跟著我上課。

上了課之後，這對爸媽就發現，原來他們的方法應該就是會讓小孩更害怕他們，離他們更遠，因此，這對爸媽就做出了改變，每天就好好地去傾聽他、跟他聊天，但是這個小孩就是恐懼，對爸媽的支配控制，還有這種窒息的愛，非常的恐懼。

大概這對爸媽用了半年的時間，他們的小孩心門才開一點點。爸媽跟小孩講，每次講之前都讀他的心，小孩有防衛，也沒說話。這對爸媽就打電話來問我，我就說那你就表白，你傾聽他，他不願意說話，你就主動傾聽。比方說，聽到孩子就說：「你自己一個在看電視，好像無聊得

很。」，小孩不回應，一次兩次，三次五次都不回應，這個媽媽說：「怎麼辦，他不理我。」。我就說：「因為小孩已經對大人有恐懼，所以小孩才會選擇不回應，那你就繼續表白，表白就是分享的意思，分享自己今天幹嘛幹嘛，有了分享，孩子慢慢就會回應你。」。

這對爸爸媽媽就發現，他們和小孩變成仇人，不管怎麼樣，小孩都不理他們。我就跟那個媽媽說：「你要不要去上班？找個業務的工作，你把你所有的專注力都放在孩子身上，這樣小孩壓力太大，你自己壓力也很大，那你出去工作有個好處是可以跟很多人互動，在這個基礎上，你再改變會比較快，這些互動會刺激你改變。」。

這個媽媽就想：「好啊！然後就找一個比較自由的業務工作。」。她去做保險，就用了我教給她的這些能力，她的業績技能都是前面三名以內。工作一段時間後，她跟我說：「以前我都在家當家庭主婦，也從來沒賺過錢，我現在學的這個東西，親子關係沒有比較好，倒是錢賺得非常快。」我說這個表達方式是很有效果的，所以你在外面跟客戶或其他人互動演練，演練到後來你就變成比較有能力去面對你的小孩。你的小孩就像客戶一樣，你把他當作是客戶，而不是你的小孩，因為你當作是你的小孩的時候，你內心有很多的支配及控制，甚至會不平或不滿，覺得我已經對你很好了，你卻忘恩負義，你會有很多的想法阻礙了你們的關係，你內心的糾葛會特別多。

你出去之後會發現，這個方式是很好的，你慢慢地就像我們在做一個客人一樣。這個客人對你有防衛，你必須一直跟他做良善的互動，有的客戶是三年五年甚至十年才成交。而你的小孩已經受到那麼久的傷害，要讓他在短時間轉變是比較困難，因為他對你的印象就是不好的，所以你必須花比較多的時間。當你的誠意，讓他看見，他再怎麼樣，你都沒發怒，你以前都罵他，現在你就是覺得他如果沒有回應你，你也不要生氣、不要罵他，就像我們在追客戶一樣，一直追、一直追，就像在追女朋友一樣，

到後來客戶就點頭了，他的心就被你收走了。

我們也要讀孩子的心，而且要善於收孩子的心。

這個媽媽覺得很有道理，因此，她後來保險做得很好，就把整個心胸也變寬了，因為她出去社會，看世間百態，然後去跟客戶互動，她發現，這套東西這麼好用，陌生人都馬上買單，但他小孩就不買單，她覺得小孩從小跟她結仇結到大，她不知道，她用的方式讓小孩心生恐懼，而且每天都想離開。你就以為你給他最好吃的，最好穿的，最好的環境睡覺，可是小孩內心是空虛的。精神層面，沒有被支持、也沒有被懂、沒有被愛。物質上是很豐盛的，可是對小孩來講，他是空虛的，他內在是空的。

這個媽媽說：她終於瞭解這件事情，以前，她以為養小孩就是要給他最好的的教育、最好的生活、給他最好的學校、請家教，任何最好的都給他，巴不得全世界最好的都給他，可是她從來沒有學會在成長過程裡面，怎麼樣用在精神層面支持這個小孩或去懂這個小孩。所以她讓這個小孩在心理上，一直受傷、一直受傷、一再受傷，最後逃跑，她還覺得是小孩忘恩負義，是小孩的錯，她沒有想到，原來是她自己造成的。

所以，她後來用了半年時間，按照我的方法做，這個小孩開始願意說話。小孩就說：「其實以前你的方式跟所有其他人方式是一樣的，我發現我同學的爸爸媽媽也是這樣對待小孩，或許你比較兇一點，所以我無法忍受，但是當你改變的時候，我很害怕，因為我害怕你只是表面服軟，有可能你有更恐怖的方式對待我，後來我慢慢地發現你並沒有的時候，我感覺我是全世界最幸福的，因為我們同學媽媽沒有我媽媽這樣的愛與包容。」。

她媽媽說：「我也是在跟孩子的互動裡去成長，然後我去學習，因為當初我沒有站在孩子的立場來看，所以我根本不懂孩子在接受這麼大的痛苦，我哪捨得孩子痛苦啊。我只是不懂，因為曾經我也是這樣被教

大的，所以我也不知道原來這樣子，孩子很痛苦，但是我當初的痛苦我已經忘了，我小時候一樣是這樣被教大，所以我以為這樣是可以的，我為我的過去這樣的方式，跟我的孩子誠懇道歉，因為我是無知的，我不知道還有其他好方法。」。

這個媽媽說：「當我去上這個課的時候，我也很不甘願，我就認為我是一個很用心的媽媽，我什麼方法都用了，都沒辦法，你政府還有什麼厲害的方法？」。

她跟我上課之後，才恍然大悟，發現是她自己錯了，所以她就真心地跟她的小孩道歉，這個關係就變好了。後來這個小孩，越來越優秀，發展很好，事業做得很大。這個小孩是一個會反抗的人，就是他也不容易被別人當奴才，只是有自己的看法與想法，可是他的爸媽不願意溝通，造成他就是想逃離，所以這樣一個有思想，有想法的人，他在領導別人時是很厲害的，他長大後，事業做得很好。他媽媽非常高興，這個媽媽後來看起來很年輕、很漂亮、不容易老。用了我這套方法，親子教育就是比較省力省心。

影響幸福的最大因素是關係，而關係是靠語言來互動的，一言一語之間，有著無窮的影響力。

為什麼說「我愛你、對不起、請原諒我、謝謝你」這樣簡單的話語，能發揮意想不到的作用？首先，這樣的話語是在內心默念的，你很少會大聲說出來。因此，語言就是這樣，你以為很多事情放在心裡就夠了，不用說出來，但實際上，你不說出來，別人又怎麼會知道，好話要說出來，壞話要爛在肚子裡。

我們說「請原諒我」，你並不是在承認自己做錯了什麼事，也不是在承認你應該對事情感到愧疚，這句話中沒有任何祈求懲罰的意思，你只是單純的在說：「嘿，請原諒我，我不知道事情是這樣的。」，不要

害怕服軟，因為每個人都不是完人，人與人之間是可以有足夠的體諒的，孩子與大人之間也是這樣，要建立這種相互體諒的機制。

「對不起」也是類似的情形，很多人都沒辦法說出「對不起」這句話，這一點蠻有趣的。誠懇，就是你在說「對不起」時應該抱持的心態。就像你在擁擠的商店裡不小心撞到了其他人，難道你不會說聲「對不起」嗎？其實你真正要說的是：「對不起，我沒有看到你在那裡；對不起，我沒有察覺到自己的行為，我為自己的過失給你造成困擾感到抱歉。」，無論發生了什麼事，你要說的是：「對不起，我沒有感覺到，請原諒我，這並非出自我的本意。」。

說話時，沒有任何預設立場，陳述事實，就能得到體諒。

我很喜歡「謝謝你」這句話，因為它能讓你轉移到感恩的心態，感恩是整個地球最強大的力量，只要開始不斷地說「謝謝你」，就能打開一扇神奇之窗。謝謝你處理了這個問題，讓我免除了困擾；謝謝你療癒了我，讓我得到身心健康；謝謝你指點了我，謝謝你解決了問題。

我更喜歡「我愛你」這句話，它本身屬於帶有高振動頻率的話語，是充滿力量的一句話，人人心中有愛，但不吝於表白愛的人，卻少之又少，使自己的愛並沒有發揮其應有的作用。要讓我們所說的每一句話都有作用，就要讓每一句話帶上「愛的元素」。我能夠感受的越多，或是能夠借由說「我愛你」而表達出越多的愛，就越能與人的本性合而為一。如果有哪一個字眼能夠用來描述感動的狀態，大概就是「愛」了，因為愛是純粹的、是無比聖潔的。能同理對方、能由衷欣賞對方、能默默陪伴、輕輕擁抱都是愛的一種呈現。

每一句話，存在比這些話語本身更深的意韻，並不是空泛的詞句。

言為心聲，言與言相和，心與心相印，身與身相隨！

第 25 章　改變環境，以改善孩子不可接受的行為

「父母」這個身份，是這個世界上唯一無需崗前訓練就能獲得的，同時又是責任重大的一個「職業」。每對父母雖然上崗容易，但是責任重大，所以，要不斷學習及不斷進步，因為你今天養育孩子的方式，可能決定了今後幾代人的生命狀態。

現在，孩子往往是在一種生理、物質得到充分滿足，但父母不知道怎麼去營造孩子的成長環境，父母總是把注意力全部放在孩子身上，卻很少關注到他們成長的環境，成長的環境包括物理的環境與我們的心理環境。如果說，孩子在某些方面很難改變，那麼，我們就試圖去改變他們的成長環境，千萬別僵持在那裡，不去處理問題，因為問題累積在那裡，只會變得越來越難以處理，以至於產生危害。

相信每一對父母努力奮鬥、創造財富，是為了幫助孩子創造更好的生活，而不是為了掙錢送孩子去見心理醫生。環境塑造人，所以，改變環境也是在教育孩子。

養育方式直接影響孩子人格特質，那麼父母應該如何做？才能為孩子營造更好的成長環境，孩子們應該有安全、舒適的物理環境，應該有貼心、溫馨、有愛的心理環境，在這樣環境中長大的孩子，他們的人格與情感等各方面才能得到全面的發展。在孩子成長過程中，情感的滿足比物質的滿足重要得多，環境的力量，比強制孩子改變更重要，因為環境是孩子建立安全感、信任感及自信感的基礎。

當孩子一再犯錯，然後你也一再告誡他，但是都沒有改變的時候，

那你可以去改變這個環境。

有一個媽媽，她家不是那種自動鎖，不是關起來就自動鎖的那種，所以他們家的門是關起來，但不能自動鎖，就是從外面可以打開的。所以出門的時候關起來，還要拿鑰匙把門鎖起來，很麻煩，所以她家的小孩就常常忘了這樣做。

她的小孩常常忘記鎖門，但是媽媽的很多的方式，一直講、一直講、一直罵都沒有用。

後來學了這樣的溝通模式也沒有用，她就跟孩子說，當你忘記關門的時候，我回家，門並沒有鎖，我好怕、我好怕，害怕我一進門，不知道碰到什麼歹徒把我殺掉，那小孩就覺得無稽之談，我們有院子的大門護著，外面的人也不知道裡面的小門沒鎖呀。門既然關著，別人也不知道鎖沒鎖，誰會刻意去關注這個事呢？也不至於有什麼歹徒進來，因此小孩也不理她了，媽媽想盡辦法了，這小孩都不聽。

後來她就說，其實是忘記鎖，我們跟忘記帶鑰匙又不一樣啊。這習慣就是我們自己養成的，有很多人家的門，門一關就已經自己上鎖了，她家的門就是一關，壓一下又可以打開的。

這個媽媽就來問我，我說我們不是有教了嗎？改變不了人的時候，可以改變環境。小孩需要協助的是改變環境，而不是一直逼迫他要記得去鎖門。改變環境的方式有很多種，看你是要把那個門的門鎖全部換掉，換一個自動鎖，還是說你還有其他方式，因為有很多方式可以改變環境。環境改變了，問題自然會迎刃而解，然後這件事情你就不用生氣了。

後來，這個媽媽就換了電子鎖，因為是裝電池的，如果沒電，就打不開，沒電時鑰匙才拿出來開，所以身上還是要帶鑰匙。改變了環境，他們家這件事情就沒了。

改變環境的方式有很多种。比如說大家庭裡面，往往家裡會有老人，越來越老，身體不是很好，或是手腳不利索，那麼家裡就要改變環境，把一些可能出現的狀況杜絕在萌芽狀態。做一些扶手，讓老人家在走的時候，他手有扶的地方；容易打滑的地方，鋪一些防滑墊；暗處，安裝一些夜燈。老人可能坐輪椅不方便，那就可以請專業人士到家裡安裝一些能便利老人活動的設施。

家裡的人怎麼樣講都沒有用的時候，我們就改變環境。

我有一個學生，她說，他們家的衣服很多，每次都亂七八糟。她家的抽屜裡面和衣服，都很用心地折好，一般都是這一件一件疊上來，她說有時候就是一直用上面的，下面從來沒拿過。她要去整理，她就覺得很頭大。後來她又想到一個辦法，她把每一件衣服，重點的花都折在看得見的位置，然後折成像一本書一樣，就是在抽屜裡面，衣服像書一樣，這樣一件一件豎起，如果她的抽屜太長了，她就去買一個新的書架隔片，她的衣服就像書一樣，一片一片這樣站起來，折好一片一片站起來，而且花色是折在看得見的地方，這樣一來，使用就非常方便不會亂掉。

其實，抽屜就是固定的，但是我們的衣服不是，衣服是可以隨時改變的，如果說抽屜不好改變，那我們就改變衣服，而改變衣服，也就是改變了收納的困難。事物往往是多方面的，如果我們已經證實一方是很難改變的，那麼，我們就要考慮改變另一方，不能總是僵持在那裡不去改變。人與人的溝通也是這樣，如果你已經確認對方是很難改變的，那麼，你可以改變自己，或是改變我們相處的環境，這種環境可能是客觀的環境，也有可能是我們的心理環境。總之，就是不能始終僵持在那裡，我們要積極主動地去做出改變，推動人際的高效能溝通。

人際溝通中，自己沒辦法改變的時候，再去勉強另個人改變，沒意義，所以我從環境去著手。我的孩子還小的時候，總會爬上爬下，蠻危險

的，傢俱很多，然後一下就撞到茶几的桌角，一下跌倒把桌巾整個扯下去，然後桌上的所有物品都掉到地上，花盆也摔破了，什麼東西都摔了。這個時候就想到說，那我是不是該改變這個環境，因為我一天到晚在處理他們跌倒、受傷之類的事，我發現是環境有問題了，所以，我要改變環境，把家裡的一些障礙物處理一下，使家裡更適宜小孩子玩耍，環境一變，整個事情都改變了，而且，我還可以在家裡準備一個房間，專門用來做小孩們的遊戲房。規定小孩不可以在客廳玩，要玩的時候就去遊戲房，這樣一來，小孩玩得開心，而大人也省心又省事。

除了物理環境之外，我們還要為孩子的成長營造有愛的心理環境，向孩子傳遞愛的資訊，讓孩子確信「我是被愛的」。這個資訊的傳遞不是掛在口頭上的，而是要讓孩子在情感層面真切地感受到。比如當孩子闖了禍，當他害怕時，父母可以給孩子一個擁抱，再大一些的孩子可以握住孩子的手，告訴他「這的確是一件不好的事情，但爸爸媽媽會和你一起面對，一起來處理這件事」。在這樣有愛的心理環境中長大的孩子，他們是自信的，他們是積極向上的，他們的個性決定了他們日後能成才，而且能夠取得巨大的成就。

給孩子一些高品質時間，多一些陪伴，讓陪伴成為孩子成長的心理環境。現代人工作壓力非常大，這也往往讓家庭成員真正在一起的時間變少，但陪伴始終是最重要的，一定要抽出一些時間花在孩子身上，因為陪伴孩子成長，是每一對父母的必修課。對於小一些的孩子，在他們成長過程中，能享受與父母在一起遊戲的過程，對他們的成長是非常重要的。

同時，要營造一個比較寬鬆的寬容的環境，允許孩子表達與我們不一致的想法。孩子從一出生就是獨立的，所以他們所積累的人生經驗和父母可能會非常不同，他們的想法與父母的想法不可能完全一致，沒有關係，只要學會聆聽，孩子與父母之間是可以同頻共振的，而這種同頻共振是建立在相互體諒的基礎上的。在孩子成長過程中，如果父母能給予他更

多的獨立空間及更好的環境，允許他的想法與我們不一致，促使孩子願意更多地探索世界，從而調動他自身的潛能，進而被激發更多的創造性。

　　寬容、有愛及激勵的心理環境，讓孩子的潛能被全面激發，讓他們的人生更成功，也更幸福。

　　如果直接教育很難，那就間接教育，間接教育最簡單的方法就是改變環境。

第 26 章　不可避免的親子衝突，誰應該贏

好的親子關係勝過許多教育，改變教育從改變親子關係開始。

精準溝通源於和善而堅定，源於在親子關係中，對彼此需求的尊重，既尊重孩子的需求，也尊重自己的需求，親子關係不是大與小的關係，也不是強與弱的關係，更不是「權力遊戲」，親子關係不是一方贏一方輸的「零和一百的遊戲」，而要尋求一種共贏與多贏的局面。

精準溝通是一種不驕縱與不懲罰的養育方法，和善與堅定並行，培養孩子自律、責任感、合作精神以及自己解決問題的能力，而這一切的基礎是什麼？就是尊重彼此的需求。

如何建立合作共贏的親子關係，用心、耐心地去關注彼此的需求，孩子就能往正確的方向發展。被尊重讓孩子找到歸屬感和價值感，考慮孩子對自己和世界的想法、感受，以及培養重要的社會和生活技能，都從尊重孩子的需求開始。

相對於表揚孩子與鼓勵孩子，孩子的需求更需要被尊重，它可以讓孩子看見自己的力量和努力的價值，而不是力求完美或取悅他人，孩子再小，也有自己的權利與需求。

從共贏的角度出發，尊重彼此的需求，大人贏，孩子也贏；現在贏，未來也贏。

小孩之於大人，他們因為需求的關係，每個孩子各自需求不同，孩子與大人之間需求也不同，因此會有衝突。在親子衝突中，一般的話都

是父母贏，小孩輸。但我們這個架構裡面是告訴你兩個都要贏。親子關係不是大小強弱的關係，因為我們大人比較大，我們去欺負小孩，每次都是大人贏小孩輸，那在這樣不正確的親子關係中，在衝突的過程中，就會創造出兩種人，一方贏，一方輸，這樣的話，親子關係就成了「零和一百的遊戲」，其實這是不對的，共贏與多贏才是正確的親子關係。

小孩以後長大了，會認為自己跟媽媽一樣這麼厲害，跟爸爸一樣這麼厲害，我就一定要贏，你們都去輸，我一個人贏就好了，你會創造出這種自私的小孩。另外一種小孩是他已經輸慣了，我就輸一輩子，一直習慣輸，一直輸，輸一輩子，這樣對小孩是犧牲是奴性的養成，將來只能被養成犧牲自己的奴隸。

而我們這個架構是讓小孩覺得你的需要也是很重要的，但是爸媽的需要也很重要，我們來想辦法讓我的需要被滿足，你的需要也被滿足，大家的需要都被滿足，所以誰應該贏，我們都應該贏。

小朋友因為他上學，帶便當不是很方便，所以很多家長都在上班，他們也沒空給小孩帶便當，通常父母都會給小孩零用錢，作為他們在學校購買便當的費用，也就是當作餐費。這可以理解為的是小孩的需求，他的需求就是他需要有足夠的餐費。爸爸媽媽也有自己的需求，就是希望自己的孩子在學校能吃得安全與吃得健康。

很多爸爸媽媽覺得小孩應該比較節省一點，所以給得不多，還有就是擔心給多了，小孩會亂花錢，他可能把錢用到別的地方去，父母也是要預防這件事。父母跟小孩要協商，比如說給孩子 3000 塊錢當一個月的零用錢，那麼父母會覺得好像這樣子，你可能不太會安排你的錢，那麼你可能就是月初有錢，月中就沒錢，所以父母他就安排一個方式，就是每週給，小孩覺得合理就每週給零用錢，有的父母在討論的時候會覺得我每天給你，這樣更穩妥，所以就會每天給一部分零用錢。

於是，會有這樣一種情形，比如說爸爸媽媽都在上班，爸媽覺得要給小孩的錢就是早餐午餐，晚上晚餐也給了，那三餐都在外面的話，早餐、午餐的話，大概會用到兩三百，晚餐也會用到兩三百，一天大概花費 600 至 700 塊錢，所以大概每天會給小孩 600 塊錢。

　　雙方去討論，你也好，我也好，當然，這裡面還有一個問題，我每天給你餐費，你也可以不吃飯，把它挪用到別的地方去，但是以父母的角度來講，他們也沒辦法跟在孩子旁邊，父母也不知道孩子在拿到餐費之後，到底是怎麼用的。那起碼，一個月給他那麼多，足額地給他，如果是每天給，可能算下來，給得更多一些，而且，孩子用在別處的可能性低一些，吃飽的機率比較高，一個月給，可能他一次就能用到別的地方去，然後每天都要喝水充饑。

　　以前有一個小朋友，他就是國三的學生，他媽媽本來就是每天給他帶便當去，就是媽媽每天中午煮好了，然後把便當帶到學校去，媽媽這樣愛他，大家都很羨慕他。

　　其實孩子有自己的欲望，他覺得這樣不好，他就跟他媽媽說，大家都笑我是「媽寶」。學校裡沒有人帶便當，就我一個人帶便當，我好丟臉。媽媽因為愛自己的孩子，會覺得說，外面吃比較不好，因為你不知道餐用的是什麼樣的食材，因為它是一種生意要有自己的利益。他的利益要高的話，他的食材就可能偷工減料，或是用比較差的油或什麼其他東西，他才有賺頭，所以，媽媽會擔心這些問題，但是，小孩還是堅持說，同學全部都有得到餐費，都是在外面吃，那我一個人帶便當很難看，我很不合群。

　　媽媽也覺得，你很想交朋友很好啊，就給他零用錢，在這件事上，媽媽做出了妥協。這個媽媽於是每天給孩子零用錢當作餐費。可是那個小孩就每天把錢攢起來，就沒有吃飯，每次都去灌水，灌飲水機的水，肚子餓就是灌水，肚子餓就是灌水，因為他要把餐費全省下來，等有足夠

的錢，他就去買任天堂遊戲卡，就是那種插在電視上就能打遊戲的卡。

小孩如果沉迷於打遊戲，有時候他們會玩到廢寢忘食。看到別的小孩玩得那麼開心，這個小孩他也希望自己有一台，所以他就每天把錢存起來，然後就只有灌水充饑，就是為了買一個任天堂的遊戲卡，後來買到了，就藏在家裡，沒人看到的時候就玩，有人看到，他就收起來，就是有人回家，他一聽到聲音就趕快都收起來。

有一天，他肚子痛，倒在學校，痛到臉綠了。老師就請家長去，讓他家長把這個小孩帶去給醫生看，醫生說這小孩胃穿孔，那個胃部流血的問題要進行處理，媽媽就覺得很奇怪，為什麼會這樣？然後問了小孩，小孩就說因為他為了把錢積攢起來買一些東西，所以他都沒有吃飯，就是灌水充饑，他媽媽聽了，心如刀絞，哭了兩天。媽媽想，我都想辦法預防了，但結果這樣的事還是發生。

後來，媽媽就跟小孩說，你有什麼需要，是不可以去傷害你的身體的，這樣子的話，身體破壞沒機會復原的話，怎麼辦？有什麼事就好好商量，或許我可以定一些獎勵辦法，讓你經過努力可以得到你想要的。

他們談完之後，小孩也得到這個教訓，小孩也改變了，大人也改變了，他們的溝通模式有愛的感覺。所以，這個小孩看大人也沒有責怪他，也沒有打罵，而是以溝通的方式來解決，所以，大人和小孩子，其實在溝通中是可以雙贏的。大家在雙贏中，彼此收到了彼此的愛。

最後，小孩就跟媽媽說，其實他雖然是小孩，但是同學們會玩這個玩那個，他的話題都跟人家不一樣，他就變得沒有朋友，所以他也希望他跟朋友是有話說的，可以往來的，他希望自己也可以跟他的那些同學有一些相同的興趣，他不希望自己在同學中間是格格不入的那一個。他媽媽聽了，覺得也有道理，就和他一起溝通，想了一些方案。其實，應該允許孩子說出自己的想法，有什麼事都可以來提，請爸爸媽媽給一些方案，

他可以獲得的東西，用一種討論的方式去獲得。

在親子關係中，家裡的人，不是說父母就是至上權威，父母就是最高政府，小孩子的需求就可以被忽略。親子關係不是大與小、強與弱的關係，也不是一方權威，另一方盲從，而是有需求，雙方都可以提出來，大家一起溝通商量，沒有必要一方說服另一方，而是要找到一些讓雙方都贏的方案。一方贏，一方輸，其實不是什麼好辦法，只有共贏和多贏，才是好的親子關係。

還有一個家庭他們有三個小孩去吃麥當勞，以前吃麥當的時候，媽媽叫一份大份的，再從媽媽的這份裡分一些東西給小孩吃。有時候小孩就很生氣，會大哭大鬧。媽媽也會很生氣，打小孩罵小孩，不准他吃這一餐：「你不能吃，因為你吵鬧，討厭死了。」，公共場合這樣很丟臉，就打得更厲害。被打的這個小朋友就沒得吃，但是他還是一直哭，這樣的情形發生幾次後，大人也會覺得親子關係越來越糟。

這個媽媽在我這裡學完了之後，她就會覺得小孩的需求也很重要，所以不能是我贏就好了，那萬一我老的時候我不會賺錢，我一天到晚再輸給小孩，因為小孩那個時候會賺錢，他養我，而到那時又是誰贏誰輸呢？所以，在親子關係中，不能論輸贏，如果非要論輸贏，也應該是雙贏和多贏。

這個媽媽認識到這一點之後，他們再去麥當勞，媽媽就會單獨給自己的孩子點餐，小孩就比較興奮，我要這個，我要那個，每個人都有權力點餐，其中有一個比較小的說：「媽媽，我也要一份」，媽媽想想就說：「你也想自己要一份，可是你吃不了那麼多，跟我共同一份，可不可以？」因為這個小孩，看到每個人都有自己的一份，而唯獨自己沒有，他就會覺得不公平，於是說：「我沒有，我不要。」，媽媽那一次就改變了，給這個最小的孩子也點了一份。媽媽說：「你可以單點，看你要什麼？」，

然後，小孩就說，我要一份薯條，一個雞塊，一杯飲料。這樣一來，大家的需求都得到滿足，實現了多贏。

那天，小孩說出了自己的需求，沒有被懲罰，也沒有哭，他很高興地吃他那一份，他覺得自己好像長大了，他被尊重了。

這個媽媽分享的時候就說，我長這麼大，這麼多年才知道，原來小孩的需求也是要被尊重的。讓他自己點，他點薯條雞塊，雞塊一份，好像才四塊還是五塊而已，很小的，就是大拇指和小食指兩個圈起來那麼大，也就是說小孩子的需求有時候是很少的，但是，再小的需求也是要被尊重的。她說，其實這樣尊重小孩之後，好像大家用餐都很快樂。

媽媽可以點一份大份的，然後從自己這一份分出去給自己的小孩，這樣她會有主權感，在分享過程中也會有被尊重的成就感，但是，在孩子的感受裡，他們就會覺得自己的需求沒有被尊重。如果尊重每一個孩子的需求，孩子們會很開心，而爸媽也覺得這一餐吃得非常的愉快，在溝通中，相互尊重彼此的需求，就會得到其樂融融的結果，這結果其實就是雙贏或多贏。

如果在親子關係中，有人的需求沒有得到尊重，就會有後遺症，他們會累積情緒。你教導的孩子變得很服從，可是他內心是不舒服的，這樣累積、持續累積、不斷累積到很多次之後，有一次他就突然間爆發，出現亂吼、亂叫、亂罵的行為。爸媽沒有解決他累積下來的那些問題，到底是怎樣的結果？每一次就像火山爆發一樣莫名其妙，跟發瘋一樣，然後就不了了之，什麼事也沒解決。最後就是被封了一個封號，叫作那個人就是不正常、愛發瘋。因為他不是解決問題，他只是發洩情緒，但他也沒有別的辦法，這個問題依然一再發生。如果你不懂彼此尊重需求，你不知道怎麼處理，或是你沒有滿足自己的需求，你也沒有滿足到對方的需求，被傷害的那一方會像瘋子一樣，一陣子他就爆發一次，一陣子

就爆發一次，大家在這段關係裡，都莫名其妙，不知道發生了什麼。

所以，親子關係不是一方贏一方輸的「零和一百的遊戲」，而是雙贏和多贏的關係。

親子溝通始於覺察，家長與孩子之間的溝通暗礁主要來自父母的情緒。家長要努力為孩子創造一個相互尊重、相互鼓勵、彼此信任及樂於分享的家庭環境，當孩子的需求得到尊重，更利於孩子的健康成長。

作為父母，切不可以高姿態來教育及指責孩子，而忽略了孩子真實的與正當的需求，要在意孩子的想法、感受和決定，在尊重孩子的需求中，找到行之有效的教育方法，維護和促進孩子的身心健康，使他們擁有快樂童年和自信的品格。

尊重孩子心靈，解開孩子心靈密碼；尊重孩子需求，實現共贏的親子關係。

實際上，大部分孩子的叛逆，蔑視父母的情緒和行為，大多是因為他們的需求長期不被尊重引發的。當他們的需求得到尊重，在共贏的親子關係中，孩子會逐漸地意識到這個世界上除了他自己的需求以外，還得兼顧其他人的需求，尤其是他關心的人的需求。

在愛中長大的孩子，他們懂得愛；在尊重中長大的孩子，他們懂得尊重。

第 27 章　要避免「雙輸」的親子關係

一方面太寵愛，另一方面又太放任，這就是一種「雙輸」的親子關係。

養兒一百歲，常憂九十九。為人父母，在面對孩子時，總是擔心這個、操心那個。

太寵愛有時是一種窒息的愛。站在孩子的角度，仿佛做什麼事，都有一雙眼睛盯著他、有一雙手隨時從身後伸出來控制他，當愛成了控制，孩子毫無人生自由。

同時，太寵愛還伴隨著太放任，這就造成兩個極端同時存在。

沒有「呼吸空間」的管教，是一種雙輸；沒有良好溝通的教育，更是一種雙輸。

寵愛到一定程度，孩子到外面犯錯，孩子受到了終生難以治癒的傷害，父母自己又何嘗不是在一次次寵愛與放任中，傷害了自己。

在父母與孩子的關係中，父母總是習慣性帶著厚重的「付出感」，以為只要是「為了孩子好」，就是對的，但是孩子需要的不是沒有限度的寵愛，他們要的是恰到好處的愛，既不過份放任，也不過度管束，這樣的成長環境，孩子的身心才能健康成長！

親子關係中，要關注對方的需求，要善於聆聽，對方就覺得有被愛，因此，這個當父母的人，就有愛人的能力，然後學會表白的時候，對方就有被愛的感覺。我表白了，我現在受到什麼樣的傷害，對方就會覺得，那我要拯救你，我幫助你脫離這個痛苦。我就討到愛了，所以我就被愛了，

那麼在愛的互動中，你們之間的關係就變得很好。在愛的互動中，家長會頓悟原來教育孩子是可以不打不罵，但是傳統家庭一代一代傳承下來，都是又打又罵、小孩就是不打不成器、什麼玉不琢不成器，但打罵中長大的孩子，也沒有辦法成為很漂亮的玉。琢玉就是要把那個黑點，什麼都把它去掉，不好的部分把它挖掉，再雕一個花出來。但是，人就是人，是活生生的人，不會是固定不變的玉。

相反，過份寵愛又何嘗不是一種傷害？

家應該像一個自由自在的港灣一樣，就是在外面流浪，回家可以靠著的港灣，避免風吹雨打，很悠哉地聊聊天的地方。

在我接的法院方面的溝通輔導的案子中，有一個黑道老大，他把女兒寵上天，那個女兒就是做過很多壞事，父母就被要求強制接受輔導。孩子犯了錯，因為是未成年，父母就被強制要上課，於是，他就來我這邊上課。

我都搞不懂什麼狀況，他是一個幫派的老大，他拿了強制函來上我的課。我嚇一跳，嚇一跳的原因是什麼？因為我的門口都是一排的黑衣人。我搞不清楚那是發生什麼事了？我就想說，奇怪，他的司機也不用請那麼多個啊，有一個司機開車來就可以了，當時還沒有想到他是黑道老大。

他女兒犯罪，因為他爸爸太寵女兒，她爸爸是黑幫老大，聽起來感覺他女兒犯罪都好像很合理，因為爸爸一定有犯罪，所以小孩當然覺得做那些事都是正常的，有樣學樣，這樣的親子關係，就特別容易造成「雙輸」的局面。

因為家裡缺乏正確的管教，所以這個女孩，從小就是一個小霸王，會欺負其他人，有別人女孩長得比她漂亮，她潑人硫酸、爭搶男朋友、爭風吃醋……這樣惡性案件就這樣發生，這個女孩很霸道，對不對？但

這是家庭教育和親子關係造成這樣的一個結果，捅了簍子，就被抓去，因為是未成年，爸爸也就被抓出來說要強制上課。

我輔導這個黑道老大，也逐漸瞭解了詳細的情形，他女兒把人家毀容，造成很大的傷害，起因是同學之間的爭風吃醋，然後就是因為口角之爭，她覺得好像自己的愛人被搶，就幹出了激進的事，犯下不可挽回的過錯。那時她好像只是國三還是高一，大概是十六、七歲，還未成年，都還是父母有罪，小孩就是判了保護管束，大人要接受強制輔導，就是每個禮拜要到法院去接受輔導幾小時，我幫他輔導之後，後來沒有聯絡，不知道什麼狀況。

當初，我也不認識這個爸爸，因為我們頂多聽過名字，不知道底細，只是印象中覺得這個人很像哪裡的黑幫老大，有在想說這個名字有一點熟，他們常常上報，是很大的黑幫老大，後來，他上完課，他學完離開了。之後，他到底有沒有改變，到底有沒有把他的女兒教好，也無從知曉，我只知道，如果任由這樣的寵愛加放任的教育方式持續下去，只能繼續承受「雙輸」的結果。

有一天，我在報紙上看到這個黑幫老大的名字，他被抓了。我這才意識到原來我教的那個人是黑幫老大，嚇死我了，當時不知道，還可以笨笨地教，知道了就嚇一跳。他上報了，就是他出事了，犯了事被抓了，因此，他女兒的境況可能好不到哪裡去。

這個黑幫老大來我這學，是為了幫助女兒怎麼樣去改變，結果他自己沒有改變，這樣一來，也只能造成「雙輸」的結果。他來是被政府強制要來上課，他沒有把小孩教好，所以他要來學，但是學了，不做出改變，也是沒有用的，要「知行合一」才會有效果。

那個時候，我已經是法院專屬的課程老師，有時候法院就會排一些課程，讓一些需要強制輔導的家長來跟著我上課，輔導他們溝通，輔導他

們親子關係，這些課大部分都是秘密上課，所以他們的相片我都拿不到，因為他們也不願意公開，小孩犯罪，所以他們要上課，並不是一件光彩的事。

但是，後來因為黑幫老大出事了，他女兒的情況怎麼樣也不得而知，但是我想可能情況不會太好。我們常常說，老鼠的小孩會打洞，因為老鼠爸媽會打洞，生的小孩就會打洞，有樣學樣，所以你是什麼樣的觀念，就養出什麼樣的小孩，小孩就是你的一面鏡子。不是你一直需要糾正小孩，而是你要先看到你自己出了什麼問題，而不是小孩出了什麼問題。

沒有一成不變的親子關係，要時刻關注對方的需求，關注每一個時刻，每個時刻都是暫時的，但都有它的意義。殊不知，成長的過程，就在每個「暫時」中，親子關係，也是在這些「暫時」中建立的。無論任何時候，父母都應該有一個清醒的認知：「愛，是讓彼此都感受到幸福與舒適的，不是過度寵愛，安排好一切，也不是過度放任，一切任由孩子。」。

愛，是需要每一個時刻的關注與常常的陪伴。

在親子關係中，但凡一方感覺不好，這樣的愛都帶著傷害，愛是聖潔的，更要掌握一個度。因為愛的作用力太大了，沒有掌握好一個「度」，就只能帶來「雙輸」的結果。

親子之間的「呼吸感」，也是孩子的成長空間，不過份替代，也不過份放任。

親子之間最保險、最有效的教育，應該是放下對孩子無底線的保護與管控，同時又不放任孩子的行為，並且關注孩子的每一個成長時刻，保持親子之間的「呼吸感」，將成長空間留給孩子，大人可以協助孩子，但不必替代，大人可以放手讓孩子去嘗試，但絕對不能放任。

如果你想讓孩子習得自律習慣、良好的品格、良好的生活習慣，大

人先要改變，因為「言傳永遠是不如身教的」，孩子總是有樣學樣。

如果你想保全孩子一生健康平安，你的守護只是一時，還需要讓他們長出為己所用的盔甲。如果你想培養孩子獨立生活的能力，耳提面命地說教，只會讓他反感，甚至不斷否定自己，最好的辦法，是和他一起到實踐中去，一起發現問題、一起反思、一起糾錯和一起成長。

父母無法永遠保護孩子，但孩子有自保能力時，他們會是一直安全的。

英國教育家斯賓塞說：「當孩子感到被愛、被信任時，奇跡不久就會出現在你眼前。」

一對合格的父母，首先應該搞清楚的，便是「對孩子真正的愛」和「緩解自己內心焦慮、滿足自己內心欲望」的區別。你和孩子關係的好壞及教養的方式，決定著教育結果的優劣。所以，為人父母首先要改變的是自己。

愛，如果掌握一個「度」，就能創造奇跡；愛，如果失控，就只能帶來災難！

第28章　家庭關係不應是「權力遊戲」

　　家庭也存在權力磁場，誰的權力更大，他的周圍就會形成這種權力磁場，全家人的三觀都得跟著他的三觀轉。通常一個家庭裡，權力的中心是在父母或是在丈夫身上，而作為家庭裡的妻子與兒媳往往會成為邊緣人，她們往往成為被壓迫與被壓榨的一方，她們的處境是非常痛苦的！在一個權力失衡的家庭裡，總是有人快樂，也有人不斷受傷。

　　所以，在家庭中追求「理」是沒有用的，你弱你就沒理，有理也沒理。

　　家庭一直被我們視為是愛的場所，但很多人不肯承認它其實也有非常現實和殘酷的一面，愛，並不是家庭生活的全部，尤其在面對再生家庭成員，比如公婆與兒媳等人，它其實就成了家庭中的「權力遊戲」。

　　作為家庭裡的媳婦，沒有必要裝賢慧，要去表白，表明自己的處境和狀況，表達自己的愛並討愛，通過溝通使家庭關係越變越好，無非就是嘴甜一點、姿態軟一點，精準地猜到對方的喜好、憂懼，然後，做一些迎合、說一堆貼心話，對方接收到愛，自然會給予愛的回饋。

　　同時，捍衛自己的「主體性」、「自體性」，讓自己完全成為自己、忠於自己……這是比取悅別人更重要的事情，因此第一步是讓自己強大起來，讓自己不要與社會脫鉤。

　　當你強大起來，並且懂得表白，精準溝通，帶給你的幸福感，是無以倫比的。

　　父母的權力必要而正當嗎？預防即將或者未來會發生的事，這是至關重要的。父母的權力就是有必要，但是如果它是用來貶損小孩或貶損

他的配偶的話，那是不正當的。在很多時候，我們在家庭溝通裡面都是用貶損的不良的方式來糾正對方，如果說父母的權力是懂得尊重小孩、尊重配偶、尊重其他人的時候，這個家庭的關係是非常好的。

我記得我有一個學生，她嫁了個老公，就是很窮，但是她老公卻充滿了權力欲，就是一種大男人主義，他去哪裡不告知，他幾點回家不告知，要不要回來吃飯不告知，回來吃飯沒有菜的話，他會生氣，所以，家裡總是準備過多的食物，沒吃完，下一餐要吃剩的。每次他回來，就喊「有人嗎？我沒有戶口嗎？為什麼沒有我的菜？」。

這個爸爸是一個很難應付的人，他在耍弄他的權威，然後讓所有人要服從他。這樣的關係屬於那種上下關係，也是一種強與弱的關係，其中弱勢的一方會有很大的痛苦。而這個太太，長得還不錯，卻天天受著這樣的痛苦。她長得如此美麗，但是這個老公從來不稱讚她，都說她像老虎，這麼醜……諸如此類。更過份的是，這個老公一直有外遇。這個老婆因為帶著四個小孩，她也怕她離開了，小孩可能會很可憐，因為如果她離開的話，小孩人家不會讓她帶走，所以，她在這個家裡面非常痛苦。

然後，這個老公就是用貶損的方式讓自己的老婆不敢離開，也不敢反抗。就這樣，這個老公就一直有外遇，有時候還給她講甜言蜜語，讓這個老婆還心甘情願地做他的太太，然後無條件地帶小孩。這樣痛苦地生活，大概十幾年，這個女人常常無比壓抑，後來就得了憂鬱症。

我們談到問題歸屬的時候，就是問題關係，就是深究問題的根源是什麼？她老公是不是很快樂，每天去找不同的女人，超級快樂吧？那這個媽媽不快樂，因為這個媽媽要帶四個小孩，然後要忍受老公的外遇，那是過著沒有明天的日子。

後來，這個媽媽就來找我，她來的時候，跟我說她該怎麼辦？那麼，這件事情，問題歸屬就是在這個男人身上，他就是使用權威。他等於好

像變成這個配偶的父母一樣，我要怎樣就是要怎樣，然後你就是要服從，然後你是在我的掌控裡面。

因為這個女人沒有收入，她只能帶小孩。因此，我跟她聊，我說：「這個關係裡面好像你老公很快樂。」，她說：「對，她老公非常快樂，他每天都很快樂，可是我不快樂，每天都哭，可是我沒有辦法離開，因為我離開這個家，我的四個小孩就很可憐。」。

親子關係不是一種強弱的權力關係，夫妻以及其他任何關係也都不應該是強與弱的權力關係。

在這個家庭中，不僅夫妻關係有問題，這個太太與公婆的關係也一樣，公婆也是用一種強對弱的權力關係，用了全力，然後壓榨這個太太，所以這個太太她的痛苦在於她公婆並沒有站在她那邊，那她的痛苦來源是她放不下自己的四個小孩，所以，她來求救的時候，我跟他釐清的是，這些人裡面誰快樂誰痛苦？她說她老公快樂，她的公婆快樂，她的小孩快樂，但是她自己痛苦。我說：「聽起來是你很清楚，這麼多人都快樂，只有你痛苦，那你有沒有想要解決這件事？」她說，她很想解決，可是不知道怎麼解決，因為她離開後，可能小孩會受苦。

我說，我們會以為我們很偉大，好像這個世界沒有我就塌下來了，好像世界沒有我，別人會餓死。但是，這個世界少了一個人，其實也不會怎樣，世界依然會照常運轉。沒有人會因為你死掉，然後他們也不會變得很可憐。作為媽媽的你如此痛苦，只是你這個免費保姆不在時，你的公婆也會疼孫子，他們就會帶好自己的孫子，他們會保護自己的孫子。

我給這個媽媽的建議是，如果是我的話，我會慢慢地去做一些事，讓自己獨立起來。但是我沒有那麼快離婚，因為我沒有經濟基礎，所以我會先鞏固我的經濟能力，所以，找一些工作，工作的同時又可以照顧到家庭。在家裡什麼事都照常做，但是有收入，這樣的一個自由的工作。

要讓自己強大起來，沒有獨立自主的話，什麼都不用談了。既然你沒有獨立能力，你就沒有辦法。你如果不脫離你的痛苦，那你還是會被這家人掌控，他們用權力來壓榨你。這十幾年來都陪葬在這樣一個環境裡面，這樣的環境裡面，還有可能因為長期被壓榨，會得癌症，因為內心是痛苦的，你的情緒是沒辦法宣洩的，是他們有權力，你沒有權力，你就是一個長工一樣幫他們帶小孩，是一個最安全的保姆，不會害自己的親生小孩，是免費且最安全的保姆。所以，我的看法是，你就是要偷偷讓自己強大起來，讓自己有收入，有收入了以後，你才能解決這些問題。比如說去做保險顧問，幫人家介紹業務，因此就有收入，但是妳不用去上班，所以大家也看不見，但是妳可以把這些錢攢起來。比如說我可能去做一些什麼事，大家看不見，也不會來干涉，比如說上網賣一點東西，可是沒有人知道妳在賣東西，妳還是會有收入的。所以妳要想辦法去跟這個社會鏈接，然後找出自己的出路，脫離這樣的一個環境，再去創造你美好的未來。

父母的權力是可以控制住，可以取得某種平衡，她公婆是寵著她自己的兒子，公婆寵著她自己的兒子到外面去繼續換女朋友啊！一直亂來，然後這個媳婦就變成在家帶小孩的義工，對於她來說，這一切沒有意義呀，因為作為這個家裡的媳婦，只是一直被利用。所以，權力有沒有必要？這個權力，對一個傳統觀念來講，變成是一種壓榨，這個媳婦就是食物鏈的底層，就是她人生是為了別人的家庭陪葬。

她跟我談完之後，我只是跟她說過這樣的話，我覺得，如果我是這裡面的主角的話，我決定第一個就是要先讓自己獨立起來，自己有收入。然後這樣我才有能力帶走我的小孩，我才有能力離開這樣一個痛苦的關係。只要是有經濟能力，就有辦法解決。

對於這個媽媽來說，只是她的問題歸屬沒有弄好，她受苦了十幾年，就快瘋掉了。一個充滿權力遊戲的家庭，不是其樂融融的，其中就是有人快樂，有人痛苦。

在家庭中，權力未必是正當的，很多事情就是這樣的：如果在家庭生活中，若是女人吃虧，那是可以的，所有人會默認，而且，如果你不肯吃虧，他們會懲罰你；如果你肯吃虧，他們就褒獎你。這其實就是家庭權力的不正當、不合理。同樣一件事情，若是讓男人吃虧，他們立馬能察覺，然後他們就堅決制止這樣的事發生。

女人好不容易學成一項技能，但因家庭需要，就回歸家庭做家務、育兒，如果放在男人身上，你見過幾個男的願意這樣幹的？所以，很多家庭裡，權力是失衡的，女人總是權益受損與受傷害的那一方。因此，為了讓家庭回歸正軌，女人要學會表白，讓所有的人明白你的處境，表達愛並討愛，使失衡的關係重新回到正確的軌道上來。

在婚姻裡，資源弱勢方跟資源強勢方講公平，也是無用的。所以，在家庭的權力遊戲中，不要去強調強與弱，而應該去強調愛與被愛！同時，在家庭生活中，女性一個很大的誤區，就是在於：重「道德優勢」，輕「資源優勢」，終其一生都想證明自己是個「好女人」。其實，女人要取得足夠的家庭地位，首先要讓自己強大起來，一邊強大起來，一邊去營造家庭中「愛」的氛圍，強調愛與被愛，會表白，也會討愛，這樣家庭關係才不會因為權力失衡而讓情感失衡！

真正決定你在婚姻中、社會上有無議價權、議價權大小的，是「資源優勢」，而你為這個家付出更多心血，這就是你的「資源優勢」，也是你在家庭中取得權力的砝碼。

不要追求僅僅做個「好女人」，要去做個懂愛、懂表白、懂討愛的「強女人」。

女人懂得愛自己，讓愛與被愛成為家庭主題，讓家庭充滿愛與歡聲笑語。

當一個人卑微到塵埃裡時，那別人也會選擇對她無視。

因為一個弱勢的媳婦，一句話不對，就會招來婆婆的訓斥，甚至是丈夫的打罵。家庭，是因為愛才建立起來的，但是不會溝通，不懂得經營，那麼，家庭會變成情感的「修羅場」，成為女人痛苦的源頭。

在家庭中被無限制的壓榨而沒有態度的表明過立場，沒有表白，讓別人明白自己的處境與狀況，更不知道怎麼去傳達愛與討愛，慢慢的變成不可以有自由意志的人，變得幾乎無家庭地位可言。雖然大家很想幫她，也很同情她的遭遇，但有些決定需要自己來做，有些事情也只能自己變強大。

家，雖然不該是一個針鋒相對的「修羅場」，但也該在受到不公平待遇的時候，該亮劍時亮劍，表明自己的立場，表明自己為這個家已經竭盡全力。因為付出愛比較多，所以應該有屬於自己的一份權益，付出愛，就有權力獲得愛的回饋。

要讓自己強大起來，否則，便會在無底線的軟弱退讓中被盤剝得心力憔悴。

在家庭生活中，太強或者太弱都會造成關係的失衡。

在家裡時最該收起鋒芒，同時，家也是最不該怯懦的地方。光芒太耀眼，家人容易被刺傷。退讓得太多，底線容易被忽視。

雖然在家庭關係中不需要精明的算計，但是也需要在日常的相處中多花些心思，多多表白，多多討愛，多多溝通，一張一弛有了分寸，一

吵一鬧有了尺度，家便有了「愛的平衡」。

我有一個學生，她有一個好色的老公，到處拈花惹草。她的婆婆也是寵兒子寵得不得了。可是，這對夫妻沒有生，他們就去收養一個兒子，從出生就開始收養。這個太太，她沒有能力去面對這種事，因為她每天就是做家務，其實是公婆去收養的。就是說，等於這個家就是公婆是權力中心，而這個媳婦就成了邊緣人。

對於公婆來說，他們的兒子本身就拈花惹草，但是他們對自己的兒子又很寵愛，他們的兒子跟他的兒媳婦本身是沒有生養，所以他們做主領養了一個孫子。等於都是這個奶奶在帶小孩，媳婦並沒有上班，每天在家裡打掃、洗衣服、做家務，媳婦從來不說話，她是被罵的，被壓迫的，所以呢！她沒有權力，公婆與丈夫怎麼說，她就怎麼做。而且她的婆婆心都偏到她自己的兒子身上，這個媳婦就跟奴才沒兩樣，因為不會生嘛！根本沒有地位。

有一天，她的閨蜜去找她，跟她聊天，跟她說，其實你要存一點錢，你偷偷存一點菜錢，就是這個菜，比如說我們買了 100 塊的菜，就報 120 塊的菜錢，你可能就是攢了 20 塊，就是一直積累，把這個錢存起來，錢夠的時候，可以去上課，去學習怎麼樣跟家裡人更好地相處。

這個媽媽聽了閨蜜的話，也覺得有道理。閨蜜繼續跟她說，其實你的問題是沒辦法脫離那樣的痛苦，那你何不到外面去學習？後來這個媽媽就存錢。

由於她在那個家裡，長期壓抑，她生病了，她得了乳癌。我們在心理學上是這樣，沒有被愛的女人更容易得乳癌，然後也得子宮癌，是因為她從來沒有快樂過，一種悶氣始終得不到排解，也就是說，你有很多的情緒，那你沒有辦法申冤，也沒辦法處理，那你從來沒有滿足到你自己的需求，你的乳房就會長一些腫瘤。所以，壓抑也會生病，怒罵人家也會生

病，都是情緒所致。這個媽媽她已經長了腫瘤，她乳房也有，肚子也有。她的閨蜜一直跟她說不要放棄，一直關心他，鼓勵她來我這裡上課。

　　這個媽媽來我這上課，我看她那個臉，那個媳婦看起來超可憐的，一種非常委屈的臉，然後黯淡的眼神，就是很沒有自信，整個好像就是快死掉的那種感覺。她來上課，我發現她自己情緒就非常多，她在這十幾年當中壓抑了太多的情緒。我發現她，情緒宣洩出來之後，總在哭，回顧她自己這麼多年的生活，她有一種很後悔的感覺。生活中，原來我們都以為我們用盡了所有的力氣，應該什麼辦法都用了，結果是你不知道的，你還是想不到，很多辦法是你不知道的，也沒有用過，其實，你完全可以讓自己的生活更好，而不必一直困在那樣的痛苦裡面！

　　她跟著我學，我教她很多方法，她就一直改變，改變怎麼去表達自己的方式，所以她開始從表白學起，表白就是告訴別人你的狀況。

　　她分享說，有一次，她的老公整夜都沒有回家，而這種事常發生。以前，她不知道怎麼處理呀！她學了我的方法，她說，那一夜，他做了很多的分享，很多的表白，她就寫了字條，在他們的房門，在顯著的位置貼在那裡。比如，她會說：「一點了，你還沒有回家？其實我的心很慌，我都睡不著，沒有你，真的沒辦法睡覺。」就這樣寫一張字條，對她的老公做表白。然後到兩三點的時候，她也沒睡著，又寫一張，字條上說：「其實翻來覆去，都一直很擔心，為什麼你還不回家？從過去到現在，我都這樣的關心你，都害怕沒有你，也不知道你現在在外面怎樣，也沒你的消息，內心是不安的。」然後又貼一張。

　　到四點的時候，她說：「感覺好像等不到你，那個夜好長喔！不知道該怎麼辦？我翻左邊也不對，翻右邊也不對，坐起來，不知道你在哪裡？心裡是空的。」直到五點，她去做早餐。然後她就又寫了一張說：「其實我整夜沒睡，我也很擔心，到底怎麼了？我已經擔心你十幾年了，

不知道你現在怎樣，昨夜你有沒有睡覺？不知道什麼時候會回來，好像一種孤單襲來，然後我一直在等待，我期待你能夠平安就好。」

他老婆寫給他的，就是要讓對方明白現在心裡在想什麼，明白自己的處境與狀況，這就是表白。這個表白裡面沒有任何懷疑，就是我們有任何的懷疑，因為那個是看不見的，我只能去告訴你，我現在是翻來覆去，我睡不著，我擔心你到今夜沒有睡。這個是可以講，但是我不可以說：「我擔心你又在別人的懷裡抱著。」因為那個叫作懷疑，懷疑對我們的關係是不好的，所以我們只能表白，讓溝通可以繼續。表白自己，也表達對對方的關心，像是：「你有沒有好好睡覺」，或是「你事業太忙，還沒有辦法回來，好想有什麼方法讓我可以替你分擔。」

類似就是我告訴你我的現象，因為你，我有的是空虛、擔心、害怕……任何的情緒，都是因為我等你，而你沒有消息。那天，他的配偶大概八點才出現，然後看到貼了那麼多字條，那份愛對方收到後，看了蠻感動的，說：「我以為你都不重視我，這麼多年來，我沒聽過一句話。」他還說：「以後我會告訴你我的消息。」那一次之後感覺他們夫妻關係有進步一點。

之後，這個太太就是一天到晚都是用表白而已，不僅如此，而且這個太太開始會做預防喔！預防就是說，這個老公要出門的時候就說：「你今天幾點會回來啊？如果你沒有回來，我一夜都睡不著。」這叫預防會發生的事。依照以前的相處經驗，先生整夜未歸是可能即將發生的事，可以先做預防，「如果你沒有回來，我都整夜沒睡，我希望知道你是平安的，你是沒事的。」然後她老公就說：「我出去一下，大概會 11 點以前就回來。」她說：「那我就安心了，我等你喔！」

在這之後，她開始會做預防，她老公也覺得，自己是被老婆愛著的。他們以往夫妻失和的關係是因為這個太太不會講心裡話，太安靜，不會表白才造成的。太太默默承受在丈夫看來，是一種冷漠，當她老公感覺是冷

漠，就是一種沒有愛的感覺。到後來她會表白，有預防的時候，他們的關係就越來越好，因為愛又重新回到這個家了！而且這個太太，她的病情也越來越好，因為開始有愛，愛可以治癒一切。這個太太在表白的時候，對方有接受到愛的時候，對方也會給她愛。

這個老公事業發展得不錯，他身邊機會比較多，感情也比較豐富，家裡如果沒有愛，他就會去外面找。我教這個太太的，就是怎麼給愛，然後怎麼討愛和被愛。

她只用我教她的這一個表白的方式，當她還沒有能力用別的方法，就大大地改變了他們夫妻的關係，所以，簡單的方法有時反而更有作用，跟自己的老公表白，單純地讓他知道他很多的狀況都牽動到自己的心，這些表白地訊息聽在丈夫耳裡，就是一種愛的表達。

這個太太，因為被愛，身體就好很多，兩個人常常都出門去玩，算是一個還蠻好的現象。

對這個家庭來說，是因為長輩們的權利，長輩聯合她的老公壓榨她，加上這個太太自己也不會說話，也會令人討厭，所以她後來跟我學了之後，她也懂得跟公婆說話。比如，她叫她婆婆，叫了三聲，叫了四聲，婆婆都沒有理她。她打電話問我說：『唉！怎麼辦？我婆婆都不理我。』我教導他：「沒關係！她可能耳背了，那你就靠過去拍拍她說：『我叫你這次第四次了，你好像都沒聽到。』」

現在有很多家庭，他們都是因為父母的權利，引發的一些長期存在的問題。都是以父母的權益為中心，因此引發了一系列的問題，導致後來一發不可收拾。不管是身體，還是心理，處於弱勢的人就會受到傷害，甚至還生了病。

這個太太慢慢地就用這樣的一種表白，說出愛以及去討愛的方式，慢慢地去打破了這個權利的中心。然後這個婆婆後來就跟她關係很好。最

後，她學會走到婆婆的旁邊，拍著她的肩膀說：「媽，我已經叫你第四次了，沒聽到你的回答，是不是你沒聽到？」她婆婆就說：「對呀！我沒聽到，不知道人家叫我。」我們不知道到底是真是假，但我們就是用善意去看這件事，也就是我們的道理是不懷疑你，這個婆婆也就順著當時情況來回應，而她們之間就越來越靠近，這個婆婆就蠻喜歡這個媳婦，因為這個媳婦懂得說話，懂得招呼，懂得在意她婆婆。

後來，她婆婆就會覺得這媳婦怎麼換了一個人了？以前不是都不懂得說話嗎？以前不懂得告白的媳婦多令人討厭，所以她一天到晚都覺得這媳婦就該死，她兒子去外遇，剛剛好而已。可是這媳婦改變了，越來越可愛，會跟她表白，會稱讚婆婆。她就覺得這個媳婦很可愛，因此，他們之間的關係就變得親密起來。

最後這個媳婦身體越來越好，因為關係一旦融洽，很多病就不見了。原先，這個太太其實在這個家庭是沒有地位的，她太壓抑了，就生病了，他們也不讓她看醫生，怕花錢，她婆婆是說他們夠倒楣，娶了一個生病的媳婦，所以他們不想花錢在她身上。但是，這個媳婦她處理好這個關係後，很多狀況就改善了。

因為以前她會生氣，然後胸悶，生氣的時候，手腳會冰冷。就是整個氣勢被憋住，新陳代謝很不好。後來她知道表白自己的情緒，當她婆婆根本不想理她，她會打破那個沉默，去讓婆婆知道她很認真地叫了好幾次，就是要跟她婆婆說話，所以這個婆婆被她感動了，她們之間就會有互動，關係越來越好。這個婆婆就覺得這個媳婦其實蠻好的，就慢慢的影響這個老公也覺得他老婆真的不錯，然後就這樣，關係全部都改善了，因為心情好，迴圈會比較好，她的病就慢慢地好了。心情好了，心理的問題解決了，所以很多病都跟情緒有關的，跟能不能處理好各種關係有關的。

不是說你的飲食不當或怎麼樣，人生病最大的問題在情緒。關係好了，情緒好了，很多事都不見了，很多病也不見了。

後來，她一家都很快樂，原先不會改變的，現在也都改變了，老公也改變了。這個太太高興地說：「還好，她終於知道，她的問題原來就是不會表達，所以她才會受那麼多的苦，也不是別人的錯，其實是自己的錯。」很多事情，在自己身上找原因，就是解決問題的捷徑。而這個問題是父母的霸權，造成兒子一直外遇，媳婦因此壓抑多年，一直生病，根源其實在於家庭裡面「權力失衡」的危害。

德國心理治療大師伯特•海靈格發現，在家庭系統中，有一些隱藏著的、不易被人們意識到、洞察到的關於家庭成員關係中的一些秩序，在操控著家庭成員之間的情感關係，而這些秩序往往早已被「愛」所排定，這就是「愛的優先順序」。最重要是「我」，其次是伴侶，再次是孩子，再再次是父母，最後是兄弟姊妹。

但在中國的家庭中，這個「愛的優先順序」是顛倒過來的，父母是排首位的，其次是丈夫，再次是家庭裡其他成員，最後才輪到自己。在中國傳統家庭中，很多家庭關係的失衡，原因就在於「愛的優先順序」的錯亂，導致產生很多不幸福甚至無比痛苦的現象，讓自己成為家庭中的邊緣人，讓因為愛建立起來的家庭，到最後反而成為「愛的修羅場」！

以父母為中心的家庭，整個家庭的專注力全在父母身上，以孩子為中心的家庭，整個家庭的專注力全在孩子身上，在這樣失衡的關係中，家庭裡的媽媽處於單方面付出的狀態，她的處境與狀況不被看見，也不被關注，是非常壓抑和痛苦的。

這樣一來，家庭生活中的「無私奉獻」，付出、順從伴侶的一方，覺得自己不值得，覺得自己過得不幸福，甚至過得十分痛苦！

所以，要讓自己永遠是「愛的優先順序」中的第一位，處於最重要的位置，在家庭生活中，永遠成為主導「愛」的人，成為「愛」的主人！

　　有的人，把另一半當作自己的全部，只是一味地照顧好伴侶，沒有想到去照顧好自己，甚至會委屈自己順從對方。這樣的家庭生活，容易鬧矛盾，也容易成為「愛的修羅場」。

　　想要愛別人，先學會愛自己。只有學會照顧自己、愛自己，才能經營好家庭關係。

第30章 沒有輸家的衝突解決方法

人若不同心，又豈能同行？

低質量婚姻源於價值觀的不同，給當事人帶來的是難以言表的痛苦，而孩子在這樣的家庭中長大也容易受到負面情緒的影響。價值觀的不同，讓兩顆心漸行漸遠，這樣的家庭生活中，沒有贏家！

其實，夫妻之間的價值觀少有對錯之分，只是角度和經驗不同而已。

婚姻關係需要彼此心心相印、同心協力才能夠走得長久。從價值觀層面來說，夫妻應該尊重、信任、理解並支持彼此，以共同經歷生活中的挑戰和困難，並分享彼此的歡樂和成就。如果夫妻間存在著『不同心』的問題，也就是說價值觀出現分歧，就會出現矛盾、爭吵和紛爭，嚴重時還可能導致婚姻破裂。所以，夫妻之間應該保持良好的溝通和協調，持續加強感情和信任，讓夫妻之間心心相印，才能夠構建一個美好的家庭。

一般來說，價值觀、生活期許相近的夫妻，婚姻關係會更加牢靠、穩定和幸福，婚後矛盾也會較好得到化解，若夫妻價值觀差異太大，甚至對立，則很難相互理解、認同，也容易產生衝突。

婚姻中，要有一顆包容、寬容、善良的心，能夠看到、感受到對方的好，看到對方的付出，同時，還要有處理問題的智慧，要懂得「沒有輸家的衝突解決方法」。

我有一個學生，她的先生事業上需要交際，老公每次都很晚才回家。長久下來，就會造成他們一家人都很痛苦。老公天天交際應酬造成這個太

太每天都等到深夜，獨守空閨，但是，這個老公也沒有辦法，因為這是工作需要。為了這件事，他們彼此內心壓力非常大。

因為老公總是半夜才回來，所以，這個太太當然多少還是會懷疑，她覺得沒有安全感。她也不明確這個老公是不是真的去交際賺錢，還是又做了什麼不該做的事情。因此，這個太太內心就有很大的糾葛。

她來上我的課，上完之後，跟她老公討論表達出真實的想法：「那你每次都要半夜回來，這對我來講，是一個很大的痛苦喔！我內心是害怕的，你會不會外面有其他人？你平時消息為什麼那麼多？」

老公聽了，當然好言相勸，說自己只是為了工作，所以才有那麼多交際和那麼多消息。

老公跟她這樣講，但她還是不相信，她也很痛苦。

然後，我教這個太太，她要講的時候，不可以懷疑對方。因為那個叫作沒有證據，叫作子虛烏有，不可以亂想，所以當她這樣亂想的時候，要停止，要轉變。

這個太太學了以後，跟她老公說話的方式就變了，就對先生說：「你的健康就是我的幸福，我比較擔心的是你每天都兩三點回家，這樣對我來講，是一種恐懼和不安，我希望你可以有正常的睡眠，正常地生活，不然，身體如果壞了怎麼辦？」

他老公也坦承告訴她，『其實他也不想這麼累，他覺得他需要多賺一點錢，讓這個家有圓滿的感覺，有了高品質的生活，家人都沒有煩惱，所以賺錢其實是為了這個家的安全和幸福，是為了未來的美好生活做一個儲備，他所賺的錢，都是為了這個家。』

於是，老婆告訴先生說：「可不可以換一種賺錢方式，我聽說有人是用錢去賺錢，而不是用人賺錢的，你用你的時間，你一個人有多少時

間，我們如果有一些錢，可以用錢去賺錢啊！我上了一些課，懂得一些投資技巧，這方面我可以幫你。」

這個老公說：「好！你這樣講也有道理，那我會想辦法調整我們的生活。」

後來，一段時間後，這個老公回家，跟她說：「我想跟你離婚。」她聽了，嚇死了，她問：「為什麼？」老公回答說：「因為我其實外面有另外一個人，所以我希望我們的婚姻就此結束，這樣，我可以跟外面那位真的生活在一起，因為我跟她比較談得來，關係比較親密。」

對於這個太太來說，這簡直是晴天霹靂，她自己已經改變這麼多，但丈夫還是想跟她離婚。她就跟丈夫說：「還有沒有其他方式，因為我們小孩都還小，我們離婚對小孩來講也是一種痛苦啊！那有什麼方式讓我們大家都好？」

這個時候有衝突，然後有價值觀的問題，丈夫的價值觀是認為他換一個老婆會更好；而太太就是擔心她的小孩，是不是會受苦，因此這個太太就是跟老公討論，有什麼方法是讓我們大家都好的？

這個太太就跟自己的老公說：「其實，你的外遇跟我有關，因為我不懂得怎麼體諒你，或者是我不懂你的工作在做什麼？我們的共同語言太少了，我白甘墮落地只會帶小孩，不懂你，我們已經有很長的距離，造成我們的婚姻真的出了問題，我應該負責，所以我去學習，可是當我開始修正我自己的時候，你卻遺棄了我，我會恨你。」

這個太太發現了問題，所以每次上課都說，其實要發現問題不是檢討別人，是要檢討自己，因為檢討別人背叛自己，多麼可惡，姦夫淫婦，這對自己與解決問題沒有幫助。對問題有幫助的是你怎麼檢討自己，怎麼去挽救這樣的問題。因為一定是你這個推手，把自己老公造成這個樣子，因為你太粗心了，沒有去注意自己老公，你對他的身體與心理照顧不周。

這個太太發現，她確實是太粗心了，把所有的心都放在孩子身上。帶著小孩去補習，平時就是這樣趕場，一下帶這個要去補習那個，一下要帶那個去補習這個，然後三個孩子夠她忙的，整天根本不知道她老公在幹嘛！

這個太太就要懂得怎麼去疼愛這個男人，而不是只是給他吃，拿他的錢養小孩，不是這樣的，你還是要去給他溫暖，給他愛。注意怎麼給啊？不是只有肉體，肉體也會越來越醜，也會變得比較不健康。如果你都活在肉體層面，你還是不會贏的，你必須在精神層面上，你要懂他，你懂得鼓勵他，支持他。

這個太太，她決定去努力，因為她發現她好像有努力挽回這段婚姻的機會。

她主動跟自己的老公談，主動的聆聽，主動的傾聽。原先，先生覺得自己的老婆不懂自己，只有他外面的女人他的秘書懂他，他倆一起工作，共同點比較多，但是外面的這個女人很少聆聽他。

而這個太太的聆聽能力，越來越高，越來越高，到後來就是讓這先生覺得全天下就你最懂我。一起生活那麼久了，還是自己的老婆最懂自己。

她老公的價值觀是怎麼樣的，自己的老婆原先是不懂的，但是因為她透過用心的去聆聽她的老公。她的老公那顆心就漸漸回來，回來到她的身邊，因為男人就是在找溫暖。這個太太，多年來把家也經營得很溫暖，再加上她自身也在極力做了改變，所以，老公就被她溫暖的同理心感動了。

後來，這個老公就想辦法去斷掉外遇，重新回歸家庭。他是心甘情願，而且斷得比較徹底，沒有後遺症的，應該說比較有良知啊！

之後，這個太太去學怎麼化妝，改變自己的形象，像一個上班族，穿著套裝，打點得漂漂亮亮，然後上個粉，很漂亮，也很有氣質，有空也會出去社交，整個人的狀態一下子就不一樣了。漸漸地，她與老公的感情又回到了戀愛時那種親密狀態。

家庭生活中，如果有人需求沒有滿足，代表一定就是有輸家，這並不是我們想要的結果。

所以我們要的不是衝突，而是說我們來理解，你有什麼需求沒有滿足，我們可以協助你，所以，本來是衝突，後來會變成協助彼此需求都滿足。

日常生活中，不同的人有不同的價值觀和需求，這很容易導致衝突。但是，只要試著去理解對方，瞭解對方的需要，瞭解對方的價值觀，做出適當的改變，就可以將衝突轉化為協助。

除了日常生活中，不同的價值觀也會在婚姻關係中產生衝突。比如，一個人認為健康最重要，所以注重飲食健康；而另一個人則認為外表穿著最重要，所以喜歡買名牌。這時，雙方可以通過理解對方的需求來處理衝突，找到一個相互滿意的解決方案。

愛，不是讓對方改變；愛，是覺察自己之後做改變！

每個人都有自己的價值觀，這些都需要被尊重和理解。如果我們能夠在彼此之間建立合作緊密的關係，相互理解和協助，就可以更好地化解衝突。每個人都有解決問題的能力和方法，我們要相信對方可以自己解決問題，但也要給予幫助和支持。最終，通過相互理解和協助，我們可以創造一個更加和諧、包容的生活環境。

夫妻需要相互理解、相互支援、相互協助，如果有一方在某個方面比較弱，我們就要提供支援和幫助，讓他感受到來自家人的愛。而且在

家庭中，我們更應該關注每一個人身心等各方面的需求，關愛他們，這樣才能創造更加和諧、積極向上的家庭氛圍。

價值觀的重要性表現在它是一個基礎，聆聽、理解、支持，尊重彼此的價值信念，才可以強化這個基礎。

解決衝突的方法很多，基於理解與精準溝通之上的解決方案，往往是沒有輸家的解決方案，只要對每個人都好，那就沒有問題。在家庭中，每個人有不同的角色，只要能夠共同協作，心心相印，互相理解，那人人都可以在家裡感受到幸福。

家庭中的許多問題需要通過合作和精準溝通來解決，因為愛，所以懂得，因為懂得，所以始終願意共同努力，創造出和諧、溫暖、幸福的家庭氛圍。

第 31 章　掌控只是局部，溝通才是全域

追求掌控力，有時會失去溝通力。

確實，追求掌控力可能會導致溝通力不足。因為過於追求掌控力的父母，習慣於發號施令，這種溝通往往是單向的，通常會傾向於獨斷專行，自以為是，不容異議，不願意傾聽孩子的意見和建議。

然而，在親子關係中，只有雙向奔赴才是適宜的，良好的雙向溝通是相當重要的。如果我們不擁有精準溝通的技巧和方法，親子關係很容易導致誤解、衝突、失誤。而且，父母再怎麼「全知全能」，再怎麼努力，也不可能瞭解所有的事情，也不可能做出所有正確的決策，親子關係中，任何一個決策，都應該邀請孩子一起做決定。

因此，我們需要在追求掌控力的同時，更重視溝通力，因為沒有溝通力，所謂掌控力也只是夢幻泡影。可以通過傾聽孩子意見，並尊重他們觀點的方式，來提升我們自己的溝通力。同時，要給予孩子足夠的資訊和協助，讓他們能夠理解和參與到溝通和決策中來。用平等和合作的態度與孩子進行溝通，而不是以一個領導者的姿態來操縱孩子。不應該為了追求掌控力而忽視溝通力，而是應該堅持平等、尊重的溝通方式。

掌握力讓家缺乏溫度，而溝通力讓家充滿溫暖！

在親子關係中，當父母聽到沒有輸家的時候，會覺得自己沒有權力，心頭湧上一絲慌張。因為，在傳統的親子關係中，總是父母贏孩子輸，父母在為孩子安排一切的過程中，展現自己的權威。當他們在沒有輸家的親子關係中，他們會很害怕，恐懼這個方式會把小孩寵壞，然後他們

沒有辦法去控制整個局面。

實際上，在這樣的親子關係中，是你好我也好，大家都很高興。

因為父母覺得在他的權力範圍裡面，在掌控裡面，他是安全的，如果小孩沒有被掌控的話，小孩是容易做錯的，所以，他們的擔憂是如果當父母都沒有權力，那我怎麼教小孩？所以，在我們的溝通裡面就會出現很多不該出現的問題。

父母會想要掌權，就會講一些不該講的話，及貶損的話。父母還是不習慣討論的溝通方式，他們會習慣敘述的方式，就是發號施令的方式，這樣，他們會感覺自己對全域是有掌控力的。

當父母掌控一切，孩子完全沒有參與感，甚至完全沒有發言權的時候，他們失去了對自己未來的決策權，小孩會有一種絕望的感覺。而且，由於孩子沒有參與到家庭的活動中，他們沒有自主權，缺乏能力的培養，也會缺乏自信，與面對未來的勇氣和魄力。

那些貶損的方式會造成小孩一輩子的陰影！甚至小孩可能會變成憂鬱或是躁鬱，就是小孩也學會用權力來控制其他人，或是小孩被控制得變成一個沒有意見，不敢說話，盲從的人，大概就是會變成這兩種人。

因為我們當父母的人不知道有這些嚴重的後果，只擔心如果孩子不受控的話，他做錯事，我怎麼辦啊？通常父母是會這樣害怕，才會很擔憂，在親子關係中沒有輸家的話，那怎麼辦？是不是這整攤子都散掉了？

有一個媽媽，她的孩子，喜歡東西亂丟，衣服也亂丟，進門就是邊走邊脫，衣服啊！褲子啊！襪子啊！就這樣亂七八糟，丟得滿地都是。那麼，怎麼去當孩子的顧問，協助他，滿足我的需要和他的需要呢？

用精準溝通力的方式，要去形容這件事，形容的方式是立體的，有影像的，清晰的。因此，我跟他說：「我發現從門口就看到牛仔褲、有

襪子呀、上衣呀、包包，一路延伸到你的房間！我走路要小心，不然你、我、爸鼻或弟妹摔倒就要痛痛看醫生打針吃藥。」

這種情況，小孩就會說：「喔！太熱了啦！所以我一回到家就趕快脫。」

然後媽媽就要同理說：「喔！聽起來你想辦法要讓自己趕快吹冷氣？」

孩子說：「對呀！我就是這樣啊！」

孩子發現影響到你們，孩子就用行動做出改變。第二次就會進到房間再脫。

溝通有時就是這麼簡單，就是這樣講完，他就會改變。一般我們會想給小孩一個示範，說他的房間很亂，整理一次他的房間給他看。這樣其實不太好，因為你都幫他做了，他依然沒有改變，所以，要讓他自己有行動，做出改變才行。

讓人有行動的溝通，才是真正的精準溝通力。

有一對父母，他們家的小孩房間又髒又亂，她每次都罵，罵都沒有用。其實，小孩是看你做什麼，而不是聽你說什麼？孩子是大人的一面鏡子，只有大人改變了，孩子才會改變。所以，這個可能就是我們要把自己的環境整理好，免得孩子在旁邊偷笑，說你一直叫我，一直罵我，結果你自己亂七八糟！孩子其實就是有樣學樣，他們是大人的一面鏡子。

因為這個爸爸的房間也是亂七八糟，或者媽媽也不善於整理，家裡也不夠整齊，那麼，孩子就會接收到錯誤的訊號，認為家就應該是這樣的。結果呢！媽媽看到孩子不整理房間就罵他，他就會想，我們家不是一直都是這樣的嗎？這樣一來，孩子的觀念很難改變，也很難做出行動上的改變。

我傳遞的觀念是說，你要管人家，你自己起碼要做到。

如果你想引導孩子改變，首先要對自己進行改變。因為孩子們往往通過模仿和學習來塑造自己的行為和價值觀，身為家長或者家庭成員的我們是孩子學習的主要來源，因此我們的行為會對孩子產生深遠的影響。我們應該始終保持良好的行為和態度，以充滿積極和正能量的生活方式來影響孩子們，促進他們健康成長和發展。

孩子是大人的一面鏡子，孩子們的行為、態度、價值觀等往往是大人們言傳身教的結果。換句話說，孩子們的行為和個性往往是對大人行為和個性的映射。因此，作為父母，我們需要意識到自己在孩子們身上的影響以及如何通過自己的行為來塑造孩子的價值觀、性格和行為等方面。

如果父母迷戀「掌控力」，他們在親子教育上的方向就會走錯。

如果父母的性格是那種講話像罵人一樣兇的，在家裡是權力中心，習慣對孩子呼來喝去，習慣發號施令，在這樣經常被罵的家庭長大的孩子會沒有安全感，而且會唯唯諾諾，缺乏自信，這會影響到孩子一生的發展。因為做什麼都會被罵，分不清對錯，但是一做就被罵，孩子後來很有可能變成──順從型、不負責任型或者小霸王控制型。

順從型沒有前途，不負責任就成為所有人的災難，控制型也沒有前途，因為這三類人在性格上都有缺陷。

掌控力強的父母，並不代表不愛孩子，而是已然形成了「罵人式」的家庭文化。中國人習慣跟越熟悉的人溝通越不講究方式，從而形成不同的家庭文化，所以「精準溝通力」是破解這一不良家庭文化的一劑良方，用「溝通力」來化解「掌控力」的危害。

溝通力和掌控力是兩種截然不同的力量，掌控力冷冰冰，溝通力則充滿人性的溫度。

孩子都喜歡有溝通力的父母，而對掌控力太強的父母，他們往往敬而遠之，親子關係應該是越來越心心相印的關係，而不是漸行漸遠的關係，所以，精準溝通力的養成，是為人父母的必修課！

精準溝通力是建立在良好關係、理解和交流能力的基礎的，要有同理心、共情力，同時要有一定的格局和胸懷，那就是俯下身，邀請孩子們參與到家庭事務中來，讓他們發表自己的看法，說出自己的感受，甚至要樂於接受他們的反對意見。

孩子可以與父母唱反調，父母樂於傾聽孩子不同意見的家庭，一定是充滿快樂氛圍的家庭。

在某些情況下，掌控力可以解決問題，但在大多數情況下，溝通力更適合處理親子關係，因為親子關係本身就是合作和互信關係，只有精準溝通力才能讓父母與孩子親密無間又彼此成就。父母在教育孩子，同時，孩子也教會父母很多東西，這就是精準溝通力的效能，這種效能是雙倍的，甚至是指數級的！

精準溝通力的練習需要時間和實踐。要掌握溝通技巧，需要不斷演練並不斷反思，以改進和完善你的溝通方式。溝通力簡潔、清晰、有力量，可能沒有掌控力那麼直接粗暴的貶損、吼叫、嘮叨、支配，但它是一種建立良好親子關係的最有效率和最能栽培出有同理心、能合作、負責任、與人關係良好、和平圓融的關係、獨立自主、又有領導力的人格特質。

在親子關係中，適當放權，最後反而能掌控一切！

第 32 章 知道問題在哪？才能真正解決問題

我們只有明白做一件事的有效步驟或模式，我們才能把一件事做好。同樣，我們也只有知道了問題在哪裡？我們才能解決問題，脫離困境。

問題在哪都不知道，縱然你有滿身的本事與智慧，也處理不了問題。

沒有輸家的溝通是有方法的，要明白處理問題的步驟，而解決問題的首要條件是問題歸屬的訓練。

沒有輸家的六個步驟，就是先去傾聽對方的問題，傾聽的過程裡面會有一些衝突、對立，所以就是在這個衝突對立裡面，如果與對方有衝突，你就退一步，對方如果順著溝通的話，你就表達。所以我常常說，精準溝通就有點像在跳舞一樣。對方左腳向前踏的時候，你的右腳就要向後退，就不會踏到對方的腳，然後溝通整個過程是優美快樂的。只要是有衝突的感覺，馬上退，就進入聆聽狀態，一直讓對方把情緒疏解完之後，你再踏一步過去，踏過去，他接受了，對方就會退。所以，這樣進進退退之後，就會形成精準溝通。

在溝通的過程中，聆聽可以把內心的需求浮上來，就知道彼此的需求是什麼？循著目標、方向、方法，所以我們就會走到第二階段，就是找到解決的方法。解決的方法有可能非常多條，不是只有一條。大家都不要去評估，只要想辦法就好，所以就可能想一大串的辦法。

當想出來的辦法足夠多，就進入第三個階段，就是評估所有的解決方案，找到最適合大家都認可的解決方案。

接下來，第四個步驟就是按照大家都認可的這個方案去執行，執行

之後，我們就要去看執行之後的那個效果到底怎麼樣？去做追蹤評估。如果這個評估不是很好，不是預期的那樣好，大家還是覺得不舒服，那我們就重新再來重複這六個步驟，如此循環往復，直到大家都滿意！

而這當中，最重要的是問題歸屬的訓練。

問題歸屬是精準溝通的核心理念，是我們思考解決辦法的根本依據。

問題歸屬就是當時誰有情緒、誰被困擾，誰就處於問題區。比如說，父母想要休息，孩子卻把音樂的聲音開得很大，這個時候是父母的需求沒有得到滿足。通常我們會認為孩子這樣做是不對的，但回到場景中，孩子把音樂聲開得那麼大、在那個片刻誰受到了干擾？誰對這個聲音有情緒呢？是父母！也就是說在這些關係裡，誰的需求沒有得到滿足，通常問題就歸屬於誰，因為需求得不到滿足，往往就是情緒化的一方，就是問題的歸屬。

孩子可能很享受音樂，並沒有情緒上的問題，而在這個問題上有情緒的是父母。也就是說，父母是被困擾的一方，是遇到問題的一方。所以，我們不應該以對錯來區分問題，而是應該從當下的真相出發，誰被困擾，誰有情緒，誰就有問題，即處於問題區。

同時，問題歸屬的訓練，也能讓我們在處理事情的過程中，更能明晰輕重緩急，有利於我們在那些刻不容緩的問題上處理得當，得以解脫困境。

有一位媽媽，她在做家務，地上放著一盆滾燙的湯。小孩就在旁邊玩，結果一不小心，小孩摔倒，一屁股坐到那個滾燙的熱湯裡。

在這樣緊急關頭，媽媽的那個瞬間怎麼反應，就至關重要！

媽媽的問題歸屬就是小孩有困擾，可是爸爸在那裡大吼大叫一直罵的時候，就成了干擾因素。爸爸也是有困擾，但是誰最重要，當然是小孩，

所以，這時，這位媽媽完全忽略了爸爸的存在，抓起小孩，馬上去沖水，褲子脫掉，屁股都變皺皺的，所以要立刻沖水，馬上一通電話去問上次某某人被燙傷在哪裡醫好的？哪家醫院的地址？然後她就直奔去那家醫院，很快的就解決小孩的燙傷問題。晚上也沒有發燒，就很香甜地睡到天亮，然後敷藥，敷了十幾天，就完全的沒有一點傷痕。

這個媽媽，她在處理事情的時候，她直接跳起來，把這個責任挑起來，她也沒有怪老公，也沒有請老公來協助，因為那個老公當時已經失去處理事情的能力了，他是抓狂的狀態，所以媽媽當下就想小孩有困擾，好！我要幫助他，我要解決，我趕快去問曾經發生的類似的燙傷事故，他們是怎麼解決的，去哪家醫院可以醫好。由於媽媽處理這個問題及時得當，所以小孩一點傷痕都沒有留。把在那邊咒罵、指責的的先生拋到腦後，媽媽完全不受先生的影響，就把這個事情處理好了。如果當時媽媽在那裡猶豫，或是被先生干擾，錯過了時間，也許她的孩子就會留下傷痕，甚至會留下殘疾。

有一個家庭，他們家的瓦斯爆了，瓦斯罐前面有一個開關，這個開關突然「嘣」的一聲，這個媽媽聽到嚇一跳，馬上沖到廚房去，然後她看到天花板一個洞，是前面那個轉接頭爆開的那個衝力很大，大到天花板都打一個洞。她見此情形，很快的，把那個整個瓦斯罐的總開關關起來。這時，她老公已經不知道跑到哪邊去，跑很遠了。

因為家裡有瓦斯氣，所以，這位媽媽馬上帶小孩衝到公園去，路上就碰到老公，就一起帶到公園去，然後就邊散步邊聊說，瓦斯如果漏氣的話最怕開燈，所以，我們等瓦斯氣散光了，我們再回去，大概要兩小時吧！

在這件事上，老公因為沒有問題歸屬的訓練，所以老公他只顧自己的命，就跑掉了，而這個太太受過訓練，她知道怎麼去處理這件事，也

知道怎麼保護好孩子和其他家人。

所以，這個就叫 EQ 啊，EQ 高不高是你每天遇到的每件事都做問題歸屬，但是問題歸屬觀念要對，如果觀念不對，問題的歸屬錯了也沒用，問題歸屬就是要有能力去分辨輕重緩急。

這個媽媽發現嚴重的是這個漏氣的問題，趕快去把總開關鎖起來，既然全家人都有危險，又已經把這個危險排除掉，就再不漏氣。那是瞬間的一個反應，她完全沒有顧慮到任何不好的後果，直接就沖進去，看到現象，馬上鎖住那個轉接頭，就是那個總開關，接著就是一起全部帶出門，離得遠遠的，是因為擔心房子會爆炸。兩個小時都沒聽到爆炸聲，瓦斯氣全部散掉以後，才能安全回家。

所以，我發現其實我們最重點是問題歸屬，然後最重點的是在情緒上，怎麼樣處理情緒？怎麼樣去分辨？哪一件急，哪一件不急。

而在親子溝通中，弄清問題的歸屬，有助於劃清界限，明確問題的主體責任，並有的放矢地採取相應的辦法策略。弄清楚問題的關鍵在哪裡？就能運用相應的溝通技巧，有效地解決問題，就能把妨害孩子健康成長的因素排除在外。

很多時候，明明是歸屬孩子的問題，家長的情緒也摻和進去。這樣孩子的問題就容易變成家長的問題。因為家長代勞了，孩子的問題其實得不到解決，孩子也得不到相應的成長，本該主要由孩子來解決問題，卻變成了家長代為解決問題。

比如孩子覺得在學校受到了不公正待遇，很鬱悶，孩子受傷害，大人是最著急的。這本是歸屬於孩子的問題，但父母卻挺身而出，直接到學校找老師，甚至和老師大吵大鬧，最後變成了歸屬於父母的問題。而孩子卻隱藏在背後，沒有參與解決問題，沒有參與溝通，成了局外人，

從而失去了一次鍛煉的機會，也相應失去了一次成長的機會。

而有時候，明明是歸屬於父母的問題，一味怪罪孩子，演變成孩子的問題。

比如有一位媽媽，有一天她很忙，無暇照看孩子，就允許孩子玩一會自己的手機。結果，突然來了電話，媽媽知道是一位很重要的客戶打來的，要接電話，可孩子不給，於是媽媽很生氣，說孩子不聽話，強行把手機拿走，結果孩子大哭大鬧。這個問題開始本是歸屬媽媽的問題，最後卻演變成孩子的問題。因為這位媽媽受過問題歸屬的訓練，在意識到問題之後，她向電話那邊的客戶說明瞭情況，把自己的手機讓孩子繼續玩了一會，兌現了自己的承諾，然後，再主動給客戶把電話打過去。

當然，當問題歸屬於孩子時，希望父母記住孩子的年齡，學會換位思考，及時引導孩子主動參與解決問題。在溺愛型家庭往往會以孩子為主滿足孩子，在獨裁型家庭往往會打罵貶損孩子，把問題歸咎於小孩，這都是不對的，問題一定存在，但要做好問題歸屬，才不會用錯方式，才有助於處理問題，使親子關係朝著和諧的方向發展。

問題歸屬訓練，可以說是為人父母的必修課。這裡的「問題」不是誰做錯了什麼，誰出現問題，而是指誰的內在需求沒有得到滿足，誰就有情緒，問題就歸屬於誰。問題歸屬誰，就應該由誰來出面解決。

在親子溝通中，可以分為三個部分：無問題區、孩子擁有問題、父母擁有問題。

干擾到了父母，影響了父母需求的滿足，這個部分屬於父母擁有問題，應該由父母出面解決；而阻礙了孩子需求的滿足，使孩子們感到不高興或感覺遇到了麻煩，這個部分屬於孩子擁有問題，父母應該主動來積極聆聽，協助孩子解決；既沒有對父母，也沒有對孩子引起任何問題，這部分稱為無問題區，這部分是親子間的幸福快樂時光，因為在這個狀態下，

父母與孩子的需求都得到滿足，也是分享觀念、教導、訓練最佳時機。

當孩子擁有問題時，父母很容易站出來承擔責任，覺得自己有責任和有義務這樣做。而問題無法解決時，父母就會自責。其實當孩子擁有問題時，父母可以運用傾聽技巧幫助孩子找出屬於自己的解決方法，讓孩子對自己負責任，讓孩子多一次成長的機會！傾聽技巧就是協助孩子自己發現問題、解決問題。我們要相信孩子有能力解決他們自己的問題。

當孩子的行為導致父母的需求得不到滿足，使父母擁有了問題，甚至擁有了負面情緒時，就需要父母跟孩子換個方式來溝通。比如父母遇到問題，可以跟孩子表白：遇到了問題，心情很糟糕，你可以聽聽嗎？而當孩子擁有問題時，父母可以向孩子主動積極傾聽，讀他的肢體語言、表情，而不是用問的，詢問就像記者或狗仔在挖隱私，是不舒服的，是沒有安全感的，不是直接地包辦代替，幫忙解決。

知道問題所在，解決問題的思路就變得清晰；不知道問題歸屬，問題就會演變放大。

第33章 父母怎樣才不被炒魷魚

　　教書的是老師，育人的是父母，要做稱職的父母，才不至於被孩子炒魷魚！稱不稱職，父母自己說了不算，要問問孩子他們眼中的父母是什麼樣的？相信每一對父母都有一顆天使的心，但是，父母的臉有沒有因為情緒化而變成魔鬼的臉？

　　有人說，這個世界上最需要持證上崗的就是父母，是的，很多父母在成為父母之後並沒有學習到任何關於教育孩子的知識，很多父母其實並不知道作為父母該為孩子提供些什麼，除了時時掛在口頭的「賺錢養娃」、「賺錢養家」，其他的呢？精神層面、情感層面的陪伴呢？

　　家庭教育是孩子的基點和起點，做好家庭教育在孩子成長路上至關重要，而成為稱職的父母，比什麼都重要。為人父母，一定要懂得，並不是把孩子生出來就可以，還要陪伴孩子品格、心性，塑造他們良好的個性，以愛和耐心，和顏悅色地與自己的孩子相處，通過引導與陪伴，把孩子培育成才。

　　在和顏悅色的家庭中長大的孩子成功的比較多，這些孩子大多接受適當的，充滿愛的教育，他們的父母對脾氣、情緒有非常好的克制能力，所以，這樣家庭的孩子，不那麼情緒化，由於不那麼情緒化，能保持孩子個性穩定地成長，他們將來不但會比別的孩子更成功，而且，也會更容易獲得幸福！

　　作為家長，一定要對孩子保持心平氣和的情緒，這做起來很難，但一定要堅持，要時刻保持正能量，不要累積負面情緒！對孩子的教育不

要用抱怨的口氣，態度也不要負面，否則，會讓孩子看世界的角度也是負面的。

為人父母，至少要做對這件事，才不會被自己的孩子炒魷魚，第一件事情，就是面對孩子的成長，一定要永遠保持心平氣和的狀態，這個做起來真的不容易。大人們習慣於把自己在社會上的失落與所受到的不公平轉化成怨氣再散發出來，孩子在這種情況下往往成為無辜的「受氣包」。如果父母的態度是負面的，這些負面的態度一定會影響到你的孩子，甚至，影響他們一生。所以，保持對孩子心平氣和的溝通和交流，任何時候多給孩子鼓勵，讓「愛」起到潛移默化的作用。

很多父母，其實都被自己的小孩炒魷魚了，因為當父母的不稱職，孩子從心裡不要這樣的父母。在這種情況下，父母會認為小孩忘恩負義，弄了很多的大帽子扣在小孩身上。事實上，父母是要檢討自己，家庭才會美滿。為什麼父母要檢討？因為我們從祖先長輩一代一代傳承下來的一個溝通模式，事實上是蠻傷害孩子的一種不良的溝通模式。現在的孩子越來越聰明了，越來越不能忍受不被尊重的一種溝通模式。

12 歲是一個臨界點，孩子從 13 歲開始，他就開始用父母教他的方式去對抗父母，於是，這個衝突戲碼就不斷地上演。在青少年的時期，小孩抗拒了，父母會覺得理所當然，因為每一家的小孩都在青少年時期會有衝突，事實上不是這樣的，這個衝突應該讓父母覺醒才對，但是，每對父母都覺得這種衝突是正常現象，因為我家的孩子會反抗，別人家的孩子也會反抗，因此，大家都習以為常，沒有人去探討這件事。

可是，為什麼夫妻也會有相互對抗呢？有些老婆很會罵老公，罵得老公噤若寒蟬，從早到晚一句話都不說。既然這個老公都不說話，有一天變成叛逆小子，老了還會叛逆？有的 50 歲才開始叛逆，為什麼？他們的需求從來沒有被重視，他們只為對方去滿足需求，所以，這樣的關係

一定會到某一個節點的時候就引爆了！

人的關係，如果沒有在一個平等互惠，互相理解，互相支持，互相滿足對方的需求，如果不是這樣的一個狀態的話，後來就會輸得莫名其妙。很多老公或是老婆被炒魷魚了，自己都覺得很崩潰：為什麼我付出這麼多，到後來為什麼對方就有外遇？為什麼我這麼疼我的小孩，我什麼好的都給他，他怎麼就能離家出走？連說聲再見都沒有！他們在這些關係中，會覺得都是別人的錯，因此，就會哀怨一生。

如果我們把別人所有的錯都當作「他們不是行為不端，他們只是需要被協助」，那麼，我們會問自己，他們遭遇了什麼困難？他們為什麼要不告而別？有這樣的覺察與自我檢討，你再看待這件事情就不一樣了。你就會覺得他有可能哪些地方不滿意，他因此有什麼痛苦，他需要我們協助，但是我們都沒有發現，我們也沒給他機會，他只好離開了。因為在這裡，他沒有機會當自己，所以，他才會選擇離開。如果有人可以這樣想的時候，其實很多離家出走悲劇是不會發生的，很多的糾紛，其實也都會減到最低。

一個高中生，他很痛苦，他跟爸爸的關係不好，因為爸爸用傳統的方式掌控、支配、要求他和責備他。爸爸要求他要乾淨，可是爸爸自己亂七八糟！爸爸要小孩洗衣服，但是，爸爸也不見得弄得好！都說孩子就是大人的一面鏡子，所以，小孩看在眼裡，心裡就累積了很多不滿，終於有一天，他就是把爸爸炒魷魚了，他要遠走高飛。

他每天都很早去上學，晚上十點半之後才會回家。爸爸會規定，你十點就要進門，不然我們就要關門。這個孩子因為還沒有獨立，所以他只能聽從。他也很怕，十點回去，爸爸還要數落他一大堆。因此，他就在十點之前說，因為還在學校忙，所以我只能慢個半小時或是 45 分鐘才會到家，也就是用一種拖延的方式，儘量拖到最晚再回家。這樣一來，他沒

有機會跟父母做一些互動，他每天在籌備怎麼樣去賺錢，可以獨立生活，因為他要脫離爸爸。爸爸就像魔鬼一樣，每天控制他，責備他。他的痛苦就是，只要回家，他的爸爸媽媽會為了一件事，爸爸罵兩小時，媽媽罵兩小時。他說，那種是別人沒辦法理解的痛苦，整天被罵到心情很不好，還要關在家裡，他說他快要去自殺了。為什麼那麼簡單的事情，可以罵那麼久，如果這種溝通方式有效，不需要罵那麼久，一句話就夠了。

這個小孩他就準備去學人家怎麼在蝦皮賣東西，一有空就去學，然後著手實施他的計畫。他在網路賣一些他認為還不錯的東西，做熱銷產品，潮流服裝之類的。他還找了一位長相非常不錯的女孩來幫他，介紹產品，做直播賺錢，沒想到他的衣服成為爆款，很多人買，賺了很多錢。他生意做大了，還打算找模特或明星來代言。

這孩子賺了很多的錢，政府開始追稅，他開始做電商時，自己也沒有想到會賺這麼多錢，因此，交稅方面的事情，也就沒有處理好。他學會賺錢後，第一件事就是把他爸爸媽媽炒魷魚了，自己離家出走，去獨立生活。因為政府追稅，他不知道這個還要報稅，完全沒有報稅，就被抓了。抓到就要罰幾百萬，還找到他爸爸，因為他戶籍還在家裡。爸爸說，可能是別人家的壞小孩，不是他的孩子，只是同名同姓而已。結果後來找到了，就是他的小孩，就是賺那麼多錢，爸爸也非常吃驚！

後來，爸爸要求他回家，他說他不回去，因為家太痛苦了，他每天要被罵到頭腦發脹，變得像呆子一樣，他不想跟爸爸住在一起。因為家裡環境不好，他沒辦法靜下心來，也沒辦法做他自己的事，或是好好讀書。他爸爸說，好像自己這樣做不太對，他也想認真地改變。那麼，小孩因為他在學校裡學人際溝通，覺得這門課程相當不錯，如果可以的話，他可以找那位老師，請爸媽去上課，之後如果覺得他跟爸媽的關係有改善的話，他再回到這個家。

一家人的關係，就變成這樣。孩子有這樣要求，爸爸媽媽也覺得好，那我們試試，然後他們就去找老師，就參加這樣的課程，因此，這對父母就來跟著我學習精準溝通。

上了課程之後，這對父母發現自己犯了太多的錯，把一個優秀的小孩逼出去。如果這個小孩沒有出去，也會變憂鬱，或者將來殺人放火也不一定。因為他每天都累積太多情緒，太多情緒沒辦法紓解，壓抑久了，有可能就會去殺人放火。這對爸爸媽媽就很後悔，來跟他們的小孩道歉，說其實都是爸媽不對，爸媽現在知道問題的根源是什麼，上完課就明白一切了，我們會努力改變的。小孩聽了也很感動，就跟著爸爸媽媽回家了。

爸媽當然有時候還是會犯老毛病，小孩就說『喔！你們又來了。』他爸就說『喔！對呀！剛剛那個不算，重來，重來，對不起，我重來。』就好像在拍電影一樣，NG，重來，他們家一天到晚都在 NG，並在不斷的 NG 中做出改變，越變越好。小孩說，我看到爸媽他們在成長，而且一天到晚喊 NG，真的很有趣！從此，他的家開始有笑容。

今天的父母，可能比以往任何時候的父母都要「勞心勞力」，因為，既要滿足孩子物質上的需求，也要滿足孩子精神上的需求。

我們常說的孩子出生後，我們要努力工作賺奶粉錢，給孩子提供一定的物質基礎，不至於落魄到影響孩子的日常生活。但物質條件只是最基本的東西，絕不是全部！

養育孩子，要保護孩子免受身體上的傷害和精神上的傷害。父母能夠為孩子營造一個安全的家庭環境，孩子能夠在這個安全的範圍內不必擔心會遭到任何身體上的傷害。同時，父母對孩子說話不應該是命令式的，而應該是和風細雨式的，這樣就能讓孩子在精神層面免受傷害，在愛中長大的孩子，更容易成才，也更容易獲得幸福！

這個世界上不稱職的父母千千萬，不要簡單地用一句「父母都是愛

孩子的」來敷衍糊弄自己的過錯，經常打罵孩子的父母應該及時做出改變，從檢討自己開始。來自父母的傷害，要警醒，來自別人的傷害也需要提防，總之，要營造一個讓孩子身與心都不受傷害的成長環境。

稱職的父母要滿足孩子對愛、關懷以及更深層次的情感的需求，這個要求就比較高，很多父母只會在嘴上說愛自己的孩子，但在內心卻無法給孩子帶來溫暖和愛。全身心的陪伴，他們做不到！無條件的接納，他們做不到！時常鼓勵自己的孩子，他們做不到！不要拿自己的孩子跟別人的孩子做比較，他們也做不到！在這樣的家庭中，孩子找不到歸屬感，也很少感受到愛的溫暖。

此外，父母要保護孩子的自尊心，作為父母，最主要的是自己的言行不給孩子帶來傷害，隨意的評判，毫無徵兆的情緒，都能給孩子帶來感情上的傷害。其次，要尊重孩子的需求，聆聽他們的意見，不給孩子貼標籤，不惡語傷人，相信並時時鼓勵孩子，用平視的眼光，平等地與自己的孩子相處，陪伴他們成長。

孩子是父母的第一任老師，也是最重要的老師，一個孩子的修為往往能夠反射出一個家庭的教養，要讓自己的家成為愛的港灣，成為心靈的歸所！作為稱職的父母，要時時對孩子進行聆聽、引導、關愛、陪伴，才能讓孩子的人生走在正途上。

為人父母，要時時反省，深刻反思，在行動中糾正錯誤的言行，不斷提升自己，你改變多少，孩子也會相應改變多少，你越變越優秀，自然孩子也會越來越優秀。

任何人都不是生來就會做父母，要真心愛自己孩子，多與孩子互動，在陪伴孩子成長的過程中不斷改進自己的養育方式。

孩子不會永遠都是孩子，他們會很快長成大人，我們要珍惜他們的

成長時光，傾盡全部的愛，傾盡全部的心力，去當合格的父母！

願我們都能成為孩子們眼中─最稱職的父母！

第34章　父母如何通過改變自己來預防衝突

　　人與人相處，衝突是不可避免的，有些衝突是良性的，可以增進彼此的關係，有些衝突是惡性的，是要及時想辦法解決的。在親子關係中，每對父母都知道，在與他人交往時，尤其是與自己的親人相處時，要想防止嚴重的衝突，保持健康的關係，有時候自己必須做出改變，而最有效的改變，是從自己身上做起，那就是做自我檢討。

　　作為父母，我們每個人都有過這樣的經歷—通過改變自己對他人行為的態度，從而改變了自己與他人的關係。一段僵持的關係，是因為雙方都沒有試圖去改變，只是檢討對方，永遠無法進行關係的「破冰」！

　　面對孩子的某些行為時，父母也可以做出調整，通過改變對孩子行為的態度，來接受孩子的行為，從而避免產生嚴重的親子衝突，營造和諧的親子關係。而對於家庭其他成員，也是如此，我們要從自己身上找問題的歸屬，自己先改變對別人的態度，然後再去表白，再去營造整個家的溫度，讓溝通更精準，也更有愛！

　　對於孩子的行為，父母之所以很難改變自己的態度，主要是因為父母心裡總是端著架子。

　　很多父母認為孩子歸屬於自己，並因此感到自己需要為孩子設計生活模式，甚至有權用特定的模式來塑造孩子。這樣的父母更容易對孩子的行為感到不可接受，尤其是當這種行為背離了父母預先設定的模式時。

　　很多父母把他們的孩子視為「自己的延伸」，但正如紀伯倫在《先知》詩中的闡述：「你們的孩子，都不是你們的孩子，他們是生命對自身的渴

望的孩子。他們是借你們而來，卻不是因你們而來，他們雖和你們同在，卻不屬於你們。你們可以把你們的愛給予他們，卻不能給予思想，因為他們有自己的思想……。」

每個人都有權成為自己想成為的樣子，在這個基礎上再去溝通，尊重彼此內心的想法，主動改變自己，也就更容易改變自己與他人的關係。人與人之間的關係之所以能夠「破冰」，那是因為自己檢討自己，做出改變，讓自己有了愛的溫度，才能讓家庭也有愛的溫度！

親子關係中，當衝突一直不斷的時候，自己有損失，孩子也有損失，衝突不斷時，有什麼方式可以不衝突？當衝突沒有辦法順暢解決時，親子關係就陷入困境，一直僵在那個地方。此時，父母就需要有覺察的能力，要保持敏銳，找到衝突的解決辦法。我們常說，孩子是大人的一面鏡子，孩子是大人的影本，所以，要改變親子關係，首先應該是大人做出改變。

為什麼我們在親子關係中，常常感覺到那麼孤立無援呢？覺察自己，原來是自己的問題，因為外面的人不知道怎麼幫你。所有的人，都是你的鏡子，要改變，你自己先要做出改變。

如果只是一味地檢討對方，彼此的關係就只能僵持在那裡，親子關係就會出現卡住的問題。所以，每一次不是我去檢討別人，是我看別人怎麼對待我，然後我來檢討我自己。如果只是檢討別人，你永遠不會進步，別人也不會進步，所以，我常常說檢討別人叫做神經病，檢討自己才能收穫成長。檢討自己的人，你一定是修到後來接近了神的位置，因為你一直在修正自己，你就會越來越接近理想的狀態。一個比較正確的自省方式，就是自己反省自己，最後修正到比較理想的狀態。所以，我們不要當瘋子，我們最好是當神。當瘋子就是一天到晚改變別人，告訴別人他們在哪裡不好，然後一罵就罵十幾年，這樣是沒有意義的，對於自己來說無意義，對於別人來說更無意義，所以檢討自己才是正確的方向。

我常常隨身帶個筆記本，通過畫圖的方式，來釐清與別人的關係，這個人跟這個人是怎樣的關係，然後到我這邊是怎樣的關係，我做了什麼行為，為什麼會變成這樣？我通過這樣的方式來檢討我自己，改善與周遭所有人的關係。我們如果一直檢討別人的話，會變成，都是別人的錯，我們不用改進，這顯然不對，改變別人比登天還難，但改變自己相對要容易得多。

有一個七八十歲的婆婆，她在停車場工作。她賣了鄉下房子，給自己的兒子在城裡買房。她就跟她的媳婦住在一起，她住在那裡超痛苦，因為她媳婦從來不跟她打招呼，把她當空氣一樣。她媳婦也不會請她吃飯，媳婦自己做自己的飯，更有甚者，連她兒子也不知道她內心的痛苦。

這個婆婆找了個工作，老闆很好，請她當停車場記錄員，工作不累，還有比較高的薪水。工作很好，但這個婆婆因為家裡的關係處理不好，非常不開心，有機會跟別人聊天的時候，就哭到不行，說她很懷念她自己的老公，但是老公走了以後，她自己一個人覺得很孤獨，有老公多好，現在跟兒子住，好像空氣一樣，她不想回家，她覺得好痛苦，可是她沒有辦法自己住。第一沒有錢，第二她也沒有勇氣。這種情況下，她只能去改變與家裡人的關係，但她實在不知道怎麼去與家裡人做溝通。

我當時與學校方面有課程合作，有一門課就是專門給老人上課，後來，有一天，這個婆婆就來找我，跟我學溝通，學到後，她就恍然大悟，她就變得積極主動，明白了溝通的技巧，主動去改變與家裡人的關係，主動去改變命運。

這個婆婆回去以後，就主動跟她的媳婦打招呼，她媳婦沒有理她，她就主動靠過去，拍拍媳婦的肩說，你回來了，你很辛苦，上班很累喔！這個媳婦聽到婆婆這樣說，覺得這個媽媽怎麼不一樣了？之前，婆婆冷漠，她自己也就冷漠，現在，婆婆主動熱情地跟她打招呼，她作為晚輩，

自然要客氣，要尊重，就給婆婆以熱情的回應。兩人的關係，就在這麼簡單的溝通過程中開始「破冰」！

之前，婆婆與媳婦彼此沒有有效的溝通，互相把對方當空氣，互相無感，所以媳婦會覺得這個媽媽好冷漠，而這個媽媽也會覺得這個媳婦好冷漠，她們就都把彼此當空氣。可是當有一個人主動的時候，整個氣氛會不一樣。這個媽媽，學完之後，自己主動去化解這個僵局。她學會跟媳婦聊天，分享自己在做什麼，今天碰到哪個客人，她在外面交了朋友，很有趣，對比在家一整天，工作太好玩了。然後，她媳婦就很驚奇地說，媽媽，原來你在外面這麼快樂，謝謝你回來跟我們分享！

這個婆婆不僅學會跟媳婦做分享，同時也跟自己的兒子做表白，表白自己內心的話。他們之間多了很多互動，跟自己的兒子的關係也融洽起來。表白也是增進關係的一種方式，這樣的精準溝通，讓「付出愛得到愛」都變得更加容易。

溝通過程中，這個婆婆發現，媳婦其實不是她想的那樣，她兒子也不是她想的那樣，所以，這問題好像在自己身上，自己都不跟人家打招呼，自己都端著一個架子，等人家來招呼她，問題在自己身上。所以，找到問題歸屬後，她就非常快速地改善了與家人的關係，從此家裡變得有歡笑，而她自己也感受到來自家庭的溫度！

在家庭的關係之中，原來是大家都在心裡猜測，都沒有好好地去面對彼此的關係，正因如此，就變得很疏遠。所以，改善關係最好的方式，就是從自己做起，自己主動去破冰，去表白。什麼事都是先看自己，先檢討一下自己，再去看別人。不要一天到晚檢討別人，沒有檢討自己，僵局的原因就是大家總檢討別人而沒有人檢討自己。

有個爸爸，他說：「家裡人為什麼都不理我？」於是，他的房間門就關起來，通過這樣的方式來避免與家裡人的衝突。我就說：「你就只

是管好你自己，其他事不管了嗎？」然後這個爸爸就說：「對呀！我整理好自己就夠了，離大家遠一點，也就不會有衝突了。」我說：「這不叫檢討自己，這叫逃避。檢討自己，其實是積極的行動，並不是一種消極的應付。」

一定是用某些方式讓你檢討自己，不是一種刺激或是貶損，而是真正覺察問題的所在，去做出有效的改變。

你去思考問題在哪裡，或是你去看對方，或者是偶爾發生的問題，或者是不是對方心情不好，所以，改變自己，聆聽對方，理解性的回應，這樣就能有效避免衝突。沒有能力聆聽，沒有能力理解性回應的話，這個家通常是很嚴肅的，而且很無趣，過得不是很快樂。

家庭關係是可以有衝突，但是，衝突之後有人會理解性回應，這樣就有利於衝突的解決。伴隨著理解性回應的聆聽，吵架可以改成毫不批判、貶損的你講一分鐘，我講一分鐘，你講一分鐘，我講一分鐘，全部人都講完之後，大家之間的溝通也就顯出效果了，因為彼此已經懂得彼此的內心所想，也對彼此有了共情，這樣的溝通也就變得可以增進彼此的關係！

研究顯示，在人們對他人的接受程度與對自己的接受程度之間有著直接的聯繫。一個接受自己的人更有可能，也更容易接受其他人。所以，要改變與他人的關係，從自己身上找到問題的歸屬，自省、自我檢討、自我覺察，就等於找到解決衝突的關鍵所在，正所謂：知人者智，自知者明！而「自知」比「知人」更重要，因為試圖改變別人的是神經病，試圖改變自己則是神！無法忍受自己的人通常也會發現自己難以容忍其他人，檢討自己，改進自己，接納真實的自己，在這個基礎上再去改變與他人的關係，就會變得異常容易。

父母需要向自己提出一個敏銳的問題：「我對自己的接納程度如

何？」檢討自己身上存在的問題，發現問題，才能解決問題，才能讓自己與他人的關係開始「破冰」。愛，如果只是放在心中，別人是感知不到的，同樣，對他人的善意，如果沒有通過具體的行為去表達，別人也是感知不到的。人與人的關係，如果都是把彼此當成空氣，沒有精準的溝通，那麼，這樣的關係就會變得越來越冷漠，要讓家庭生活充滿愛的溫度，就要時時檢討自己，主動去做出改變，一個人改變了，全家人也就跟著同步改變了，這樣家裡又會充滿愉快的空氣，人人臉上都會有笑容，下班之後，也都樂意回到這個家！

　　總是檢討他人的人，不僅反映了你對他人缺乏接納度，同時，也反映了你對自己同樣缺乏瞭解與接納度。因為你的心是刻薄的，你的思想也是呆板的，就是在一段關係中，沒有覺察力，也沒有變通的能力。

　　在這樣僵持的關係中，時常會爆發衝突，那麼，你需要重新檢視自己的生活，時時反省自己，時時做自我檢討，覺察自己，也洞察自己與他人關係的問題所在，以便能找到最適宜的方法讓你對自己有接納度，對他人也更懂得去包容，表達自己的善意，表白自己的愛，讓關係破冰，也讓關係走向和諧與圓滿。具有較高接納感和自尊心的人通常是能獲得更多人的喜愛，並在彼此欣賞中，增進與他人的關係。

　　此外，為人父母，要通過學習來改變自己。越來越多的父母意識到，改變自己的唯一途徑就是不斷的學習。知行合一，首先是知，知後再行，行後再考慮做到「知行合一」。先知道精準溝通的重要性與方式、方法，再去實踐，主動自我檢討，找到問題歸屬，積極去表白，表達善意與愛，並且把學習到的知識融合到實際生活中進行不斷的練習，自己的努力與改變會影響家人同步去改變，去為塑造一個有愛的家庭而共同努力。改變不是一蹴而就的，但只要堅持學習與實踐，每天進步一點點，親子關係與家庭生活就能夠變得越來越好。

自我檢討，主動破冰，可以有效預防很多親子衝突的發生，營造更好的家庭氛圍。

第35章　用精準溝通化解價值觀對立

孔子有次問曾子：「你的志趣是什麼？」

曾子回答：「暮春者，春服既成，冠者五六人，童子六七人，浴乎沂，風乎舞雩，詠而歸。」

意思是說：暮春三月，穿上春衣，約上五六個成人、六七個小孩，在沂水裡沐浴，在舞雩臺上吹吹風，一路唱著歌回家。

曾子談的這個理想生活，沒有聲色犬馬，沒有酒池肉林，簡簡單單，平平靜靜，其樂融融。這背後就是精神主導，而不是物質主導。

現實生活中，如果人人都是精神主導的話，抑或都是物質主導，那世界上同頻的人會很多，而現實世上的人，有的追求精神，有的追求物質，有的兩者都想要，人與人怎麼可能會完全一樣呢？在相處過程中，再親密的人，也難免會有價值觀衝突！

要瞭解他人的價值觀，改變價值觀，可以改變世界，這大概就是為什麼說「人是會思想的蘆葦」了，但人終究不是「會思想的蘆葦。」

世界沒有統一不變的價值觀，價值觀太多，我們要瞭解他人的價值觀，並讓自己的價值觀與他人的價值觀能夠互相尊重、互相影響達到某種平衡與和諧，這樣，我們在與別人相處時，才不至於發生重大的衝突。因此，我們應該增加自己的見識，增加自己的耐心，努力去「影響」別人，而不是試圖說服別人。盡可能的做到設身處地的思考別人的價值觀，別人思考問題的邏輯起點，只有這樣，我們才能真正瞭解他人，我們才會知道怎麼去「影響」他人。

用黑格爾的話來說—我們對一個人的質疑和反駁，必須從接受他的前提開始！

什麼叫價值觀對立？為什麼過去的人、長輩們都說要門當戶對？舉例來說，平民跟小康家庭結婚，他們的觀念會比較一致。所以，價值觀是一個觀念，這是對事情的看法的觀念。如果說，乞丐娶了一個富豪家的千金，那個價值觀的落差就太大，他們要幸福就會比較困難。比如說富豪跟富豪聯姻，那他們的價值觀就很接近了，他們就比較容易有共識，不一定說婚姻很美滿，起碼在觀念上會比較有共識。

在價值觀方面對立要怎麼處理，通常我們都用「影響」的方式去處理。

我的學生中有一位太太，她的先生愛抽煙，可是這個太太就是想要他戒煙。而先生會覺得抽煙真的很快樂，快活似神仙，有壓力的時候抽一根多好，或者飯後一根煙，多逍遙！在思考文章的時候也可以抽一根，多解壓！在憤怒的時候，也可以抽一根，可以緩解一下情緒，多好！

這個太太會很擔心，她對先生說：「我吸二手煙會得子宮頸癌，會得肺癌呀！你怎麼就有那麼多的煩惱，每天要抽那麼多煙呢？就算不為我考慮，你在家裡抽煙，對小孩也不好，怎麼樣？你還是戒了吧！」可是，如果要用這樣的方式去跟自己的老公辯論，是沒有用的。價值觀的對立就是我和你的觀念截然不同，但是你遵守你的觀念，我遵守我的觀念，我們沒有一個共識。

這個太太很聰明，而且她學到了精準溝通，她就去找到很多資料，戒煙相關基金會的宣傳資料，資料上面有寫抽煙危害身體，肺是黑色的，就是有圖有文章的那種資料。她看了之後，在一些重點的地方，用螢光筆圈起來，然後，就把這些資料放在客廳沙發旁邊那個小茶几上面。因為這個位置，她的老公能在第一時間看到這些資料，而且，是很自然地看到，

不是刻意為之的那種感覺。家裡的廁所，也放了一些這樣的資料。果然，她老公就看到了，也就明白她的心意。

真的，他先生有一天就戒煙了，這個太太，就用這樣潛移默化的方式，就讓她老公做出改變，決定戒煙了！這個就是價值觀對立的處理方式，就是用「影響」的方式，這個太太的處理方式是拿到很多的證據，協力廠商的權威資料，用證據說話，讓她老公明白吸煙的危害，她老公就真的決定戒煙了！

也就是說，你如果去跟自己的老公辯論，讓他戒煙，未必有效，但是，類似協力廠商背書這樣的資料，就能起到「影響」的效果。像我們在開票，背後有一個人背書的話，這張票會讓人感覺比較權威，會比較能取信於人。拿到這張票的人會想：這一張票的主人，他票掉了，還有備註那個人會負責。同樣的，我們在化解價值觀對立的時候，如果能找到佐證，也算是一種協力廠商背書，就容易形成一種「影響」。所以，這是價值觀對立的處理，就是用「影響」的方式會比較有效果，也比較有效率。！

人的價值觀太難確定，有時隱藏得還很深，而且，在人生之中，價值觀也不是一成不變的。一個人嘴上說信什麼不重要，重要的是他做什麼。我們要善於覺察他人真實的價值觀，用王陽明的話來說——「知而不行，是為不知；行而不知，可以致知。」我們在知曉別人的價值觀與內心真實想法之後，我們再用行動，去影響他，這樣就能起到語言的說教所起不到的作用了！

一個人真信什麼並不取決於他的言語，而取決於他的行為，所以，我們有時要忘掉他說了什麼，而要去觀察，他平時在做什麼。嘴上說戒煙，行動上也去戒煙，這樣就算是真戒煙了！一個人真正去做的，才是他真正相信的，才是他最底層的價值觀。

價值觀之間的對立，甚至衝突，並不可怕，只要懂得去「影響」，

就能讓彼此的關係走向和諧。不同價值觀的和諧共處，關鍵就是「影響」二字，你影響我，我也影響你，無關對錯，誰是影響力中心，誰就把觀念傳達過去，大家就遵從什麼樣的觀念。

有一對夫妻，這個老婆，她跟她的閨蜜，每次打電話聊天都聊到半夜。她的電話每天大概都會在十點多響起，一講都講兩小時，天天如此！每天，這個老公就有一種被打擾的感覺，可是他老婆覺得可以跟她的朋友聊天是很快樂的事。所以，老婆在睡前兩個小時通話，等於是從十點半要講到 12 點半左右，講完話之後又沒那麼快睡覺，有可能再過兩小時才會睡覺，大概兩點半才會睡覺。一天如此，還可以忍受，但天天如此，她老公就覺得受不了，對這件事很煩惱！因為這也算是一種價值觀上的對立，也就是說，老公認為生活被打擾，老婆的眼中卻是快樂生活的一部分。

老婆每天期待的事情，正是老公每天害怕與煩惱的事。老婆不重視自己的健康，犧牲了她的健康睡眠，去建立她跟朋友的關係。對她的老公來講，他會覺得每天這樣不顧自己的身體，是不對的，也是得不償失的。老婆這樣做，與自己的閨蜜確實聯絡了感情，但無形中也傷害了與自己老公的親密關係。

她老公很煩惱，怎麼講都沒有效，特別頭痛！有人就跟他建議說：「你帶你老婆去做健康檢查，看看，會不會有影響到健康，因為這樣長期下來，應該會有影響。」結果，這個老公就在他們結婚周年的時候，帶自己的老婆去做健康檢查，是那種比較全面的全身健康檢查。

去體驗之前，老公跟老婆甜言蜜語說：「我很愛你，我希望你是很健康的，有什麼事都要先預防，當然你的健康也是要保持到最好，我們才能夠幸福得長長久久。我送你這個體檢，看你哪一天要去，我陪你去。」他老婆很感動，就跟著他去做全面的身體檢查。

他老婆去健康檢查時，就發現身體有問題，由於長期的熬夜，其實

她的血管有粥狀動脈硬化。她的血管壁已經累積很多的血栓，所以她的血管很窄小，如果有血栓過不去的話，它一直塞塞塞，有一天就會爆掉，脆弱的血管會爆掉。如果血栓是在腦袋，就會中風，如果在心臟，就叫心梗，通常這樣大的狀況，出一次，人就走了，非常危險！如果是中風，僥倖活下來，也會影響到生命品質，得半身不遂、不能言語之類的後遺症，很難恢復。

這個太太，經過醫師的解釋之後，就問醫師說：「這樣的話，該怎麼辦？」醫生說：「其實這個問題可以服藥，讓血管慢慢變乾淨，比較通暢，就會慢慢改善健康狀況。但是，不良的生活習慣，一定要改掉，比如說如果繼續太晚睡覺的話，病情就會惡化，更容易會有這樣的毛病。如果你的生活方式改變，那當然這個問題就不會發生。不然，什麼時候突然發作，如果是在心臟的話，心梗就是馬上去天堂！」

從醫院回來，因為已經意識到問題的嚴重性，他們夫妻倆都很緊張。老公就表白，表白就是說出自己想說的話，可以讓關係更好。所以，老公就說：「其實，如果人世間沒有你的話，我不知道該怎麼活，你的健康就是我的幸福！我們要不要想辦法讓你的血管更好，然後讓你的命更長，可以陪我更久？」太太聽到也很緊張，同時，她也很感動，她就說：「那這樣的話，我們該怎麼辦？」

他們就討論說，要不要早點睡，老婆和閨蜜的聊天要不要換另外一個時間，跟朋友的聊天固然重要，但是，自己的健康才是第一位的！

談完之後，這個太太就受到「影響」，就真的改變了，每天都提早睡覺。中醫一般都說十點半就要躺到床上去，丈夫說：「那我們要不要改變，然後，你每天十點半上床睡覺？」這個太太說：「好呀！既然中醫是這麼說的，也很有道理，我就照做好了。」

就這樣，這個老公每天什麼時間去睡，這個太太也同樣的時間上床

睡覺，所以，這個老公就用實際行動「影響」到價值觀與自己對立的妻子。這個太太，因為已經意識到事情的嚴重性，同時感受到丈夫的愛，所以就認真地去改變生活方式。因為她長久以來都是晚睡，突然早睡，一時半會也適應不了，她先生就想辦法，他說那我們就先泡澡，泡得有點暈暈的時候，然後去睡覺，可能比較好睡一點。

在夫妻倆共同的努力下，就循序漸進地就把妻子晚睡的這個惡習改掉了，然後也去吃了一些調理的藥，再加上改善飲食什麼的，同時，這個老公還貼心地陪自己的太太每天堅持去做一些有氧運動。沒過多久，這個太太的身體就恢復健康了！

價值觀太重要了，它的影響力太深遠了。人與人之間的價值觀衝突，無時無刻不在上演。但是，只要是真心為對方著想，用行動去「影響」對方，那麼，對方是可以完全明白你的一片心的，同樣，也會以「愛」互相回饋。改變對方的觀念，其實，並不是徹底地改變對方的價值觀，而是通過「影響」來引導對方向更有利的方向走。動之以情，曉之以理，對方理解了你，對方感動於你的一片心，他自然會做出相應的改變。

在親子教育中，也存在價值觀的衝突，當父母與孩子存在衝突時，不用慌，用自己的一顆心去做「影響」，就會達到非常精準的溝通效果。

如果父母總試圖使用權力和威脅以控制孩子的價值觀。這顯然不可能長期「奏效」，而且與自己的孩子還可能漸行漸遠。孩子終有一天會成長，做的決定無法一一告知父母。我們需要擺正位置，尊重孩子作為獨立的個人，同時信任孩子解決問題的能力。我們本質上不是強行去改變孩子，我們只是在孩子身旁，做影響、做協助。

我們可以在日常生活中，以尊重的態度分享個人的價值觀，以此增加彼此的理解和接納，但這個過程，沒有說教、批判和控制，只有以行動來踐行的「影響」，讓他人主動去做更有利於他們的事！

孩子是一部 24 小時錄影機，父母說的一言一行，他們都一一記錄下來了。

　　孩子是大人的一面鏡子，父母怎麼做，孩子往往也怎麼做。所以，我們「影響」孩子最好的方式，是讓自己先做到，然後再試著去影響孩子、引導孩子。

　　父母天生具備對孩子的影響力，這「影響」的力量甚至可以超越價值觀的對立，這個影響力能維持多久，是需要我們用行動做出努力的。

篇章四

公益之心，大愛之行

第36章　有愛，天地寬！無私，愛無疆！

關於公益，俄國作家托爾斯泰是這樣說的：「關心公益應當是每個有相當教養的人所共同的。」的確，當一個人有了能力之後，首先應該考慮的是踐行公益、回報社會。

美國影片《蜘蛛俠》也說：「能力越大，責任越大！」

當我擁有「精準溝通」的理論與實踐的能力，我就想著要盡一切辦法幫助他人、幫助社會，用自己微小的努力，讓社會更美好，讓世界更美好！

如果說人的本性，蘊含著兩個巨大的力量，自立和關愛他人，我想這兩點我都做到了。我們中國人常說「窮則獨善其身，達則兼濟天下」，確實如此，社會上有太多需要幫助的人，只要我有能力，我一定盡全力去幫助他們。

幫助孩子，就是幫助這個世界擁有更美好的未來，別忘記來時的路和自己最初的信念。

將孩子送往更美好、更廣闊的世界，讓他們感受更多美好的事物，在這個過程中，讓精準溝通惠及千千萬萬孩子，與他們身後的家庭。

當年，我從美國回來，辦了自己的第一次宣講會，招收了十幾個學生，並且吸納了一部分志同道合的學生來幫我。慢慢地，我的課程越來越有影響力！之後，我們開闢了學校和法院兩塊帶有一定公益性質的陣地。學校方面，是我們主動去聯繫的，因為我覺得這麼好的課程，應該讓孩子們受益，所以，我們就極力要打開學校這一陣地，由於我們的執著與

堅持，我們服務了很多學校，讓大量學生從我們的課程中受益，也讓這些學生身後的家庭受益匪淺。

法院方面是主動通過發函的形式邀請我們去開設課程的，主要就是面向一些問題家庭的家長，幫他們解決親子間的溝通問題。法院沒有一套有架構的溝通模式，所以，當他們得知我的這套溝通模式行之有效之後，就主動找到我，我就這樣與法院建立起長期的合作關係。服務法院多年，我遇到了形形色色的案例，也越來越感覺到精準溝通的重要性，並且，在實踐中不斷驗證了我這套溝通理論的正確性與實用性。

其實，這課不好教，是一個一天一天累積接納度的過程，當我在這些問題家長當中接納度越來越寬廣的時候，我身上的能力才能用得上，當我的這一套理論，被他們真心接納並且去實行的時候，就能顯出它的效用。所以，首先是接納，然後理解，再就是真心實意地去實踐，知行合一，才能讓精準溝通力真正發揮它的作用。當這些家長情緒不穩定的時候，我通常採用聆聽的方式，讓他們漸漸接納我，從而願意來聆聽我講了什麼，並且願意和我互動，同時漸漸信任我，接受我對他們的協助。

很多時候，就是這樣，他們沒有行為不端，他們只是需要被協助，而我就是那個真心幫助他們的人。

給犯罪的青少年上課，還有犯罪的青少年的父母上課，都各有各的難度。這其實也是一種考驗，是考驗我們溝通力的時刻，我們之所以能成功幫助到那麼多的家庭，對於我們自己來說，也是受益於精準溝通的理論。基本上，可以這麼說，幾乎所有問題家庭都存在溝通的問題，如果溝通無礙，就不會出現那麼大的問題。

一個充滿愛與高效溝通的家庭，孩子極少會出狀況，精準溝通是幫助問題家庭的一把總鑰匙。打開彼此的心門，心與心相印，身與身才能相隨，互相用愛來影響，互相用愛來溝通。

法院這邊只要遇到有一些問題少年，就會推薦他們的家長來上我的課。聽我的課的人越來越多，越來越多問題家庭從中受益，改變了這些家庭的命運。有時，命運並不是不可改變的，關鍵是找到改變命運的密碼，而對於他們來說，精準溝通就是改變他們家庭命運的密碼！

　　其實，教這樣的課，我付出了很多，但一直在堅持。因為我有血崩的毛病，所以，我上課時，都不敢怎麼動，就一直坐在那裡講。醫院沒有看好我的病，只是一直勸我手術，但他們的醫療方案，我完全接受不了，所以，這血崩的毛病就一直困擾著我。這病症影響到我的工作，所以，我每次去法院講課，身邊都帶著助理們，同時這些助理也是我的助教，她們可以照顧我，也可以協助我完成課程的講授。因為為法院服務，是帶有一定公益性的，所以，雖然我不太方便，但我還是堅持親力親為，每一場課程，都到場為大家講授精準溝通力。當我看到那麼多家庭因此受益的時候，我的內心充滿了喜悅，同時，也覺得所有的付出都是值得的。

　　我大概將近 60 歲的時候退休，而且身體比較差，我提早退休來養身體。基本上就很少再去法院講課，因為帶課很辛苦，要全神貫注於每一個人，關注他們是什麼狀況，為每個人量身定制溝通訓練的方案，所以是很耗神的。修養就是遊山玩水，去泡溫泉，照顧身體。我為社會奉獻了我力所能及的一切，所以，當我老了，幹不動的時候，我需要反過來照顧我自己。雖然，我現在不再去法院授課了，但是，對這段帶有一定公益性的教課經歷，還是蠻懷念的。

　　很多父母的問題是政府並沒有先教他們怎麼溝通，他們就結婚生子，自己有問題，又沒有教養好孩子，孩子犯了錯，父母要承擔連帶責任，我倒覺得這些父母還蠻冤枉的，也挺可憐的，所以，我用自己一輩子所學到的，幫助他們。課程的效果非常好，如果政府認同這樣的課，就規定問題少年的父母都必須來上我的課，要拿到畢業證書，才可以去重組家庭。

我發現所有問題青少年的原生家庭基本上是離異的，或者隔代教養，或者是打罵教育，或者是父母很忙，完全沒空管孩子，歸根到底就是大人與小孩之間沒有精準溝通，孩子得不到愛，也得不到正確的教養，他們就會到社會上去尋找溫暖，尋找認同，再加上他們並沒有明辨是非的能力，所以，就比較容易走上歧途。

亞洲人一個通病就是愛賺錢，一直衝出去賺錢，結果，他們身後的孩子，卻缺乏陪伴和教養，更缺乏愛，小孩有時就是託人照顧，這樣，孩子接觸的就是各種不同的價值觀，小孩就容易出現價值觀方面的混亂，就容易受到社會上一些壞朋友的誤導。要讓這些孩子重新回歸家庭，首先他們的父母要改變，這就是這些父母來上我的課的意義，改變從父母開始，最終改變的是整個家庭的命運，同時也改變了問題孩子的一生，使他們重新獲得了走上正途的機會，與過上幸福生活的可能！

我們中國人常說「玉不琢，不成器」，孩子就像一塊美玉，雕刻他們最好的時機就是少兒時期，當父母錯過了雕琢他們最佳時機的時候，當他們的美玉落在污泥裡的時候，我覺得自己有責任幫助他們，同時，我也有能力幫助他們。正是因為我那麼多年的堅持，才換來無數問題家庭的命運的改變。

有些孩子，只有十幾歲而已，就開始吸毒，放火，甚至走入黑道，成為黑幫的打手。在打罵教育中長大的孩子，可能變成唯唯諾諾的奴才，還有一種就是受害人變加害人，成為危害社會的人，在他們的觀念裡，這個世界就是他們越兇別人越怕，這樣，才能顯出自己的本事。他們的價值觀出了問題，他們不知道用別的方式去與人溝通，也不知道去看到這個世界真善美的一面，他們是急需被協助的一群人。

每個人在對待事情，他的詮釋不同，他想要的方式也不一樣，就會有不一樣的結果。他們種下惡因，最後結出惡。他們都曾經是善良的好

孩子，結果因為家庭教育的問題，最後變得兇暴無比。這是家庭的悲哀，同時，也是社會問題，而我的精準准溝通課，能幫助他們，同時，也是幫助社會在解決問題。

有一個小孩，他生長在一個打罵教育的家庭裡，累積了很多情緒，稍不留意就會觸怒了他的地雷呀！他很容易生氣，會打人，他習慣用暴力的方式解決問題，這可以說是家庭教育出了問題。一個溫和的家庭裡長大的孩子，沒有被暴力對待，因為在愛中長大的孩子，他們身上沒有負面情緒的累積，他們處世非常溫和，幹不出任何暴力的事情。

暴力孩子，家庭教育一定是有問題的。這個暴力孩子，他的父親整天酗酒，回來就打他媽媽，也打他，在這樣的迫害下，他決定要強壯起來，要比他爸爸更兇惡。同時，他也沒有安全感，不信任何人，上學都隨身帶著刀，結果跟同學發生口角，就把同學給捅傷了。

對於這個問題少年和他身後的家庭，我用精準溝通和刻意練習的方式幫助他們，通過授課和演練，讓他們逐漸學會溝通，從而改善家庭成員之間的關係，讓孩子感受到來自家庭的溫暖，用「家的溫度」去感化孩子，讓孩子樹立正確的價值觀，從而走上正途！

孩子不是天使，孩子也不是魔鬼，他們是無助的小孩，需要我們從旁協助他成長！

後來，這個家庭就越來越幸福了，媽媽出去工作，增長了自己的成就感，父親也改善了自己的生活習慣，同時，他們也把更多的時間花在教養孩子身上，用一種平等的精準溝通的方式，孩子也慢慢接納了父母，並且看到父母在改變，他自己也一點一點在改變。多年後，這個孩子成為一個非常優秀的人，取得了挺不錯的成就！

改變，往往是潛移默化的，影響卻可能是一輩子的！

人最美好的狀態應該是怎樣的？是自己幸福嗎？還不夠，還要幫助更多人、更多家庭獲得幸福，這樣的世界才會變得更美好！

　　朋友關心，工作順利，事業有成，是一個人的幸福！生活美滿，家庭和睦，是一個家庭的幸福！關於幸福，我們可以想到的答案有千千萬萬，但其中不可少的一種幸福，就是愛他人的幸福，通過付出，幫助有需要的人，幫助他們獲得更好的人生，這種因為公益而產生的內心的喜悅與滿足感，是任何其他事情都無法替代的。

　　一個人如果能堅持一種服務他人、服務社會的習慣多年，那也會是很美好的事情，比如把責任當成一種習慣，讓優秀成為一種習慣，還有，讓公益成為一種習慣！

　　以我自己的經歷來說，能從做公益的過程中體驗助人的快樂，能從他人的成長與快樂中，體驗到一種至上的快樂，這就是我所能想到的最美好的事情之一！

　　用一顆心的燃燒，點燃另一顆心！用一顆星的閃耀，點亮另一顆星的閃耀！

第37章 陪伴是不可替代的教育

有一項研究表明，受到父母良好照顧的孩子，成人後普遍學歷更高、人際關係更好，親密關係也會更健康。在這個社會上，任何角色都可以被替代，唯獨父母的角色需要親自扮演，不可替代！

陪伴不足會讓孩子沒有安全感，而且，會更空虛，價值觀也會發生偏離！缺乏父母陪伴的孩子，知識和素養也相對匱乏，而且更易出現性格暴躁、不自信、孤僻、社交能力差等情況。

《窮爸爸富爸爸》裡有句話說：「所謂成功，就是有時間照顧孩子。」

有人說，現代的父母是在路上的一代，因為他們總是為自己的家，為自己的孩子奔忙！

現代父母，把大量的時間留給了工作，卻只留很少的時間去陪伴自己的孩子。他們可以在百忙之中挑選一份精美的禮物送給自己的孩子，卻難得帶孩子去一次遊樂場。

父母似乎是兩難的，陪孩子就賺不了更多錢，要賺更多錢就陪伴不了自己的孩子。

但生活在優渥的環境裡，孩子只有玩具陪伴，在這種環境下，孩子孤獨成長，感受不到家的溫度，孤獨學習，感受不到學校的快樂，他們成了城市裡最孤獨、最空虛的人。

終於有一天，父母會因為自己的缺席而感到追悔莫及！

在這個資訊化的互聯網時代，世界變得越來越小，人與人之間的距離

也變得越來越近，可是，繁忙的父母與孩子之間的距離卻漸行漸遠！

父母在事業上再成功，賺再多錢，如果教育不好自己的孩子，他們的人生也只能算是失敗的人生！

美國總統奧巴馬在一次演講中深情地說：「我不會做一輩子的總統，但我一輩子都要做好一位好父親。」

作為美國前總統的奧巴馬，他一直很忙，而且處理的事務也都是最重要的事，但是，在他的心目中，子女的教育始終是排第一位的。即使是在國家事務極度繁忙的情況下，他卻依然不缺席孩子的教育，凡事都講究親力親為。因為奧巴馬知道陪伴是不可替代的教育，父母的陪伴對孩子來說是至關重要的，為了能與兩個孩子一起吃晚飯，他會放下公務離開總統辦公室；為了陪女兒做些平凡的事，他會獨自帶著孩子們去人多的街區散步。

在學習上，為了讓自己的孩子們愛上閱讀，奧巴馬會擠出睡前的時間，陪著孩子們讀完7本《哈利波特》！孩子們就這樣，在一天一天的陪伴中快樂地成長！

愛，會讓每個孩子善良；陪伴，會讓每一個孩子卓越！

在這種環境下，奧巴馬的女兒順利考進了哈佛大學，成為了家裡繼父母之後的第三個學霸。

這種陪伴，帶給孩子愛與溫暖的同時，也傳輸給了孩子正確的價值觀。精準的溝通是愛的傳遞，也是價值觀的傳遞，更是一種文化的傳承，營造了良好的學習氛圍，這無疑是影響孩子一生的精神財富！

有一個家庭，父母是銀行的高管，他們很忙，沒空管小孩，結果，小孩成了混幫派的叛逆少年。因為父母兩人都是銀行高管，而且分別服務著不同的銀行，專門維繫大客戶的，平時特別忙，因為大客戶都存數

億的款，是必須要維繫好的，所以，他們天天就陪著些大客戶，在外面吃喝玩樂。天天這樣應酬。時間久了，家裡的孩子就缺乏管教，漸漸就走上歧途了！

知道內情的人，可能都會理解，像這樣的銀行高管，如果沒有把大客戶 hold 住的話，大客戶可以跑掉，把錢存到別的銀行，那麼對於他服務的這家銀行來說，就是莫大的損失！存幾千萬都要 hold 住，何況那些存幾億的大客戶？但是，到底客戶重要，還是自己的孩子重要呢？不管父母多忙，或有一萬個理由，也要抽一些時間陪伴自己的孩子，管教自己的孩子！

這對父母，他們的交際真的很忙，每天大概要到十點多，甚至半夜才回家。他們的小孩只能托別人照顧，只是給他錢吃飯，回家的話，就讓小孩讀書，或者看電視，完全沒有更深入的溝通。孩子的心是空虛的，他在家庭裡感受不到愛的溫度，他成了那種「鑰匙孩子」，有父母，卻很少見到父母，有家，卻沒有家的溫暖！因而，這樣的孩子最後只好到社會上去找愛、找溫暖、找同伴，他們也不管對方是好人還是壞人，而且，他們也沒有分辨的能力。

當這個孩子犯罪的時候，被通知的爸媽還莫名其妙：「犯了什麼事情？吸毒，跑幫派，怎麼可能？」但這卻是事實，好像他們是什麼堂口，然後去處理一個什麼事件，就帶著棍棒，跟人家打架，結果造成傷亡，就犯罪了。

其實，孩子是需要陪伴的。父母兩個全都是大忙人，這樣的話，至少也要其中一人，做出改變，比如其中一人換一個工作時間比較自由的工作，這樣既可以工作，也可以陪伴孩子成長。比如做電商，在網上賣東西，或者可以接一些活，在家裡做之類，總之，要為孩子創造一個有陪伴的成長環境！

當然，這對父母比較特殊，他們都是銀行高管，一個月有 30 萬的收入，如果換工作的話，真的心很痛啊！這個工資等於是一般剛出社會的人的十倍！所以，這對父母，他們很難做取捨。但即便如此，也可以轉崗位去做朝九晚五的工作，工資會低一些，但下班就回家，可以陪陪小孩，聊聊天，這樣才有機會影響他嘛！因為親子關係就是每天的事，小孩每天會遇到不一樣的事情，他需要有經驗的人來陪伴他，面對困難，解決問題，加油打氣！大人在這些時刻，都要陪伴自己的孩子，從旁協助自己的孩子成長！

　　也許，原先，當父母看到小孩的一些行為，就會生氣，甚至動怒！比如，小孩的房間，總是亂七八糟，而他們都在上班，沒有去要求小孩，所以小孩就不會整理。媽媽看到孩子紛亂的房間，就很生氣說：「你幹嘛！偷懶啊？亂七八糟，你是什麼呀！連房間都不會整理！」罵完之後就覺得不該罵，小孩應該需要被協助，但是，媽媽不好意思去道歉，因為她可是銀行的高管呀！

　　當這對父母學了精準溝通之後，情況就會大不一樣，他們會明白問題歸屬應該是在父母身上，父母首先要做出改變，多抽出時間陪伴孩子，引導孩子，這樣，孩子才能跟隨父母同步改變。

　　陪伴不僅是照顧孩子的生活和學習，還包括心理健康、性格和習慣的養成、正確的認知、優秀的素養……等。如果父母不能親自陪伴自己的孩子，讓家裡的老人代養，除了照顧孩子吃住，其他基本管不上；也有些老人溺愛孩子，總覺得孩子還小，有些壞習慣與壞念頭挺正常的，長大了自然就好了。其實，孩子需要的不僅僅是物質，而且，小孩是時刻需要陪伴、看護、引導的，陪伴孩子，就是最好的教育，而且是不可替代的一種教育！

　　如果孩子是一塊美玉，那麼，雕琢他的最佳時間，就是少兒時期。「3

歲看大，7 歲看老。」這句話雖然不是絕對，但還是有一定道理的。少兒時期培養出來的品格，會讓孩子受益終生；而少兒時期養成的惡習，也會讓孩子貽害終生。人的習慣，年齡越大，改變越難。有些缺失的陪伴，是一生也補不回來的。所以，父母不論自己有多忙，都要抽空陪伴自己孩子成長。

隔代教育出來的孩子，或者從小就由保姆帶大的孩子，大部分與父母的關係都比較陌生，這些孩子與父母沒有感情的互動，也沒有足夠相處的時間，甚至沒有共同的美好回憶。在有些孩子的心裡，父母只是可有可無的角色，父母只是負責這個家的衣食住行而已。等孩子長大，父母把孩子接到身邊後才發現，孩子的童年過得並不快樂，他們雖然物質優渥，但精神上極度匱乏，他們因為缺愛，缺了父母的陪伴而格外空虛，而且，此時，他們的價值觀也跟父母相去甚遠，與父母沒有共同語言，甚至，此時，孩子變得更加叛逆！

要知道，人生是減法，陪伴孩子的時間總是隨著歲月的增長而漸漸減少，來日其實並不方長！為了工作，為了賺錢，把陪伴孩子的時間犧牲掉，這在大多數情況下，並不值得！作為父母，不要總抱著「來日方長，一切都還有機會」的想法，孩子終有一天會長大成人，他們缺乏父母陪伴的童年與孤獨的創傷，是日後再怎麼彌補，也彌補不回來的！

在孩子最需要父母的時候，父母恰恰不在身邊，缺乏父母陪伴會影響了孩子的自信和行為方式，也影響了父母在孩子心中的地位。

缺乏父母陪伴的親子關係，是缺乏溫度的；缺乏父母陪伴的親子教育，是不完整的！

第 38 章　言傳身教莫過於媽媽的陪伴

詩人說：「人的嘴唇所能發出最甜美的字眼兒，就是『媽媽』；最美好的呼喚，就是『媽媽』。」

女人的一生中會扮演不同的角色，其中「最難」的就是「媽媽」的角色，因為這個角色裡承載了孩子的命運。媽媽，在孩子的心目中是誰也替代不了的重要角色，是孩子情感與身體都依賴的一個人。

在中國式的親子教育裡，由於媽媽過於愛自己的孩子，會習慣性地要求孩子要聽話、順從、細心、安靜……等等，甚至對孩子的方方面面都進行規劃，學習時間、學習方式、交友範圍、未來發展都按照大人事先規定的方式在走，從未問過孩子的意見。

但是，媽媽們喜歡的，未必是孩子喜歡的；媽媽們認為有效的，在孩子身上未必有效；媽媽們認為正確的，孩子未必認為正確。因為媽媽與孩子，明明是兩代人，他們所面臨的時代是不一樣的，所以，觀念上也需要革新。

而另一種家庭，問題就更大了，由於爸媽離婚，孩子是出奶奶來管教的，這就存在更大的代溝，就會有更多觀念上的衝突，從而造成更大的問題。當媽媽的角色缺失，會帶來非常嚴重的後果。

一個家庭一般媽媽帶著小孩，但也有大多家庭爸媽是離異的，父母各自組家庭，各自去忙各自的事，根本沒空看小孩，可能很久回去看一次。所以，孩子變成由奶奶帶了。在這種情況下，教養方面就比較寵溺，因為出於一種彌補心態，覺得小孩很可憐，所以變得百依百順！奶奶老

了，沒有那麼多精力，所以在管教方面就會比較寬鬆。這樣的小孩，在父母管教的時候過嚴，就是「大小聲」的方式，而現在由奶奶管教又太寵溺，就是走了兩個極端，比較容易出問題。

阿嬤她當然也希望把小孩教好，她也覺得她有能力去教小孩。可是，這個小孩後來還是去做壞事。阿嬤想，這個小孩沒有溫暖，也沒有父母，所以也捨不得罵，捨不得打，對他很好。但是純粹對他好，並不是最好的教育，孩子心智並不成熟，是需要大人引導的。當小孩變得無法無天的時候，這個阿嬤也沒有辦法，而且，她不知道這是因為她太寵小孩子造成的，這個阿嬤覺得小孩應該是交到壞朋友才會這樣，因為在家裡，小孩還蠻乖的。

小孩很晚回家，阿嬤就趕快煮個熱湯給他喝，對他很好。但這個成長階段的小孩需要的不僅是生活上的照顧，還需要精神上的陪伴與引導。由於僅是得到物質方面的照顧，這樣的小孩精神上是很空虛的，容易走錯路，家裡沒有溫暖，回家也只是四面牆壁，所以，他們就會到社會上去尋找認同、尋找同伴，就容易結交壞朋友，走上錯誤的道路。

阿嬤在教育孫子上力不從心，而小孩的爸爸媽媽都離婚了，當孩子犯了錯，就請媽媽來上課。媽媽一開始覺得是阿嬤的錯，但在做問題歸屬的時候，發現其實問題在小孩自己身上。自己組建新家庭，孩子是不接受的，因為這個小孩沒有溫暖，還是要花點時間給他。所以，知道問題的根源之後，這個媽媽願意每天花大概半小時、一小時跟孩子交流，從大概講個兩三分鐘，後來變成十分鐘，後來半小時，越談越有有話談，小孩感受到母愛，小孩就漸漸改變了。

這個媽媽爭取一個禮拜或兩個禮拜有一個機會，把小孩子接過來，一起吃個飯，一起溝通，一起溫馨地相處。就這樣，慢慢地，小孩從沒有笑容，變成有笑容有快樂了。那個時候，他大概才 16 歲，整個人一直

變一直變，就逐漸回歸正常的軌道。

其實，母親是一個家很重要的角色，她提供的母愛、溫暖，是誰也替代不了的。

十月懷胎，一朝分娩，母愛的偉大是任何一種愛都無法比擬的。但是，愛其實是一種能力，也是需要學習的。而且，對孩子的愛，是需要陪伴的，媽媽的角色在孩子的成長過程中是不可或缺的。媽媽在家庭教育中的作用更是不可或缺，誰也替代不了媽媽的重要作用，因此，無論如何，媽媽都應該創造條件，多多陪伴自己孩子，這更有利於他們健康快樂地成長。

媽媽愛自己的孩子，必為之計深遠，所以，不必像奶奶疼愛自己的孫子那樣過度寵溺，也不必像有些父親那樣過於嚴格。媽媽對子女的愛，品質不同，結果各異。教育的關鍵是互動，而不是單方面的灌輸，多聆聽孩子的想法，多陪伴他們去經歷成長的點點滴滴，多引導他們解決難題，多花些時間和精力在自己孩子身上，就能看到教育的成果。媽媽給予孩子的愛，除了本能，還應該有策略、有智慧、有規劃，愛是一種本能，更是一種能力。擁有精準溝通力的愛，才能精準地滋養孩子的每一個成長階段，助力他們越來越優秀，也越來越幸福！

有媽媽陪伴的孩子，他們在品格的塑造和能力的培養方面都會優於沒有媽媽陪伴的孩子，奶奶對於孫子的愛甚至比媽媽更強烈，但是隔代教育會有更大的代溝問題，而且，過度寵溺帶來的是放縱，並不利於孩子心智的成熟與品格的養成。對於親子教育來說，精準溝通力是非常重要的，媽媽與孩子之間要建立有效的溝通，並且，品格的養成一定是優先於知識的灌輸和能力的訓練，因為前者關乎長遠、關乎一生、關乎孩子的幸福。媽媽最終的目的是讓孩子成為成功且幸福的人，走正道才能成大業。

孩子從小的教育影響著以後的發展道路，媽媽的陪伴與悉心教導，

讓孩子有很好的人格修養，懂得做人、學會處世，擁有生存能力，更擁有獲得幸福的能力。言傳、身教都很重要，而身教最好的方式就是陪伴，媽媽的陪伴，無形中引導著子女，而家長自身的提升，與言行上的優秀，通過精準溝通，也會帶動孩子一起成長。

親子教育，是一個著眼長遠，甚至著眼於孩子一生的大事！

第 39 章　精準溝通讓兩顆心交融

夫妻間缺的不是愛，缺的是精準溝通！

夫妻是兩個沒有血緣關係的人走在一起成為親人，一定要更加珍惜，然而，夫妻之間缺的並不是愛，真正缺的是精準溝通。我如此愛你，但是你卻不知道！這是最大的問題！兩個人的相處，不可能總是風平浪靜，難免有磕磕碰碰，觀念上的不同，可以通過精準溝通來彌補。但是，如果兩個人本來就不同頻，而且，溝通方面又不到位，這樣，就會產生很多問題。縱然夫妻雙方都深愛著對方，但是由於溝通方面的問題，也會讓這份愛收不到，出現裂痕。

兩個人的世界，不可能一直卿卿我我，難免有意見相左的時候。愛，讓夫妻雙方都學會遷就，但長久的遷就也不是解決問題的辦法，只有學會溝通，才能真正走進對方心裡，明白對方的需求，讓愛傳達到對方心裡。越是在乎，就越是在意對方的一舉一動，明白了對方的真實想法，就能讓溝通更加精準，也讓這份愛更加精準！

矛盾，是因為自己的想法，對方都不懂，這其實是表面現象，底層的原因是因為缺乏溝通，或者是溝通不夠精準。生氣，是因為夫妻一方的心情不好，而對方卻不懂自己，這也是表面現象，真實的底層原因，還是因為溝通不夠精準。所有恩愛的夫妻，之所以有時會過得不幸福，不是因為不夠愛，而是因為溝通不夠精準！

愛，需要精準的傳達！而精準的傳達，需要精準溝通！

有一對夫妻，夫妻倆感情還算不錯，但是不懂得溝通。所以，愛在

夫妻關係中解決不了所有問題，但精準溝通可以，因為愛也是需要溝通去表達的。

夫妻倆結婚不久，老婆很會煮菜，所以老公不喜歡在外面吃。有一次，他們一起出去玩，回來的時候，妻子就跟丈夫說，讓他走裡面那條路，意思是裡面那條路會有很多餐廳，可以順便去吃個晚餐。妻子的意思是，玩了一天了，太累了，她不想回家之後還要做晚餐，太累了！妻子的意思就是乾脆在路上就停在路邊把晚餐吃了，這樣，回到家就可以直接沐浴休息，就不要那麼累了！但是，由於妻子沒有把自己的意思很明顯地說出來，丈夫也不知道妻子為什麼一直讓他走裡面的路，就有些不耐煩，也沒聽她的，就走外面的一條路。結果，回到家中，由於妻子累了一天還要做晚餐，就火大，就發脾氣。

一件小事，由於溝通不到位，就影響了夫妻關係。

其實，這個老公平時很幽默，但妻子並不理解他的那種幽默，只覺得自己老公不正經，覺得講話不准那樣講，這就是說兩人雖然深愛彼此，但是並沒有同頻共振，所以，這時精準溝通就變得異常重要，只有溝通到位了，才能協調兩人的頻率。

老公很愛這個老婆，但是老公有一種無力感，由於不會表達，老婆都不知道自己的老公多麼愛她。老公能做的就是順從老婆，但是一味的順從，並不是最好的愛的方式。老婆只覺得自己的丈夫好肉麻。

這個老公先來我這裡上課，有一定效果之後，又鼓勵他老婆也來上課。老公怕這個老婆不負責任，怕她報了名就跑掉，怕她不學，所以他就跟她說這個錢要妳自己付。因為丈夫先報名學，妻子又來學，是有折扣的，所以老公就跟自己的老婆說：「妳已經因為我打折扣了，所以，妳自己的學費自己付！」他讓他老婆付錢，這樣，她就會更重視，就會認真學。因此，他們夫妻倆都跟著我學習精準溝通，所以，兩人同時學的話，

效果就翻倍了！他們認識到問題的歸屬之後，就找到自己身上的問題，通過精準溝通，有效地表達愛，他們的關係又恢復到戀愛時的模樣。

他們不是缺乏愛，只是缺乏溝通。

夫妻間的溝通方式不是冷暴力，也不是大呼小叫，比方說，老婆在廚房的時候，就吼她老公：「趕快過來啊！幫我把那個什麼端過去呀！趕快過來啊！」老公聽到這種命令式的語氣，其實是很不開心的，也不太情願去做這件事，忍著性子做了。接著老婆又指使他：「你不是閑著嗎？趕快去幫我買一罐醬油啊！」就這樣吼來吼去。這就是不會溝通，其實，愛是不缺乏的，只是溝通方式有問題，很多家庭的問題都是出在溝通上。

總而言之，在這段關係裡面，他老婆不太會講話。老婆是那種比較急躁的人，會發脾氣，可是，又不善表達。他老婆說，因為她從小就是家裡的老二，從小就是被壓抑慣的，所以她脾氣就不太好，面對愛自己的老公，言語間就成為她宣洩的一種方式。

恩愛的夫妻也會吵架，吵架是當時腦子一熱，脫口而出的狠話，給予對方致命的疼，不會溝通，或者溝通不精準，正在一點一點消弭夫妻的情感！戀愛時漸漸靠近，兩顆心從未如此貼近，婚姻中由於家庭的瑣事，卻會讓兩顆相愛的心漸行漸遠，在瑣事中消弭了感情，這都是因為不會精準溝通的緣故！

學會精準溝通，家庭就不會有語言暴力，也不會陷入冷戰，因為說狠話與冷戰，其實都是一種暴力溝通，而精準溝通講究的是非暴力溝通，注意情緒的控制，關注對方的感受，明白問題的歸屬，這樣才能讓溝通更加精準，更加高效能。

溝通精準了，愛的表達才能精準，才能讓家庭更幸福！

在夫妻之間，願意放下了驕傲，主動說話的人，是最捨不得你的人，

願意為了愛，去改變，去學習，去提升，更是一種愛的表現。愛，是需要學習的，願意緩和自己的個性，去愛你的人，是最珍惜你的人！

愛情慢慢在生活的似水流年中變成親情，生活中缺少溝通，缺乏趣味，平淡無奇，就會出問題，導致婚姻慢慢地走下坡路。精準溝通力的學習，能讓兩個人明白溝通的重要性，也學會溝通的方式方法，促進夫妻之間的感情，讓婚姻生活更加幸福，讓未來更加精彩！

愛，讓兩顆心，貼近！精準溝通，讓兩顆心，交融！

第40章 精準溝通的影響力無處不在

溝通無處不在，精準溝通的影響力無處不在！

想要一個幸福美滿的家庭，夫妻兩個人一定要常常在一起交流感情。精準溝通不僅能讓家庭更幸福，有時甚至可以改變家庭的命運。

我們渴望與自己愛的人互動，並與他保持積極的、和諧的、充滿愛意的關係。然而，常常事與願違。因為不會溝通，或者溝通不夠精準，使愛的傳達不夠精準，時常會出現一些「摩擦」，而生活中的這種摩擦，又常常讓我們感到不適，甚至讓我們感到不知所措！這一切的根本原因，就是因為不懂得精準溝通。出發點總是沒有錯的，為什麼結果卻不盡如人意，就是因為過程中不知道精準溝通，導致了事情偏離預想。

都說溝通是人與人之間的橋樑，不論是面對面的溝通，還是通過電話、互聯網等社交工具來進行溝通，精準溝通的能力都是最重要的，精準溝通不僅能讓關係更加和諧，有時，精準溝通還能改變人的命運。

要實現和諧與有效的溝通，掌握了一些精準溝通的能力，就顯得至關重要，人與人之間的各種問題，都可以通過精準溝通加以避免。

有一對年輕的小夫妻生了小孩，家庭生活本應非常幸福才對，但是，他們遇到了一些困擾，他們的關係的阻礙是什麼？他們就是每次講話，開始還挺好，講著講著就會生起氣來。其實就是感情沒問題，但溝通出了問題。

生了小孩之後，夫妻倆都覺得小孩最重要，小孩很小，才出生沒多久，所以，夫妻倆把所有的關注點，都聚焦在孩子身上，而夫妻倆之間

卻缺乏溝通，就因此出現問題。夫妻倆都在外面工作，生了孩子之後，丈夫就希望妻子把工作辭掉，全職在家裡一心一意帶孩子，但妻子工作有起色，正處在事業上升期，把工作辭掉，也有些捨不得。因此，夫妻倆就會有一些矛盾。

母愛是偉大的，妻子經過思想鬥爭，覺得帶小孩很重要，上班沒有帶娃重要，於是把處於上升期的工作辭掉，回家一心一意帶小孩，成為全職寶媽。她平時除了帶小孩，就是在部落格上分享自己育兒生活，把小孩的衣服也分享，穿的鞋子也分享，把自己的體驗也寫在部落格上。很多人看了，都很喜歡，都會說去哪裡買這麼好看的衣服鞋子？這個媽媽，那時比較不會想要怎麼賺錢，就只是本著幫助別人的心，就會把這些鞋子、衣服在哪裡可以買到，把資訊無償地告訴那些寶媽，因此，她就在網上圈了很多粉！

後來，生第二胎，她就發現有一個搖籃很好用，這個搖籃，可以手推，也可以按一下，進入自動搖的模式。她覺得這搖籃真的不錯，就在網上分享，一把資訊登上去，就 200 多個人要買！那怎麼辦？她就打電話給廠商，就跟廠商說：「現在我幫你分享，然後有 276 個要買。」廠商聽了當然很高興，就說我給你什麼樣的價錢，你幫我賣，你可以賺多少錢。

於是，這個媽媽就發現，她可以通過賣一些小孩周邊產品賺錢。

這個媽媽的初心是，全職帶小孩，結果在帶小孩的過程中發現了商機，也就是說帶小孩和賺錢在她身上，其實是並不矛盾的。丈夫和家裡人本來不同意她出去賺錢，覺得她這樣子沒有把小孩帶好。想要多賺些錢，就沒有顧到小孩，這是他們家裡遇到的矛盾，沒有做及時的溝通，就會影響家裡人之間的感情。這個媽媽做出犧牲，辭掉工作，全職帶娃，沒想到卻在帶娃過程中找到了賺錢的商機。

她全心全意帶小孩，然後寫部落格，因為她生的第一個小孩就是她

的心頭肉，小孩的成長過程，每一天都把它記錄下來，就因此，寫到了很多人的痛點，圈了很多粉！

她之所以能在網上圈到那麼多粉，是因為她學了精準溝通之後，她就很會表達，也很有影響力。

精準溝通的能力激發了行銷的能力，就這樣讓她從一個普通的媽媽就變成了網路紅人，有大量的粉絲，廠家也找她賣貨，她因此可以一邊帶娃，一邊賺大錢。可見，精準溝通力，是一種改變關係的力量，也是一種改變命運的力量！

影響就是痛點，精準溝通力的前提就是瞭解對方的需求，瞭解對方的痛點，從而能影響對方，這樣的溝通，才更加有效！

那麼，孩子的痛點是什麼？肚子餓，想要吃奶；身體冷，就再加衣。這些都是物質方面的需求和痛點，而小孩精神方向的需求，則需要陪伴、聆聽和溝通去滿足。因此，當我們有了精準溝通的能力的時候，我們不僅可以在家庭生活和事業上打開一片新天地，而且在親子教育方面，更是如魚得水，精準溝通，讓愛精準傳達，小孩不僅可以在物質上得到滿足，同時，可以讓孩子在精神富養的環境下長大，他們也會感受愛、懂得愛，將來會變得越來越優秀，同時一輩子也會更加幸福！

溝通，是化解矛盾的方法；溝通，是建立信任的關鍵。

沒有溝通，就沒有理解；沒有理解，就不會有彼此的信任；而缺乏信任，就不會有愉快、和諧的關係。

精準溝通要有虛心謙和的態度，時刻尊重對方的需求；精準溝通要學會認真傾聽，「聽」有時比「說」更重要，學會聆聽，理解性回應，給對方充分的尊重；精準溝通要學會轉換角度，站在對方立場想問題，設身處地為對方考慮，自然能得到對方正向回應；精準溝通，要學會肯定、

學會讚美，學會用欣賞的眼光來看待身邊的人和事。

　　最最重要的是，精準溝通要學會不能管，但要理情緒，覺察自己，更覺察自己的情緒，不要輕易發脾氣，言辭的力量並不體現在聲音大小上，人與人之間的關係，是建立在愛的精準表達上的，並不是建立在一時的情緒之上，做好問題歸屬，才不會跟別人的情緒一起起舞，才能更好地精準溝通。

　　精準溝通，首先要去除情緒化！精準溝通是一種理性的、有愛的溝通方式！

篇 章 五

服務政府，溝通無礙

第41章 家有「小霸王」，如何轉弊為利

　　我的課程其實沒有做過多廣告宣傳，基本上都是憑著口碑傳播。而且，由於口碑極佳，電視臺、報紙都有報導，這樣，我的課程的名聲就越來越大，之後，政府單位也請我去授課！因為很多政府單位的員工也會存在溝通的問題，所以，也需要學習精準溝通，來改善他們的家庭關係。溝通無處不在，精準溝通是人人都需要的！

　　由於，獨生子女越來越多，家有「小霸王」的情況也多了起來。古希臘醫生希波克裡特認為人類的氣質分為多血質、膽汁質、黏液質、抑鬱質四個類型。按理說，「小霸王」的氣質大多為膽汁質，這種類型的孩子神經系統的興奮性占主要的優勢，情緒容易激動，容易在困難和挫折面前表現出魯莽、衝動以及易怒的情緒，從而間接導致霸道行為的產生。

　　而事實上，家有小霸王，大多數原因是父母「寵」出來的，並不是孩子天生就如此！

　　當孩子漸漸長大，隨著語言的發展和成年人潛移默化的指導，孩子的自我意識形成，具有自我中心化，如果父母不但不加以正確的引導，反而用「寵」的方式強化了孩子的自我中心意識，那麼，孩子就很容易演變為—小霸王！

　　現在很多家庭，尤其是獨生子女家庭，爺爺奶奶、外公外婆、爸爸媽媽，所有大人全都寵著孩子，在這樣的家庭氛圍下，孩子成為「唯我獨尊」，要想不成為「小霸王」都難！全家人的注意力和精力都集中在孩子身上，孩子的願望都儘量滿足，孩子要什麼就給什麼，這種溺愛給孩子一種「我要什麼都可以得到」的感覺。

愛，讓孩子更自我；寵，讓孩子更霸道！孩子錯誤認知，根源在大人身上！

一位政府單位的工作人員，她有一個獨生子，通過「寵」的方式去教育，結果把孩子寵成了「小霸王」！在家庭教育中，一般我們不知道怎麼給愛，通常都是用物質去寵小孩，或是很多事都是給孩子特權，這樣，孩子就很容易寵成「小霸王」，孩子變得完全不聽話，我行找素，以自我為中心，不懂得考慮別人的感受。

這位政府的工作人員學完我的課程之後，就發現，精準溝通真的很好，通過實踐這些溝通的能力，她已經改善了她的孩子那種「小霸王」習氣。我說：「我替你高興，因為你的小孩沒有經過打罵，起碼他以後會變成領袖，就是他的天性沒有被壓抑下來，而是用引導的方式，這樣既保住了孩子身上的優點，同時，不知不覺通過溝通的方式去除了他身上的缺點與不良習氣。而且，這樣的教育方式，孩子心裡的傷痕會比較少，這樣的溝通模式，也讓大人更加輕鬆！」

小霸王似的孩子，他們的優點是有一定的領導力，通過新的溝通模式把他們教好，小孩將來可以當一個很溫暖的領袖，將來的前途也是不可限量的。

小霸王型的孩子，通常都為所欲為，一旦家長叫他們做事，就會拿「讀書」作為擋箭牌。他們不愛做事，只是由著自己的性了生活，小孩會變得生活無能，他什麼都不會。而且，這樣的孩子去到社會上，就會不懂禮貌，而且會更加喜歡與人爭執，因為他已經唯我獨尊了，爸媽都這麼寵，所以他覺得別人也要一樣的對他好，對他尊重，但社會就是社會，社會不會慣著任何人，所以，他們在社會上會很容易受傷。

小孩不良的行為，必須要去糾正。但是，家長要考慮的是：怎麼糾正，才能讓小孩覺得很有尊嚴，被尊重，願意改變？

我先問一個問題，小霸王的具體體現在什麼地方？不聽爸媽的話，是嗎？還有什麼惡劣的行為嗎？其實，他並沒有行為不端，只是需要被協助！就是寵壞他，所以他比較兇。比較兇就是對爸媽「大小聲」，然後爸媽不覺得這樣不好，因為他們太寵孩子了，覺得孩子做什麼都可以，做什麼都是對的。小孩最重要，把小孩寵到沒大沒小。這一切，爸媽都是心甘情願，因為愛孩子嘛！

　　要怎麼改變？就是要建立一種精準的溝通模式、建立規則，讓孩子認識到規則的重要性，家裡有家裡的規則，學校有學校的規則，社會也有社會的規則，要讓孩子懂得規則是人人都要去遵守的，不然就會受到懲戒。

　　遲到了就要道歉，對人要禮貌，在學校裡不能捉弄女生，要尊敬師長，也要團結同學，種種規則都要去遵守，這些規則都是最基本的，不能輕易去違反，更不能由著自己的性子任性妄為！

　　同時，父母自己要做出改變，不要那樣無底線地寵孩子，太寵孩子，有百害而無一利，有關親子教育的課要上，有關親子教育的書要看，有關親子教育的讀書會要參加。父母做出改變，孩子才能跟著改變。父母轉變多少，小孩就轉變多少。

　　而且，還要會畫界限。父母與孩子是最親的人，但是他們之間還是要畫界限。這個界限沒有畫好，所以這個小孩每次做了很多出格的事，連說話都很出格，媽媽沒有引導他，反而去維護他。所以，這些細節慢慢的調，到後來，媽媽真的成長很多，小孩也跟著成長。

　　家有「小霸王」，應該說是父母的無知，才會把小孩養成「小霸王」。這樣的家庭，往往認為孩子沒錯，家長也沒錯，是老師有問題，一定要換學校。通常這種情況，我會跟家長說：「如果自己不改變，換了環境，結果也是一樣的。再說，你可以換學校，但是，你有能力把社會也換了

嗎？小孩沒有教育好，將來走上社會，就更容易受傷！」

我們要來找的是問題的根源是什麼？一棵大樹，它的根出了問題的時候，它長的果實就會出問題。可是，我們都一直在處理那個結果，我們沒有想過是根出了問題。所以，我們要從根上去解決問題，就是父母首先要做出改變。我們不是教家長去控制小孩，不是的，而是覺察自己，我到底是哪些行為造成孩子變成「小霸王」？因此，你一次一次的覺察、修正，你才有辦法把小孩帶領好。

家長自己一直轉變，一直轉變，轉變到自己沒感覺，就是不知不覺中在家庭裡構建一個正確的環境，在那裡一直淬煉自己，通過改變自己，來改變教育的氛圍，再影響孩子一起改變。

後來，這位媽媽，她的整個家庭變不一樣了，她自己都感到很驚奇！這就是精準溝通力的強大力量！

家有小霸王，還可以冷處理，不予理睬，使用不聞、不問、不理會的方式低調處理。孩子有不合理的要求和霸道行為的時候，家長可以把孩子放在一個安全、安靜的大人視線之內的地方，不理睬他，然後暗中觀察他，讓孩子一個人待著，等孩子情緒穩定之後再和孩子溝通，並解釋這種行為是不對的，應當怎麼做。

情緒，需要空間宣洩；情緒，需要時間紓解！

同時，要邀請孩子參與到家庭事務中來，比如，家庭會議邀請孩子一起參加，並讓孩子發表意見，又比如，做家務時，邀請孩子一起參加，讓他做一些力所能及的事，通過這樣的方式培養孩子對家庭的參與感與責任心，讓孩子在發表意見與做事的過程中，潛移默化培養為自己之外的人、事、物考慮的意識。破除以自我為中心的最好辦法，就是去關注、去服務周遭的人和環境！

在日常的生活中，多給孩子創造交往的機會，多帶孩子出去與同伴交往。在社交過程中，讓孩子增長見識，從自我為中心中走出來。鼓勵孩子像哥哥姊姊一樣照顧弟弟妹妹，在照顧人的過程中逐漸懂得分享和關愛其他同伴，從而培養他們的責任心與利他的精神。基於精準溝通的良好的人際關係對遏制孩子的霸道行為有著不可估量的作用！

家有「小霸王」，指責和處罰都會適得其反！家長要耐心引導，以身作則，用自己的改變，帶領孩子改變！

第 42 章　改變自己，改變環境，改變命運

改變自己最容易，改變自己也最難！

只有當我們理解環境對我們的個人發展會產生巨大的影響時，我們才會明白，改變自己，才能改變環境，改變環境才能改變命運。這三者是一個統一體，而一切都要從改變自己開始。當我們關注到環境對人的影響時，我們通過改變自己來改變環境，我們才能通過改變自己的能量與生活狀態，從而改寫自己的命運。

環境影響認知，認知決定行動，而行動最終又決定命運。

出生環境，也可以說是原生家庭，這個環境對人的影響是非常大的，我們沒得選擇，但是，我們可以用自己的行動來修正這種影響。之後，是工作的環境，這是我們可以選擇的，我們應該儘量去選擇那些正能量的，能令我們持續成長的環境。而伴侶和朋友，我們也要選擇同頻共振的，能給我們正能量的，而不是消耗我們的。

我們周遭的環境，有時是我們自己創造的，我們要通過改變自己來改變環境！每個人生來就有差異，物質條件、父母的知識水準、教育資源都不一樣，所以，要改寫命運，要通過改變自己，來改變環境，從而改寫命運。

一個媽媽長得像洋娃娃一樣，非常漂亮，她是一個獨立女性，有自己的工作，有薪水，也有存款，還買了房子。他老公沒有她那樣的本事，沒有買房子。

他們夫妻存在著嚴重的溝通問題，老公賺的錢，從來不拿出來，每

次過夫妻生活，她就要跟老公要 1000 塊，這就是她能從老公身上拿到的那麼一點錢，除此之外，老公的錢都是他自己在用，花在外面，而不是花在家裡。後來，她老公就有外遇了。

夫妻倆的價值觀也存在問題，妻子講究理財，有自己的存款，而老公完全不懂理財，有錢就花，而且，把錢都花到外面去了，沒有責任感。因此，夫妻倆在這些方面就會有矛盾。

夫妻倆生了兩個女兒，由於存在這麼多問題，家裡都是一團亂。

妻子本身自己也有一些問題，她雖然長得像洋娃娃一樣，眼睛大大的，五官很立體，非常漂亮，皮膚也很漂亮，可是，她就是不愛乾淨，家裡灰塵積得很高。所以，造成家不像家，老公也不願意回到這個家。老公說：「你沒有把家整理乾淨，家不像家，我就是不給你錢！」老公的行為，就像是對妻子的一種懲罰。

妻子沒有改變，因為上班很忙，回來就不習慣整理。有整理習慣的主婦，沒有整理的話睡不著，會把所有事都做完了才去睡覺，那麼沒有整理習慣的人，她就是休假也不會整理，她就是懶散慣了。先生可能娶了她也蠻失望。

後來，發展到丈夫偽造文書去貸款，這個房子無形中，就成為空殼子。有一天，丈夫突然不見了。就等於妻子什麼都沒有了，一夜之間，一無所有！後來，他們就離婚了，離婚之後，老公就沒有再出現，變成她一個女人養兩個小孩。妻子的錢此時已經被丈夫騙光了，所以，她一個人帶著兩個孩子的生活變得非常艱難。

最艱難的時刻，也是最應該改變的時刻！

妻子為了養兩個女兒，就在外面兼職，做了很多份工作，除了本職工作之外，還兼職做化妝之類的工作，就是為了能多賺些錢，可以養家。

她來跟著我學習精準溝通，那麼漂亮，卻在哭。她不知道犯了什麼錯？這個男人這麼狠心，不要她！她一直哭，一直哭，每一次上課都哭。上完課之後，她就懂了，懂得在自己身上找原因，懂得了改變自己的重要性。她的情況就越來越好，越來越好，也開始重新生活，開始交男朋友。但是，由於她不愛整理的習性還沒有改變，男朋友也沒有接受她，雖然她幫男朋友買了一輛車，但是男朋友還是狠心離開了她。她是一個「付出型」的人，但是，她的付出沒有得到應有的回報，原因就是她的不愛整理的習性沒有改變。

　　她覺得超傷心，她搞不清楚原因在哪裡。然後，我約談她，告訴她要改變自己一些不良的習性。之後，她就一點點改變，一點點改變。她就發現自己有很多的問題，她的原生家庭就是一個比較混亂的家庭，所以，她自己也傳承了原生家庭的習性，不愛整理。她本來外形就很漂亮，高高的，整個人臉蛋又很漂亮，身材也不錯。自從男朋友離開她，她有些自暴自棄，身材也變胖了。

　　當她開始改變以後，我再見到她，她說：「我有改變，我不愛打掃，我就請人來打掃。花鐘點費把自己打點得很好，家裡也打點得很整齊。」她的轉變是看得見的，就是由髒亂到整齊，環境變得不一樣，整個人的狀態也變得完全不一樣了。她的表達也開始變，比較知道站在別人的立場說話，變成一個非常受歡迎的人。跟別人說話時，她會很有禮貌，會有理解性的回應。

　　我感覺精準溝通力已經產生了效應，她慢慢的，已經把這樣的能力內化到自己身體裡了，本來的一些錯誤的方式都戒掉了。

　　有一天，她邀我去聚餐，吃吃飯。她帶我去她家，說她有什麼禮物送我，她有一個化妝用的粉餅送我。我一進她家，就覺得她家變得這麼優雅漂亮，環境完全不一樣了。

人在影響環境，環境也在影響人，人改變了，環境就改變，而環境改變了，人也跟著改變！人與環境之間，存在著一種微妙的互動！

　　環境一旦改變，很多事都轉變，原來好命是自己要先轉變。不是宇宙在操縱你的命運，是你自己操縱你的命運，因為所有的事件都是你自己選擇的。老天爺沒有選擇，沒有創造一個災難給你，都是你自己去選擇，一個個不同的選擇會累積成一個災難或一個福報。

　　你愛什麼人，是不是你選擇的？那個人不喜歡，你一定刪掉，執念不要太深。環境，也是自己選擇，你要把自己周遭的環境改善，讓環境變得優雅舒適，自然我們生活在其中，也會變得正能量滿滿，整個人生也會變得更加順利，人生境遇也會更加契合自己的心意！

　　由於她改變了環境，改變了自己，也戒掉了自己的不良習氣，後來她變快樂了，現在她過得蠻幸福的，以前的那種痛苦也都過去了。自己改變了，環境改變了，整個世界都跟著改變了！她現在很幸福，看起來很年輕，好像一個快樂的小女孩一樣。笑靨如花的她，幸福得不得了，笑嘻嘻的，充滿陽光與正能量！

　　如果不刻意改變自己身處的環境，環境可能會消耗你身上的能量。我們生活在一個資訊化的時代，大量無用的資訊都在消耗你的能量。而我們身邊亂糟糟的環境，同樣也會消耗你身上的能量。所以，我們要通過選擇，讓自己處於一個正能量的環境之中，對於不能選擇的環境，比如我們自己的家，我們要好好地整理，讓家裡的環境整潔、舒適，讓環境賦予我們能量，而不是消耗我們的能量。這樣，我們才能每天都正能量滿滿，我們未來的命運也不會差！

　　人與人最大的差異就是認知的不同，而認知很大程度上源於環境，改變環境最簡單的方式，就是從改變自己開始。

　　環境，是一個人看問題或思考的一個錨點，如果這個錨點不正，或

是總是誤導你，甚至在消耗你身上的正能量的話，那麼我們就要改變這個環境。當環境沒得選，或是不好改變，我們就從改變自己開始，人與環境，其實是一體的，改變其一，另一個也同樣會跟著改變！

只有有意識地改變自己所處的環境，改變自我認知的錨點，才能讓自己的人生有新的變化，擺脫不良的習性，擺脫不良的命運，讓自己的未來充滿陽光與美好。

檢查一下自己所處的環境，到底是充滿怨氣，還是充滿智慧和溫馨，就可以清楚地判斷，自己的人生是在走上坡路，還是下坡路了。

如果環境一直在消耗你，就從改變自己開始，改變環境，改變命運！

第 43 章　看見內心，即生慈悲

對於愛來說，物質的需求是最底層，我們要從最底層不斷走向更高層次的精神交融！

在精神的層面，已經開始忽略有形的物質財富，而更在乎更高層面的溝通。在精神層面追求內在的東西，就能成為思想與情感同頻的人，就能讓關係水乳交融。回到生命本身，而不是身外的東西。思想同頻，價值觀近似，於是惺惺相惜！

心靈找到同類，就不會有孤獨的感覺！看見內心，即生慈悲。

愛是最柔軟的慈悲！而情感同頻，就是在滾滾紅塵中遇到另一個精神層面的「我」。夫妻之間，是彼此的「另一半」，夫妻是一體的，只有在精神層面的交融中，才能真正做到親密無間，融為一體！

地球上的人那麼多，能找到思想同頻，情感也同頻的人不容易，夫妻是生活的同路人，更是情感與精神的同路人。每個人一雙眼睛，每個人一個腦子，茫茫人海，若非為伊消得人憔悴，怎可能驀然回首就看到那人在燈火闌珊處。愛她，就為她做出改變，就算不同頻，經過溝通模式的改變，也能最終實現同頻共振，舉案齊眉！

為了共同的幸福，一起走人生路，沒有紅塵世俗的紙醉金迷，沒有愛恨糾纏的嗔恨怨怪，只有細水長流的幸福年華。一曲高山流水，四季流年似水，既是夫妻，更應該是知己。

一位在政府單位工作的男士，他遇到了溝通的問題，他來跟著我上課。由於他工作很忙，就跟我說：「我來上課不太方便，您能不能遷就我，

去我那裡上課。」我就說：「我出來開設這個課程，並不是為了賺錢，我也有家庭，我也要兼顧自己的家庭，所以，不可能去那麼遠的地方上課。如果你覺得這個課程對你來說非常重要的話，你應該克服距離的困難，堅持來上課！」就這樣，他每個星期，都跨越很遠的距離來上我的課，而且上課特別專心，因此，效果也非常好！

他工作很忙，因為他公司是責任制，他事情沒做完就沒辦法回家。但是他的收入很高，福利也很高，公司會送股票，他等於是公司的小股東。因此，他在工作上拼死拼活，一直拼著，就忘記了老婆孩子。

因為他不會表達他的愛，所以老婆會覺得很孤單。雖然賺到錢，但是夫妻關係沒有搞好，每天累得像狗一樣回家睡覺，沒有注意老婆，也沒有教導好孩子。雖然賺了很多錢，但他失去了家庭的溫暖，老婆和孩子對他都失望了。

老婆覺得賺那麼多錢沒意義，因為他們沒有更好的關係，她老公累得半死，回家也不會抱抱她，跟她說說心事，那個感覺就是他老公就像一個賺錢的機器人。而且，老公所關注的股票呀，財經呀，她也不懂，兩個人根本就沒有共同話題。

上完我的課，這位先生就開始覺察自己的問題，開始做出改變。這個先生考慮換一家國家公司，不要那麼累，可以每天正常回家，有時間陪自己的老婆和孩子，把自己的婚姻經營好。其實，婚姻還是需要時間經營，或者是彼此的陪伴，並不是領了結婚證生了孩子就可以，日子是細化到每一分每一秒的，相互陪伴，才有愛的感覺。

他放不下自己的老婆，雖然說那麼忙，好像都沒有理她，事實上內心深藏著一種愛，但是那個愛對方接收不到，這就是溝通模式出了問題。他學了我的精準溝通課程後，夫妻兩個常常聊，然後就變成互相瞭解對方了，在彼此瞭解的基礎上，關係就越來越好，他就很明確地保住了他

的婚姻。他通過改變自己，來平衡工作與生活，來平衡高薪水與陪伴家人之間的矛盾，並且用新的溝通模式彌合了彼此的關係。

物質固然重要，但精神層面的交流與滋養更為重要。丈夫對妻子說：「跟你聊天，我可以表白我今天發生了哪些事，做個分享，而且我可以告訴你，我未來會做什麼事情，這就叫預防。這些愛的訊息，我都要讓你接收到，這種感覺真的太好了！」

其實，在乎就是愛！分享就是愛！我的計畫始終有你，這就是愛！

很多人不太懂得在精神上怎麼互相支持，僅有物質上的連結是不夠的，夫妻更多的應該是精神層面的交融。年輕的時候，我們可能只看到漂亮，外形的美，男的是在尋找母親的影子，女的是在尋找父親的影子，但當我們變得更成熟之後，我們會發現「精神伴侶」更為重要！外形美或物質上的豐富，都替代不了精神層面的交融！

馬斯洛需要層次理論，把物質的需求作為最底層，我們不應該永遠停留在最底層，應該不斷往上走，走向精神層面，不斷地進行精神層面的交流，讓愛滋養彼此的關係，最終讓家庭更加幸福。

一個生命全然接納另一個生命，這或許就是夫妻關係，是一種生命的交融，一種高層次的精神層面的交融，你中有我，我中有你，不分彼此。你與我沒有分別，仿佛兩個不同的個體，卻血脈相連，惺惺相惜，永不分離，是肉體的連結，更是情感與精神的連結。你受傷我會痛，我受傷，你也會痛，沒有原因，沒有邏輯，沒有理由，一切都是源於愛，一切都是因為愛，一切都是為了愛。

有一種感情，是與生俱來的。沒有道理，沒有理由，沒有邏輯，沒有原因，平白無故的就在那裡了。這或許就是愛情的狀態，就是夫妻的關係。但要如何經營好這段關係？就要改變我們的溝通模式，愛要讓對方接收到，精準溝通就變得尤其重要了！

兩小無猜的愛情畢竟太少，那種絕對的信任，沒有對與錯，沒有你與我，並不是人人都有幸擁有的，親密關係，需要我們用精準溝通的方式去獲得。

　　讓一個生命對另一個生命全然地接納，只有精準溝通才能做得到！

第 44 章　精準溝通力是改變人生的力量

你是否會因為害怕第二天的會議而夜不能寐？你是否會為處不好與家人、朋友、同事的關係，而憂心忡忡？你是否也曾因為表達能力匱乏而受人誤解？種種生活上的、工作上的問題，都源於你不懂精準溝通，這讓你煩惱不已，也讓你的工作停滯不前，讓生活失去了應有的色彩！

美國有人曾以「你最怕什麼？」為題採訪了 3000 人，回答最多的答案竟然是：在眾人面前講話！害怕溝通，那是因為你不懂溝通，如果你深諳此道，你就會愛上與人交際，愛上表達，善於表達愛，就能收穫更多的愛與成功！

無論是性格內向或者外向的人在生活、工作中難免避免不了與人溝通，而精準溝通力，是能讓在表達力與關係處理過程中如魚得水的一套模式，明白了精準溝通力的底層邏輯，你就能讓自己的生活與工作都邁上一個新臺階！

會說話的人，你會無法忽視他的存在，因為他總是能迅速抓住你注意力，而他的精準表達，總是能幫助他達到她的目的！

職場上，有的人語言匱乏，反反覆覆就那麼幾句話，而有些人卻能夠滔滔不絕，每一句話都說到別人心裡去，一開口就會備受矚目，聽他們講話是聽覺、視覺、情感上的盛宴！

有一次，我去銀行辦事，有一個行員叫我：「賴老師，賴老師！」我說：「你是誰？」她說：「我就在金融行業，我曾經是你的學生啊！」我有一點想起她，就說：「我似乎記起來了，你為什麼來臺北上班？很遠呢！」

她說：「我搬家到臺北來，我單位調我到臺北。」我說：「原來是這樣呀，不過，我不記得你是哪一班的！學生太多了，我記得不太清晰了！」她說：「我是在基隆文化中心學的，賴老師，我真的要好好感謝你！學了精準溝通之後，我家裡的氣氛完全不一樣了，而且我的職場的關係也變得很好，學了之後，我一直在晉升，整個人生都在往上走！表達真的非常重要，因為善於表達就能掌握很多機會！」

這個女生，讓我覺得很驚訝！我對她的印象並不是很深，她怎麼會記得我啊？我通常做很多活動，學生都特別多，我不見得有什麼特別的地方讓她們記得我。我只是一心讓每一個學生學會精準溝通的能力，並沒有做更多的事情，但她們就因為這一點，就受益這麼多，以至於整個人生都發生了改變。我知道精準溝通的重要性，但當得知它的效能可以影響整個人生時，我還是會有些許驚訝！

每一次活動，每一次授課，我的學生們他們都是主角，而我是配角。可是她竟然記得我，就讓我蠻驚訝的！這個學生她是就職於銀行行業，銀行的屬性要求每一個員工都要有很強的表達力，但是她卻不會表達，所以常常引起誤解，常常被責備，她又不知道怎麼處理。工作的不順，使她整個人生都非常黯淡，情鬱於中，發之於外，常常生病。因為很多情緒沒辦法去表達，她覺得她過得非常痛苦！在生活上，她不快樂，在工作上，她也不快樂！因為不會表達，所以情緒就壓抑在心裡，又怎麼可能快樂呢？

因為那個時候，她看到文化中心的文宣，當中有宣傳我的課程。當時，政府機構的文宣裡已經大力宣傳我的課程了，帶有一定公益性，目的就是為了讓更多人學會溝通，讓生活和工作受益！

她看了政府機構的文宣，就按上面的資訊，找到我，跟著我學習精準溝通。因為這些課程，當時有政府補助，所以，收費並不高，很多人都從中受益！

她來學習，學得非常用心，學了之後，回去就用在工作和生活中，效果非常顯著。因為她本來不會講的話，現在也知道怎麼講了，本來處不好的關係，現在也知道怎麼去相處了。所以，她跟她先生關係變好了，她跟公婆的關係也變好了，工作上跟同事之間的關係也變好了！

　　她說：「過去，我想要表示一點孝意，我總是買點東西放著，也不會講。學了之後，就完全不一樣了，比如說母親節，我送給婆婆一束花。我會說：『媽媽這束花送給你，謝謝你！媽媽，很高興我當你的媳婦，你可以讓我無後顧之憂，幫我帶小孩，我實在是很感恩！今天是母親節，我買了花送你。祝你母親節快樂，也祝你身體健康！』我這樣一講，行動加語言，就讓我心裡對婆婆的這份愛讓婆婆接收到了。」

　　她一直這樣改變，她婆婆就非常高興。多講幾句話真的不一樣，她說：「我從來不知道怎麼講話，可是當我會講的時候，我婆婆接收到我的愛，她的眼睛是發光的！她心裡就很感動！我學對了！亂矇矇對了！現在用起來，我覺得還蠻順利的，很高興！」

　　後來，她婆婆對她的支援、幫助就特別大！幫她帶小孩，燒菜都燒她愛吃的！婆婆說：「我的媳婦，整個人完全改變，過去我本來很討厭她，她不愛講話，所以，我不懂她的心是怎麼樣。現在，她學會表達，我知道她對我的那顆心，所以，我就要加倍對她好！」

　　溝通就是這樣，我們沒有講的時候，其實沒有人懂我們，可是當我們表達出來之後，就變成周遭的人可以接收到我們的愛，同樣，他們也會以真誠與愛來回應我們！

　　而且，她開始懂得給老公「精神的愛」，所以老公也變得很快樂。她的進步還不止於此，她也知道怎麼拒絕，她以前不快樂、不高興或不舒服的時候，她會拒絕她老公，她老公會生氣，兩個人就會搞得很尷尬。現在她學會表達，她會跟他說：「我今天心情糟透了，因為公司有帳目不合，

然後大家都要分攤，所以，我今天分攤了 2500 元，心情糟透了。就是忙了一整天，還要賠 2500 元，心情糟透！你找我，我沒有辦法回應你，我想一個人靜一靜！」她可以講得很清楚，這樣的表達，她老公是體諒的！清晰就是一種力量。當講得很清楚的時候，他老公不會反感，反而會來支持她，會更愛她！

　　她學的效果這麼好，後來，她就請她老公也來上課。她老公上完課之後，也改變了，變得更會表達自己內心的想法，更有情趣，更加可愛。她的愛，老公都有回應，因此，她心情變得明朗起來，身體也越來越健康起來。

　　她覺得，會表達是個很重要的能力。她說如果沒有學這個，她不可能過得那麼幸福。她調單位的時候，就是因為她表達得很好，所以公司上級，就幫她調到她要的單位。一般我們調單位一定要具備一定的條件，不可能說你想調哪裡就調哪裡。但是，她會表達，她說：「我調到北部去，可以幫助那裡的同仁，可以發揮更大的作用，把業績做得更大！」所以，公司上級聽了，當然很高興，求之不得，就把她調到北部！

　　她調到臺北之後，就開始訓練幹部，她懂得如何去調動大家的積極性，讓大家充滿力量！她知道怎麼欣賞她們，整個公司戰鬥力提升到一個新的水準，業績也呈現出迅猛增長的勢頭。她的做法是，下班之後都會去應酬，帶著她的手下，訓練她們精準溝通力，去跟很多大老闆應酬，幫她們用精準溝通去開發客戶。很多客戶都是幾億幾億地往她們銀行存錢，對她們銀行來講就是一個很大的貢獻。此外，她還制定了很多激勵政策，來激勵大家創造業績。大家在她的帶領下，業績越來越好，收入也越來越可觀！所以，她說這一套模式讓她增加信心，又增加帶領人的能力，更重要是增加她的收入，讓她生活品質更好了，可以說，精準溝通的能力，改變了她的整個人生！

關於溝通的重要性，十八世紀英國著名的政治家查斯特菲爾德在給自己兒子的信《一生的忠告》中，專門就講到了「溝通」，從口才和談吐的重要性，演講書寫技巧、談判、言語修飾、溝通技巧、交談禮儀等方面充分論述。他曾說：「一個人表達力與溝通的能力好壞是其能否贏得人喜愛，感受生活幸福，處理好人際關係的關鍵，是取得社會影響力的最重要的一點！」

蔡康永也說：「你越會說話，別人就越快樂，別人越快樂，就會越喜歡你；別人越喜歡你，你得到的幫助就越多，你會越快樂。」

人與人的關係是非常重要的，影響人與人的關係最重要的因素就是溝通，所以，要改變關係，要先改變溝通模式，精準溝通力的培養，有助於我們在人際交往中，實現我們的目的。讓別人快樂，也讓自己快樂，實現多贏的結果！讓你說的話更動人，讓別人專注聽你說，把自己的優勢表達出來，同時欣賞別人的優勢，這一切是很重要、很基本的生存技能！

精準溝通力的培養，不僅從形式上，還能在內在的、情商的層面幫助你得到提高，讓你在生活、工作、家庭上都游刃有餘，讓你整個人生都發生翻天覆地的變化！

精準溝通力，是人生的驅動力，是讓人生走向成功與幸福不可或缺的力量！

第45章 溝通的不等式導致「愛的不等式」

雙向的溝通，才有雙向的愛！

我們經常會說父母對孩子的愛就是「愛的不等式」，父母總覺得在孩子身上投入了太多的時間和精力，給孩子滿滿的愛，而孩子卻不知道感恩，不懂得回報，還嫌棄父母的愛得不夠！

溝通的不等式，就是愛的不等式！不僅親子關係是如此，我們與周遭所有人的關係，都適用這個法則！溝通講究平衡，就像愛講究平衡一樣！

仔細想一想，建立良好的雙向溝通，有多麼重要，不是單向的討愛，不是一味地學會講，學會表達，而是要同時學會尊重與聆聽，學會付出愛、傳達愛！

精準溝通，不是一個人的獨角戲！

雙向溝通需要的是真誠的徵詢，需要的是聆聽，需要的是能夠表示同理心，既能夠反映自己的情感與需求，也能夠反映對方的情感與需求。只是很遺憾，太多人從小到大甚至在工作單位裡也沒有學會雙向溝通，要麼就是成為控制型的人，要麼就是成為被動的人，都讓溝通失去了平衡，也讓愛失去了平衡！

我有一位住在臺灣南部的學生，她是一個胖胖的女生，她離婚了，導致她離婚的原因，就是她不懂溝通，加上性格不合，一直吵架，一直吵架，吵架吵到大家受不了，就只好離婚了。所以，很多離婚，並不是不愛了，只是沒辦法再相處，沒辦法再相處的原因就是不懂精準溝通，你心裡

想什麼，對方沒辦法知道，對方心裡想什麼，你也沒辦法知道，這樣的話，還怎麼相處呢？

不懂精準溝通的婚姻真的很痛苦，每天吵架，婚姻變成「多一個人來煩」，婚姻漸漸失去它本應該具備的意義！所以，雙方都覺得與其如此，還不如分開！

她來跟著我學習溝通，非常有效果，後來，她又來當我的助理和助教。她從原來不知道怎麼表達愛，到後來變得很會表白，而且還學會了怎麼討愛。表白就是表達自己，而討愛是希望與對方有情感上的互動，就是從一個層次向另一個層次提升。而且，她還學會讚美，這種讚美並不是表面化的那種客套，而是真誠地欣賞對方，這使她成為一個非常受歡迎的人。

有一天，有個人跟她吵架，就罵她：「你是一個討愛的乞丐！」她聽了，覺得很受傷，就抓狂跳起來，跟對方大吵大鬧。她學會精準溝通，學深了以後，就覺得那樣處理關係是不對的，就是同理心與共情力不夠。後來，她就站在對方角度去想這件事，就在自己身上也發現了問題。

我跟她說：「你有沒有發現在問題歸屬裡面，其實她罵你，那是她的事，不是你的事，但是你為了她罵你這件事生氣，就是把她的問題，當成你的問題。弄得你心情不好，對這件事做出不好的回應，結果就是問題沒有解決，又製造出新的問題！是不是這樣？」

她說：「是的，我發現，其實我自己也有問題！」

之後，這個女孩子透過聆聽，她發現了她自己的問題，因為她只是一直表白，一直去討愛，但是她沒有「給愛」，她沒有能力去聆聽。可是，我們在做聆聽的時候，其實，就是一種表達尊重與愛的方式，所以，她要重點學會聆聽。

表達是雙向的，愛才是雙向的！

她的表達那時只是單向的，所以她就說：「老師，其實我發現，從頭到尾我只是在討愛，沒有做聆聽，我沒有去給愛。我突然發現，我剛剛被你聆聽之後，感覺好溫暖，被你瞭解很多，我已經知道了，原來人家會不高興是因為我要得太多，然後一直沒有給愛！」

我說：「哇！我覺得你的敏銳度很好喔！覺察力很高喔！我真的給你拍拍手，放煙火！」

這個女生聽了我的話，也很高興。那一天，等於我是她的一面鏡子，讓她看到了真實的自己，也看到了自己的問題。讓她明白了人與人之間的關係，平衡是非常重要的，既要會講，也要會聆聽，既要討愛，也要付出愛！慢慢的聆聽之後再去要愛，要愛與聆聽都是需要做的，聆聽之後再去討愛，這樣才是合理的。

有了覺察，她覺察到自己的問題，她跟我說：「我要努力的去聆聽別人，然後做一個給愛的人。」她發現應該付出愛，然後再討愛，愛別人，再向別人討愛，愛與被愛也要比較平衡才好。經過訓練之後，她本來臉是僵硬的，棱棱角角，線條鮮明，肌肉比較僵硬，後來，她看起來就變得很有親和力，比較溫暖，笑起來很甜，就特別自然！

有一天，她跟我說：「其實，後來我發現，那個罵我，說我是討愛的乞丐的那個人，我當初對她很生氣，我現在覺得還蠻感恩的，是我自己看不見我自己。她的罵法當然對我來講很痛，也很丟臉。不過，我也因此看見真實的自己，然後改變自己，我現在對她滿懷感恩！」

我說：「你有沒有去跟她說，如果你不說，她也不知道你已經原諒她，善意與感恩，也要去表達。」

過了幾天，她鼓起勇氣去跟那個人說：「當初你講我是討愛的乞丐，

我聽了，真的很痛，好像你拿一把劍把我刺穿，我的心都在滴血！不過，我還是感謝你，你那句話讓我有了很大的成長！如果下次我還有什麼缺點，可不可以私底下一對一告訴我。我才不會那麼難看！」那人聽了，滿懷歉意，就說了很多的抱歉的話。她們之間的關係得到了彌合，這對彼此來說，都是一件大好事！

我的這位學生，不斷地進步，整個人生都發生了改變。自己的問題歸屬歸納好，就能讓彼此仇視的兩個人握手言歡！

一般我們說「愛的不等式」，往往是在暗暗地抱怨他人對我們理解不夠，給的愛不夠，而當我們對別人付出愛時，別人又不領情、不理解、不懂得感恩！其實，做好問題歸屬，問題其實是出在我們自己身上。我們自己不懂雙向溝通，溝通的不等式，才造成了「愛的不等式」！

愛，講究平衡！溝通，也講究平衡！

愛，不是無條件的，愛總是渴望一種平衡，付出愛，得到愛，平衡才幸福！

很多時候，這份愛之前附加了太多太多：你得對我好，你得理解我的心，你得回應我，你得聽我的……結果，愛就變成了對方的束縛！而當我們學會聆聽，傾聽對方的需求，尊重對方的需求的時候，我們與他人的溝通才能達到平衡，而同理心與共情力，才會讓彼此的愛達到一種微妙的平衡！

愛的不等式，無法獲得幸福，平衡的溝通，平衡的愛，才能讓各方都得到快樂與幸福！

世界，應該是一個充滿愛的地方，平衡的溝通，平衡的愛，讓世界更加和諧美好！給他人更多的尊重，花更多時間去聆聽他人，讓愛的不等式重新回歸到平衡而美好的狀態！

溝通的不等式裡，充滿了單方面的感受，而愛的不等式裡，充滿了言不由衷的話，天平的傾斜會讓一段關係也走向崩塌，所以，精準溝通要學會—平衡的藝術！

　　單向的溝通，不是精準溝通；單向的愛，也不是真正的愛！

　　精準溝通要時刻關注對方，聆聽對方，不能自以為是，不能固步自封，需要平等意識，需要理解、包容，需要讓彼此關係達到一種微妙的平衡！

第46章　欣賞與讚美是至關重要的溝通力

人類最深刻的願望是渴望被賞識，所以，孩子渴望得到家長的欣賞與讚美，這是天性！

所謂賞識教育，就是對孩子言行舉止，給予肯定、欣賞、讚美，從而激發孩子的自信心，調動孩子的積極性，同時，讓他們體驗到成長的快樂！

欣賞的本質是愛，讚美的本質是給愛，欣賞要求家長要真摯地愛自己的孩子，以孩子為本，與孩子建立平等的關係。用賞識、欣賞、讚美的方式，引導孩子，讓孩子覺醒，讓他們堅信自己是有能力的，同時是品格良好且卓越的，從而激起他們對學習與探索世界的興趣，挖掘出他們身上的潛能！

賞識引導成功，抱怨導致失敗；欣賞促進溝通，批評導致隔閡；讚美充滿溫暖，冷漠導致疏離！

善於發現孩子的閃光點，就是平等溝通的基礎！優點，越欣賞越多！缺點，越是少說，越是減少！

你希望孩子成為什麼樣的人，就要找到孩子什麼方面的閃光點。你希望孩子學習好，就尋找他學習方面的閃光點，你希望孩子愛乾淨，就尋找他愛整理、愛乾淨的閃光點，不要光盯著孩子的缺點，盯他的缺點，缺點就會越來越多，要多找孩子的優點，哪怕是微小的進步，不明顯的優點，加以欣賞、讚美，那麼，一個優點就會變出一百個優點！

我的學生中，有一位媽媽，她的小孩不愛讀書，她也意識到了她與

孩子的溝通存在問題。然後她跑到這個機構，參加我們舉辦的活動，在上課的過程中，她發現了自己身上的很多問題。

她發現，孩子學習成績不好，她讓孩子去了很多機構補課，都沒用。而她過去的做法，就是去控制小孩，讓孩子按自己的方式去做，卻沒有與孩子溝通，不知道孩子的需求，也不知道孩子內心真實的想法是什麼。

她來上我的課，也約我去跟她的小孩聊過，我發現，原來這個媽媽的要求太高，一直要求小孩怎樣怎樣，但小孩做不到，孩子始終是力不從心的狀態。時間久了以後，小孩就產生了無力感，進而產生了抗拒的情緒！所以，這個媽媽沒辦法修正自己的孩子，原因其實是在這個媽媽的身上。

我跟這個媽媽說：「其實，你還好上我的課，你上了一次，不夠，不太會，不太懂，你就可以上第二次，第三次，順勢來當助理，就能越學越深。因為我自己都上一整年，只要有老師上課，我就跟著學，所以，徹底地改變了我的溝通模式，進而我的命運才改變了。精準溝通的課程很深，需要我們持續地學習。所以，你跟著我學，也要做好長期學習的打算！命運是靠自己改變的，你學東西就要刻意地去用，不是學完就回家，然後就忘記了。刻意地用我教你的這些知識和能力，才能真正讓你受益！」

後來，她就做出了改變，她學會欣賞自己的孩子。之前，那個小孩對一個要求很高的媽媽來講，真的是一無是處，要欣賞還蠻困難的！

她跟我說：「其實，我欣賞我的小孩蠻困難的，因為我怎麼看他，都是不好的！怎麼看，都是一肚子火！」

我說：「很簡單，你不是在我們課堂上認識的同學那麼多？你就去欣賞他們。你想到誰，看到誰，你看到他們的優點，就欣賞他們、讚美他們，這樣一點一點地，去做刻意練習！」

這個媽媽，這樣去做以後，慢慢的，她的表達就越來越到位了，在刻意練習中不斷增進了自己「欣賞」的能力。

她跟我說：「我的小孩，我還是看不到他的優點。我看他就一肚子火！」

我跟她說：「因為你太在意自己的孩子，太在意了，要求就會太高！你就發現不了他的閃光點！對他期待太高，期待太高，你的情緒就有問題，在問題歸屬上，當然是有情緒的人有問題。你把孩子的問題變成你的問題了，結果，問題等於是出在你自己身上！所以，你自己要先改變，孩子才會改變！」

孩子並沒有行為不端，他們只是需要被協助！這個媽媽明白問題是出在自己身上，她就做出改變，多去理解孩子，去陪伴他，然後去跟他聊，這些轉變也帶動孩子做出改變。她開始對她的小孩用表白的方式，她努力克制自己的情緒，聆聽孩子的心聲，表達自己對孩子的愛。比如小孩子打電動這件事，她會說：「我辛苦工作一天，回來就看到你在打電動，心情就糟透了，其實那不關我的事，你那麼快樂，然後我卻那麼緊張！我在改變，因為我擔心你，包括你的學業。然而，你的高興為什麼變成我的痛苦？我要改變，我正在努力，你是不是也要做出一些改變？」

這個媽媽就這樣，一直用表白和聆聽的方式與自己的孩子溝通，結果，孩子就接收到媽媽的愛，受到影響，做出了改變。不再沉迷於打電動，把更多的時間花在學習上，成績方面也得到了提升！

這個媽媽還引導孩子幫忙做一些家務。她會用欣賞和讚美的口吻說：「哇！還好有你，有你幫助媽媽整理環境，媽媽輕鬆很多喔！因為有你幫忙，媽媽就可以多去外面學習，媽媽真的要多學一點東西！」

這個小孩覺得，媽媽真的變了，怎麼今天這樣讚美我？所以，第二天，他更努力地把地板擦得更乾淨。媽媽回來的時候，就說：「今天地

板好乾淨啊！我好欣賞你，你可以把事情做得這麼好！你以前都沒做過，居然可以做得這麼好！你好棒！我好欣賞你！我太佩服你了！」

孩子聽到媽媽這樣讚美自己，眼睛就亮起來，快樂起來了！然後就開始不太玩電動玩具了。孩子每天放學回來，有些話還會主動跟媽媽講，媽媽就會理解性的回應。孩子覺得，媽媽好像講話越來越舒服，不太一樣！是一個不太一樣的好媽媽！

很多時候，不是小孩有什麼不好，原來是教的方法很重要，就是互動的方式很重要。這個媽媽終於領悟到：我的小孩原先都沒有收到我的愛，難怪他都沒有力量！現在，他接收到我的愛，他的渾身上下充滿力量，成績越來越好，變得越來越優秀了！

後來，她的孩子考上了非常著名的一所大學。正確的溝通方式，讓孩子走上了完全不一樣的成功之路！孩子並不是不優秀，他們只是需要被協助，而正確的溝通方式，就是為他們提供協助的前提！父母平等對待孩子，比在孩子面前做一個「權威者」更重要！

俗話說「十個手指，都會有長有短」，孩子之間是有差異的，學習方面、個性方面、特長方面、生活習慣等方面，都會有差異。學習成績不好的孩子，並不意味著品質不好，頑皮的孩子，或許在體育運動的時候就沖在最前面，每個孩子，身上都有個閃光點，只是我們沒有發現而已。我們需要用一雙善於發現的眼睛，去發現孩子的優點！每個孩子都是特別的，也許他們看起來很平凡，但我們的每一次賞識、每一次欣賞、每一次讚美、每一次鼓勵都將激發他們身上潛藏著的無限潛能！

或許，人們習慣了去找別人的缺點，而不去看別人的優點，這是溝通中存在的通病！我們不能拿著放大鏡去發現孩子的缺點，而是應該拿著放大鏡去發現孩子的優點！相信每個在愛中長大的孩子都將品性純良，每一個在讚美聲中長大的孩子都將能力卓越！

有效的讚美常常能夠改變人的一生，優秀的孩子都是欣賞與讚美出來的！

第47章　天下本無事，溝通解千愁

生年不過百，常懷千歲憂；百事從心起，溝通解千愁。

林語堂說：人生在世，還不是有時笑笑人家，有時給人家笑笑。

笑，是長在臉上的最美風景！生活就如同一面鏡子，你對它哭，它也對你哭，如果你想要它對你微笑，只有一種辦法，就是對它微笑。精準溝通也是如此，你要想別人怎樣來對待你，想要別人對你微笑，你首先要忽略掉別人的不好的一面，先真誠地對別人微笑。

有時，一張不生氣的笑臉，就是精準溝通的開始！

有個小孩對母親說：「媽媽，你今天好漂亮。」母親問：「為什麼？」小孩說：「因為媽媽今天沒有生氣。」原來遇事不生氣，就是對別人的一種接納，而對別人常常微笑，就是精準溝通的開始！

詩人泰戈爾曾說：當一個人微笑時，世界便會愛上他。

接納他人，是為人處世的通行證！也是做好精準溝通的第一步！

有一位大概 60 歲的媽媽，兒子媳婦住她家，整天吵吵鬧鬧，而且很沒有禮貌。吵到她很煩，她就說：「那你們出去住！」小夫妻就都出去住，他們之間的關係還是沒有改善，這個婆婆就來我這裡上課，尋求解決的辦法。

這個婆婆很有錢，她的房子是一整棟的，規模有一樓到六樓那麼大。一樓用來做生意，其他樓層用來居住，算是生活很好，因為婆婆有能力，所以物質方面很富裕，但是，精神上由於溝通的問題，很痛苦！每一家

庭的價值觀不一樣，相處的模式不一樣，所以她們可能是觀念上的不同，產生一些對立，鬧出了一些家庭矛盾。

自己的媳婦這樣對待自己，這個婆婆當然很生氣了。媳婦住在這個婆婆家裡時，所有經濟開銷都是這個婆婆負擔，媳婦還嫌這嫌那，要東要西的，所以，這個婆婆才會那麼煩。兒子和媳婦那時只生了一個孩子，出去住以後又生了孩子，他們家裡的負擔就更重。出去住，就是靠自己，他們經濟上就出了狀況，過得很艱難，非常可憐！有一餐沒一餐，過著很拮据的生活。

可憐天下父母心！這個婆婆就說要不要讓她們回來？我說：「更苦一點，他們才會改變！」她說：「很捨不得！」我說：「你捨不得，那這一生，這個小孩就沒機會改變！所以，就再讓她多受苦一兩個月，然後才讓他們回來！」

一兩個月後，他們回來了，他們真的就變得比較不一樣了。但兩個都在上班，平時見面機會沒那麼多，原先是很不禮貌，後來變得比較有禮、尊敬。由於學了精準溝通，這個婆婆也比較會表達，也知道這個時候該怎麼表達。而且，她學會了不介入太多，看不慣的事情，她也忍住不介入。這樣一來，他們之間的關係就緩和了許多！

過去，很多事情都會吵吵鬧鬧，現在，這個婆婆轉變了，媳婦回來，有什麼事，她會靜下來聽聽她會講什麼話，就是靜靜聆聽，也不會插嘴。這個婆婆在努力進步，會想到要聆聽一下，同理心一下，因為同理心真的剛學的時候是很困難的，她之前習慣「命令式」的溝通方式，現在，能平心靜氣地聽人家說話，說明她有覺察力，覺察到自己的問題，並且努力改變！每一次，她想批判的時候，她也會覺察到自己的行為，忍下來，把情緒壓下來，平心靜氣地與媳婦溝通。

她與媳婦的關係完全變了，現在她的媳婦跟她關係變得特別親！她

媳婦還會買東西回來，請她吃，媳婦還會帶她去玩，去日月潭等有名的景點，住高級的旅館。媳婦對她這麼好，她現在每天都笑嘻嘻的！經常說：「媳婦已經不一樣了，就好像自家人一樣！」

這個婆婆打算把她的那一棟樓給媳婦和兒子住，她自己再買一棟房子。她在搬家時候，舊物這邊一堆，那邊一堆，此時，媳婦就說出不該說的話：「東西怎麼不趕快搬走啊？如果不搬走，我就丟掉！」

這個婆婆聽了，就火冒三丈，就說：「我的寶貝是你的垃圾，但是你也要尊重我。這是我住的地方，我要搬走，也不能這樣跟我說話，讓我覺得還蠻受傷的！」她變得很會表達，她開始會表達她心裡受到的那個傷害。

她媳婦聽了很慚愧，就說：「不好意思，我沒有想到這是你的寶貝啊！可是對我來講是沒用的東西，對不起！對不起！那我就給你一點時間，免得我感覺這邊比較混亂，不像居住的地方。」

她們之間因為婆婆會表達之後，婆媳關係跟之前有很大的差別，過去，因為她不會表達，會產生很多糾紛和衝突，現在，因為她學會了表達，就會化解很多糾紛和衝突！

你的觀念跟對方的觀念不一樣是正常的，但觀念不一樣，如果對方講出來的時候，聆聽她，理解她，對方就會覺得你懂她，然後對方會放下，她就沒有那麼滿杯呀。當你用你的觀念去表達的時候，效果都會非常好，就具有影響力。對方就會心平氣和地聽你的觀念，就會聽得進去。相反，你一句我一句，你一句我一句，彼此都不會有交集！

遇到糾紛與衝突，描述事情就好了，不要有殺傷力。這樣的過程，在表達上會比較順暢，彼此的關係就越來越好。所以，這個婆婆和兒子、媳婦的關係，越來越好，休假日就常常一起出去玩。很重要的一點是，這個婆婆學會了接納，接納的意思是說，遇到事情，我不評斷你，我只講事

情，心裡始終尊重你。而且，這個婆婆還學會了界定和問題歸屬，如果你有情緒，你不高興，那跟我沒有關係，我不用生氣。如果你亂七八糟，那也跟我沒關係，我也不用生氣，那是你的事，不是我的事。這樣一來，其實要有情緒很困難，所以，她始終是笑嘻嘻的！

人際交往過程中，有時要忍耐，要視而不見。中庸的哲學，不講，不看，然後不見，就不會破壞關係。精準溝通的這個架構的意思是說，那是別人的問題，因為是別人的問題，你心有餘力，你也願意花時間，你才去處理，如果你沒有時間和精力的時候，那是別人的問題，她想髒亂就讓她亂，跟你沒關係。所以是「天下本無事，庸人自擾之！」別人是什麼？除了你的肉體以外的人都叫別人。所以，你不要去當別人的僕人，然後邊做邊罵，這是一個很不良的做法，你邊做邊罵，一點人情都沒有，一點功勞都沒有，人家會討厭你。也就是說，如此一來，你出力出時間幫了人家，人家還會對你心生怨懟！

這個世界上，從來不缺少幸福的家庭，缺少的是懂得精準溝通的家人。

一個簡單的微笑，一次靜靜的聆聽，一個理解性的回應，都表示出你對對方的接納，就會溫暖對方，讓人與人的距離拉近，讓家庭更加和氣！誰都不應該做家庭裡的權威者，家庭並不是金字塔式的層級關係，家庭成員之間，應該彼此接納，平等相待，只有這樣，才能開啟精準溝通！我的心，你知道；你的心，我也知道；這樣心心相印，才能彼此共情，才能和諧美滿！

美國社會心理學家洛欽斯發現了著名的「首因效應」，指人際交往中給人留下的第一印象在頭腦中佔據著主導地位。家人之間雖然不是第一次見面，但是「首因效應」同樣起作用。婆婆給媳婦留下一個不接納對方的印象，媳婦自然會排斥婆婆！相反，如果彼此都給對方留下一下接納對

方和愛著對方的印象,那麼,精準溝通的效能就開始發揮作用,開始弭合彼此的關係,家人之間的關係就走向親密無間、相親相愛、幸福美滿!

所以,在家人面前,把疲憊、憤怒、怨恨的表情卸載,更新為輕鬆、愉悅與溫情的臉龐!

家人是我們的一面鏡子,一個人笑了,其他人也會跟著笑,整個家都被點亮了!

第48章 把話說圓滿，才能皆大歡喜

讚美是一門藝術，要把話說圓滿，才能皆大歡喜，讚美要做到實至名歸！

讚美，是最好的口德，人人都喜歡戴高帽子，良言一句三冬暖，惡語傷人六月寒，溝通過程中，「讚美」能起到「畫龍點睛」的作用。把話說得圓滿，就是要注意自己所講的話，存不存在「潛臺詞」？如果我們講的話，背後存在「潛臺詞」，這「潛臺詞」是不是相反的意思？要時刻警惕「潛臺詞」，不要讓「讚美」秒變「貶損」。「你今天好美」這句話是讚美，但是這句話的潛臺詞是「你其他天不美」，這反倒成了批判和貶損，無意中就把人得罪了！

讚美要講究得當與否？讚美得當，則是真誠之言、感人之言、溫暖之言；讚美不得當，就是妄語、綺語、暗藏貶損之語！

不會說話，不懂表達，進而不懂精準溝通，會給自己的事業帶來一些無形的阻礙！

有一個做房產銷售的女生，她的日常工作就是賣房子，作為一名銷售，她深知表達的重要性，深知溝通是創造業績最重要的因素！於是，她發起了一個聚會，可能就是想增加一些人脈吧！就類似於一個讀書會、沙龍之類。在這個聚會當中，名義上是通過討論、分享的方式讓大家增長交際能力。但是，她的做法是她一個人在講，並沒有請其他人發表看法，也沒有請大家都參與進來，更沒有演練和互動。

她滔滔不絕，講她的業務，還教大家怎麼樣讚美別人，可是她沒有設置討論的時間，也沒有請別人說說看法，所以那一場都是她一個人在

講話。

　　她的意思是說，人家如果說你今天很漂亮，你就要接受，然後你不要胡思亂想，不用懷疑對方的真誠，也不必在意對方表達得準不準確，更不必在意對方的讚美有沒有說到點子上，因為對方對你的讚美是出於好意，我們要正向回應所有人對我們的善意，哪怕這種善意是微小的，也不應忽略。

　　別人讚美你「今天好美呀！」，她就會說：「那我昨天就不好看嗎？」回應讚美，也可以調皮一下。她說：「當別人讚美你的時候，你不用胡思亂想，接受就好，或者調皮地回應一下。」她說讚美，其實也是講究方法的，比如有人會說：「你今天畫了眼線，看起來特別漂亮！」其實，這樣說是不對的！因為誰都不願意被看穿！我畫了眼線被看穿，那等於說我不畫眼線很醜啊？

　　我聽了她的演講，回來就想，我能見賢思齊，見不賢內自省，我自己反省，這樣說，絕對不恰當，那我要怎麼做？同樣是讚美別人好看，我也許就會說：「哇！我遇見你好幸運，真是相逢恨晚。原來你這麼美麗！眼神那樣的動人！原來你本來就這麼美麗，我之前都沒發現！」人家畫個眼線，不想讓你知道，對不？她撲了粉，也不想讓你知道，這是女人的秘密，是吧？明明大家都看出來，不能講，我們又何必去拆穿別人。所以，接納別人，真誠讚美就好了！如果連讚美都不會，其實人際關係也不會處理得多好。

　　又比如，有人看到別人擦了口紅，顯得很美，就會說：「你今天擦了口紅，我覺得你整個人好精神喔！」此時，你要覺察自己的「潛臺詞」是什麼？意思就是你不擦口紅不精神！也就是說，對方此時接收到的並不是你的讚美，而是你的潛臺詞的貶損！當對方接收到這樣的潛臺詞，對方的臉一定青一陣，紅一陣，試問你跟對方的關係還能相處得好嗎？擦

口紅，是人家的隱秘，可是你讚美她時，把這件事拿來分享，並且，把擦口紅作為她顯得美麗的原因，這種「潛臺詞」，對方是很難接受的！

其實，我蠻不喜歡人家說什麼：「你今天好漂亮！」這句話的「潛臺詞」意思就是除了今天，其他時間都不漂亮？這樣一說，等於「讚美」秒變「貶損」！

讚美一個人，一定要帶著十二分的真誠，比如可以這麼說：「你長得真美！你的臉五官這麼立體，這麼漂亮啊！我都沒有注意到你的美！我突然間發現你好漂亮！」我這樣說，對方就跟我說：「沒有啦，我今天就是畫眉毛了，所以，我的五官才會顯得那麼立體！」同樣的話，同樣是講化妝，由讚美的人說出來和由被讚美的人說出來，感覺完全不一樣！

所以，我看到這個房產銷售，她連讚美都沒有理解透徹，她業務能力怎麼會好到哪裡去？這樣的業務，你敢不敢委託她？不敢！表達很重要的，你就講一個「你今天很漂亮」，就已經把人家得罪了，再想怎麼圓回來，也很難，生意都不用做了！

精準溝通過程中要時刻注意自己無意間流露出來的「潛臺詞」，要把話說圓滿，不要讓「潛臺詞」暗中搗亂，讓「讚美」秒變「批判」！細節決定成敗，不懂精準溝通，會阻礙事業發展，也會讓人生陷入黯淡！

而且，讚美這件事，還存在「邊際效應遞減」！同樣的一句讚美，一個人聽第一遍可能很開心，聽第二遍就沒有那麼強烈的感覺了，聽十遍可能都膩味了！昨天讚美一個美女「真的好美！」，今天又讚美她「你真的好漂亮」，她會覺得那不是讚美，那是陳詞濫調！所以，要解決這一問題，就是你要真誠地關注對方，關注到對方每一天有什麼不一樣，把讚美說到點子上，把對對方的那份喜愛，說到對方心坎上！對同一個人的讚美需要不時換一點新的花樣，從不同角度、不同方面讚美她！

讚美的一個原則就是，要儘量把具體的事情提高到抽象的角度。比

如讚美一個人「漂亮」，就不如讚美她「你真美，氣質高雅、時尚、落落大方」，而後者這種讚美，是抽象化的，高層次的，把別人抬得很高，別人聽了當然很舒服！與此相反，批評他人的時候就是從抽象的水準降低到具體的角度。

太具體，就不夠完美，難免會露出馬腳！

比如，讚美具體到「你今天塗了口紅，好美呀！」對方心裡會想：「難道我本人不美，我是因為塗了口紅才美的？」這就反而成為得罪人的一句話！

讚美是一門藝術，把話說圓滿，才能起到「畫龍點睛」的作用！

第 49 章　一個人的情緒，全家人的戰爭

家，永遠是我們應該珍惜的港灣，而家人，也永遠是我們應該呵護的人。

想要讓家有溫度、有愛、有快樂，我們需要學會的有很多，其中，管理情緒是我們的一項必修課。

情緒不是你生活的全部，但情緒卻能左右你全部的生活！一個人的情緒，有可能導致一家人的戰爭！

家有時也會傷人，向家人發火，就是家在傷人！因為一時之氣，毀掉了苦心經營的幸福家庭。吵吵鬧鬧，不僅家沒有快樂，而且，孩子也因此失去了良好的成長環境，他們變得自悲、怯弱，什麼事都不敢做，什麼事都做不好！親情，就這樣在負面情緒中消磨殆盡！

情緒不穩定，容易刺傷家人，一陣嘮叨，一陣數落，一陣貶損，說出口容易，但接收到的那個家人，卻深深被刺傷了！殊不知壞情緒有著巨大的傳染力，一人的壞情緒會影響所有家人，引發一個個家庭糾紛，進而演變成全家人的戰爭！一句貶損的話語出口，就像是一枚箭射了出去，必定傷人於無形，很容易引發一場連鎖反應，家庭戰爭中沒有贏家，家裡所有人都不快樂！

有些傷害一旦造成，或許永遠沒有機會癒合；有些遺憾一旦發生，或許永遠沒有機會彌合！

我有個學生，來跟著我學精準溝通，但是他家裡人不配合，不支持，也不改變。她老公說：「你學的這是什麼東西呀？都沒有教道理！」因

為這樣,所以,他們家的氛圍就很難改變!

她家裡就是喜歡用批判的方式教育孩子,喜歡罵孩子,而且,罵得很難聽,這樣一來,孩子沒有教導好,而且孩子也很受傷!由於夫妻兩個都罵小孩,小孩想找個人傾訴都找不到,情緒就一直積壓在內心,這非常不利於孩子健康成長!

尤其是這個爸爸太貶損孩子,貶損到那個小孩一點自尊都沒有,每天就是動不動就罵。他的接納度不夠,這個接納度小到什麼程度?連微小的事都接納不了,比如說小孩衣服脫下來放在椅背,這麼小的事情,這個爸爸都接受不了,一看到就開始罵。對我們來講,這個叫作他人的行為,他人的行為,我接納就好了,我不接納會變成我的行為。如果我不接納,那我就自己去把它整理好,沒有必要用貶損的方式,把一件小事變成家庭糾紛。

當你認為他行為不端,你一直批判他、貶損他的時候,這個叫無解!

那就等於你把對方判死刑了,產生對立,這樣的關係,會變無力感。你憤怒,貶損,而小孩子是全身無力的,感覺沒有自尊,做什麼都不對!小孩就會自暴自棄,然後整個家裡面的氛圍會變得非常不好,會沒有力量,孩子也不喜歡回家。這個家就像牢獄一樣,像監獄一樣,沒有一點快樂!

回家之後,就把衣服放在椅背上,然後吃東西,喝水時,杯子就放在桌上,吃個蛋糕,吃剩下的就放在茶几上。這樣的行為,是孩子做的,沒錯。但是,你沒有做接納的時候,你就沒有能力講很漂亮的話、溫暖的話,只會說出貶損的話,貶損的話是沒有效果的,講話要先有接納度,然後講得清晰,才會有影響力和效果。

你要認識到孩子並沒有行為不端,他只是需要被協助,當你接納他,並且去協助他的時候,整個溝通的氛圍,整個家庭的氛圍都會發生改變!

孩子的一些行為為什麼是需要被協助，因為他有困難，他沒有辦法，一個好習慣的養成，是需要大人從旁邊協助他、引導他，但首先第一步是接納他！

這個太太後來成了我的學生，跟我學了一段時間，就發現了自己的問題和家裡的問題，整個家都是亂糟糟，每天吵吵鬧鬧，不快樂，需要做出改變！原先，在家裡，老公一直罵，罵到她都憂鬱症，小孩也憂鬱症。

她學了精準溝通之後，她主動改變了，他小孩真的就變得不一樣了。小孩因為是在貶損的環境中長大，內心本來是很自卑的，情緒太壓抑，會經常生病，現在，媽媽學會溝通後，會站在孩子的角度想問題，會尊重孩子的意見，孩子覺得自己的需求被關注，自己在這個家裡是被愛的，就漸漸自信起來，身體也更加健康了。

傳統觀念是不打不罵不成器，而實際上是每個孩子都需要愛，每個孩子都需要被協助！

人與人相處，當我有影響你的時候，你可以告訴我，然後我也很願意改變，但是不要罵我，支配我。我期待你理解我，尊重我，接納我。可能每天已經夠累的，因為我一整天在外面打拼，回家就是很累，有可能我沙發上隨意亂躺，而躺的姿勢可能不好，但是我覺得好放鬆，為什麼家不可以放鬆，而是進門就會被家人從頭嫌到尾？心裡不知道我該不該回家，因為家裡沒有愛，也沒有溫暖。

沒有良好的溝通模式，家就會變成像一個戰場一樣，每天回家都是戰場。

太太愛漂亮，會賺錢，會買包包，買漂亮的衣服，衣服永遠都不夠。昨天穿過，今天不想穿了，然後每天不願意穿同樣的衣服。但是，女人愛漂亮到這種程度，男人就受不了，甚至會開口罵：「你買那麼多衣服，這樣多浪費啊！」

女人聽了，也同樣生氣：「我自己賺錢，我自己花錢買東西，不用你管！」這樣一來，家庭戰爭又爆發了，在家庭戰爭中，沒有贏家！

在溝通訓練中，凡是你一次一次試著去講，一定會進步，溝通就會很精準，就能平息各種家庭戰爭。因為溝通精準了以後，一講就有效，有效了，很多矛盾就根本不會產生！

後來，這個媽媽學會精準溝通之後，家庭氛圍就越來越好，改善了與老公的關係，也改善了親子關係！家裡漸漸有溫暖，有快樂，孩子也越來越陽光、自信，成績也越來越好，總之，整個家庭都在朝氣蓬勃地往上走，漸漸充滿了歡聲笑語！

你能傷害到的，往往都是愛你的人。

那些你生命中最親的人，才最應該得到你的溫柔相待！家是講愛的地方，不是情緒的垃圾場！在家庭生活中，管理好自己的情緒，就是對家人的保護，往後餘生，最好的情緒，都要留給最愛的家人！

好情緒，是最大的福報；壞情緒，是最可怕的惡因！

管理好自己的情緒，成為自己情緒的主人，這是為人父母的必備技能，更是對孩子最好的保護，也是最體貼的愛。因為父母是孩子的情感導師，如果父母溫言細語，孩子也會變得性格溫良，如果父母暴躁易怒，孩子也會增長戾氣！

只有情緒穩定的父母，才能培養出一個快樂、優秀的孩子！

父母的好情緒裡藏著一個孩子的美好未來！

教育，並不需要多麼優秀的父母，心態平和、情緒穩定、正能量滿滿，不貶損孩子，不把負面情緒發洩到孩子身上，就讓孩子有了一個很高的人生起點。幸運的人，用童年治癒一生；而不幸的人，只能用一生治癒自己的童年！這就是幸福的人與不幸福的人的差別！

情緒發洩出來，可能會傷害到他人；情緒壓抑下來，可能會傷害到自己，所以，管理好自己的情緒、紓解好自己的情緒，是讓自己與家人幸福的關鍵！

篇章六

初心不改，再度出發

一個始終懷著利他之心的人，會得到大眾的尊敬！照亮別人，溫暖大眾，同樣也成就了自己！

人需要有一顆犧牲自己私利的心，我 70 歲的時候，決定出來繼續服務大眾，我歡喜分享自己的幸福時光，我把人生中最大的快樂與幸福定位為：服務大眾！俗話說：「送人玫瑰手有餘香，世界需要美好，世界更需要智慧。」我們這個社會需要二三十歲的年輕人在科技戰線上去開拓，同樣也需要 70 歲的智慧，那種時間給我的智慧，我願意拿出來跟大眾分享，讓大眾因精準溝通而受益！

人可以不卓越，也可以不富裕，但我們不可以沒有使命感，我們來到世上，都是帶著使命而來的，而我的使命，就是推廣精準溝通，讓更多人從中受益，從而收穫快樂幸福的人生。任何時候，我們都不能放棄奉獻，哪怕我已經 70 歲！

我是在 55 歲之後，由於身體等方面的原因，就退休了，休息了 15 年。這 15 年當中，我的子女總是鼓勵我出來教學，為大眾服務，因為之前的工作讓太多人受益了，如果一直在家裡休養的話，這一套精準溝通理論就不能發揮它的效能，就太可惜了！但是，我是一個要求完美的人，我已經老了，變難看了，就不想再出去見人。

我看到大眾其實存在蠻多的溝通問題，他們也會去一些地方學習溝通，但溝通方面並沒有真正的學到精髓，就等於練習了千百次也不會說話，也不會表達。看到這種情形，所以，我就想到要再次「出山」，此時，我已經 70 歲！ 70 歲是一個要享清福和安度晚年的年紀，但是，對於我來

說，我並沒有年紀的概念，我心裡面也不覺得自己老。當有人說：「那個老婆婆，這麼大年紀，還出來工作！」這時，我心裡的潛臺詞是：「好奇怪，她們怎麼這麼說，我怎麼就成了老婆婆了？」其實，在我的心裡，我的心理年齡始終是二三十歲！

我的精準溝通理論，整個架構這麼清楚，而且可以解決大眾很多的情緒問題和溝通問題，所以，得到社會普遍的肯定。因為很多人溝通存在問題，主要是接納度出問題，才會那麼多情緒，就是別人錯你也生氣，自己錯也生氣，反正隨時都在生氣。這樣，如果有一個真的懂精準溝通的人教的話，就能夠幫助到大眾。

整個社會現在都很亂，很會吵架，動不動就生氣。這麼多的人在摸索，他們有困擾，有痛苦，這些困擾和痛苦就源於不會精準溝通！我想，我乾脆就是開個公司，繼續推廣精準溝通，繼續造福大眾，於是便開了公司，開始繼續授課了！其實，我的初心就是想繼續出來做貢獻，想繼續服務大眾，70 歲不算老，我還是可以發光、發熱，照亮別人，溫暖大眾！

精準溝通的主旨是教大眾懂得怎麼去處理情緒，怎麼去歸納，歸納也叫作問題歸屬。一般人在講道理的時候都會說，很多事情，你就看在眼裡，但不要生氣！而實際上，很多道理講起來很容易，但是大家不知道怎麼去做。所以，精準溝通不僅是理論，更是實際操作的方式方法，是一套完整的系統解決方案，重點是實際的演練與驗證效果！

有一次，一個朋友來找我，她出了一個很大的問題，然後她需要一筆錢，她自己實在沒辦法，她希望我幫她付這筆錢。我心裡就在想，這件事是誰的問題？如果她經常出狀況，又是誰的問題？我該負責嗎？我想了一下，顯然那是她自己的問題呀！雖然她說那是個性命攸關的大事，如果沒有這筆錢，就會沒命。但是，我在考慮，今天你會走到這種程度，應該也是一次又一次的失誤，才會產生那樣的結果吧？不然，怎麼會到

達這樣的一個絕境？所以，我就去做問題歸屬，結論是這是她的問題，所以，她必須自己想辦法解決，比如說，她有可能可以去多打幾份工，然後增加一些額外的收入，又比如她可以去借錢，或者其他什麼方法解決問題，總之，並不是說少了我的幫助，她就沒辦法解決問題。

天下的事，總是有解決的辦法，我們要找到那些最適宜的方法，讓每一個人都是有利的，而不是把問題轉嫁給別人。溝通要做到精準，才能讓大家都有利，分享這方面的思想與模式，是可以讓大家在處理人生中各種問題時，可以找到方向、路徑和方法。

很多人都覺得精準溝通如果不繼續推廣，大家都會覺得很惋惜，對社會來說也是這樣，而且，我自己也覺得有一種使命感，如果我繼續推廣精準溝通，我對這個社會有貢獻，我可以提升別人的收入和提升別人的生活水準，而且可以讓大眾的精神層面會更加豐富快樂！我覺得我有那個價值，我應該出來繼續發光、發熱！即使我年紀大了，也就 70 歲，所以，我決定：忘記年齡，繼續為社會做貢獻！

感謝時間，教會我的一切，讓我明白人生什麼最重要的，金錢財富，終歸是空，金山銀山，不如大眾臉上的笑容！名利權勢，不過是夢，出名也罷，不出名也罷，只要能真心實意服務大眾，讓大眾在精準溝通的學習中受益，這就比任何犒賞都更珍貴！

感謝時間，讓我學會了簡單，過最簡單的生活，把更多時間用來服務大眾，「大道至簡」的智慧，就是停止內耗，把正能量聚焦於那些有意義的事情上！

感謝時間，讓我學會感恩和知足，感恩一路同行的夥伴，知足於每一天的工作都有成效，每一天的工作都能讓大眾從中受益！

感謝時間，教會我謹言慎行，也教會我從從容容，淡定面對一切困難，做一個雲淡風輕的人，看透不說透，看穿不說穿，因為一切的一切都

有它自己的問題歸屬，問題產生於哪裡，就將在哪裡解決！大智慧解決大問題，而時間是重塑一切的決定力量！善良的人，會有好報，真誠的心，必有迴響！

感謝時間，雖然讓容顏蒼老，但是心態卻越來越好，70 歲的年齡，30 歲的心，20 歲的敏銳，歲月或許會打敗美人，但是它從來打敗不了智慧，因為時間的流逝，什麼都會隨之消逝，都是智慧始終是大浪淘沙之後留下來的熠熠生輝的黃金！

時間流過，留下最真的人、最真的心、最真的夢，奉獻社會，積極、用心過好現在與未來！星河滾燙的每一天！日拱一卒，為愛前行！

感謝時間！70 歲了，我依然有眼淚奪眶而出的感動，也有繁花開遍世界的宏願！

第51章　智慧潤物細無聲，不需要華麗包裝

「人之初，性本善」，每個人都有一份很善良的本性，但智慧是時間給的禮物。「智慧」以「苦」為食，以「樂」為光，以「福」為報，服務大眾，貢獻社會！

泰戈爾說過：「今天你受的苦，吃的虧，擔的責，扛的罪，忍的痛，到最後都會變成光，照亮你的路。」

在日常生活中，我們得到的，要與人分享，學會的，就要教人。用智慧去利用時間，將分分秒秒運用得很踏實；用智慧去服務大眾，讓每個人從「精準溝通」中受益，就能改變紛亂的境遇，找到幸福的方向！因此，智慧像光一樣，點亮它，就足以照亮世界！

「愛心」就是愛自己的心和愛他人、愛社會的心，把我們自己的心安頓好，時時心存善念，去幫助他人安頓好他們的心以及他們的人生！讓精準溝通力，日日在造福，讓世界變得更美好！「智慧」是什麼，「智」是覺察、洞察、省察，而「慧」是解決問題的思維、方式、方法！

生活中，我們經常會聽到有人說，某人是個有大智慧的人。真正的大智慧，是時間結出的果實，是坦然篤定面對一切的勇氣與敏銳，看似簡單，做起來卻不容易，是「知行合一」的實踐，看過無數人間悲喜，才了然「萬法歸一」的道理！

如果我們把生活的各種紛爭，歸結為溝通問題，那麼精準溝通就是解決紛爭的密鑰！

有一對夫妻，老公就是那種壓抑型的，老婆就是那種爆炸型的。老

婆有什麼事就是啪啦啪啦啪啦，罵一大堆的，仿佛不罵會死。這老公就是一句話也不敢吭。反正，你有情緒，就等你發洩完就好了。然而，她還覺得自己什麼都沒講，而她老公不敢說一句話，他們之間就是這樣一種奇怪的關係。

這個太太上完我的課之後，就發現她每次在爆發的時候，就是對老公有太多的傷害，而在此之前她都沒有覺察到，無形中讓自己的老公承受太多！她的心裡很慚愧，她覺得自己應該要改變。

她是女生，而且比較強勢，男生為什麼會投降？要不然女生長得還不錯，要不然就是他深愛這個女生，所以他就會接受，任何的狀況都會主動謙讓。一個人愛另外一個人，通常你有什麼行為我都可以接受，可是當感情都消耗完了之後，他還是會反撲。

這對夫妻存在很嚴重的溝通問題，這個太太，她上完課之後就有一個自覺，她發現，其實她的問題就是太衝動。每次有什麼問題的時候，都是她有情緒，她就大罵一頓，但她老公也不敢講話。後來，她和她老公都跟著我學，他們學完之後，剛開始還是會吵架，因為老公終於知道怎麼說話，所以，老公就會去批評她說：「你又在罵我了，你一天到晚罵我，你已經罵我幾十年了！」然後，這個老婆就說：「幹嘛，我帶你去學，回來還這樣攻擊我？」然後，兩個人就吵吵鬧鬧，但是，慢慢的，她們已經開始改變。他們開始知道怎麼聆聽，以前都是逃避，現在變成主動聆聽，主動溝通！太太罵完之後，就會有覺察，她就閉嘴不說話。老公也閉嘴，不說話，不叫躲，而是一種態度，一種覺察自己，做出改變的態度。

消極聆聽就是我把你的話聽完，起碼是注視著對方，然後表現得聽得懂，然後點頭，那個才叫消極聆聽。一般我們的逃避是，你講你的，我就不吭聲，就走得老遠。這個老公他學到了，就知道怎麼去主動聆聽、主動溝通，當太太講話時，他就會聆聽，並且他多了一個專注的表情，

會理解性回應，會點頭。所以，她太太也不好意思再罵。太太開始表白，老公也開始表白，就慢慢地紓解了彼此原先壓抑的情緒！

這個老婆有一個發現：喔！原來是我的情緒太多，因為我自己情緒太多，所以造成每次一有事情就馬上飆高音量，馬上劈裡啪啦亂罵，其實我不知道，我罵的話竟然是這樣的傷人！

她上了課之後就有了自覺，這種覺察自身的問題是至關重要的！她有了自我覺察之後，會去自我檢討，然後自己把這些不好的東西慢慢處理掉，所以，她就很高興一切都在發生著改變，以前她都壓抑她的老公，現在，她處理好自己的情緒，老公可以感受到她溫柔的一面，臉上漸漸有了笑容，家裡重新有了愛與溫暖！

這個老公其實很有趣，一開始的時候並不認同精準溝通，他曾說：『那個老太婆竟然會教出這種東西？』沒想到，正是我的這套理論，讓他受益終生！

那時，我心想：『說我是老太婆？我從來不知道我是老太婆，有人說我是老太婆，我突然感到好笑起來。啊！我都忘記我幾歲，我從來不覺得自己老了，我也從來不穿老太婆的衣服！』所以，年輕的心態，讓我更容易與這些年輕人一同頻共振！

整個溝通模式改變的時候，其實整個氣質會不一樣，那個太太跟我學了之後，看起來就很優雅又很美麗，整個人氣質就完全不一樣，那個氣焰本來很高，那種精明幹練的感覺不見了，變得很柔和，變得很有親和力，這個變化就很不錯！我看到她的成長，就鼓勵她當講師，把自己學到的，體驗到的，和從實踐中受益的，教給更多人，讓更多人受益！這其實也是一種愛的傳遞，星火相傳，生生不息，讓更多人受益，甚至讓整個社會都受益，讓世界變得更美好！

以她的那個角度來看的話，其實人不可以貌相，面對一個很安靜的

人，像我這樣的，幾十年來，我已經習慣了很安靜。我不會到處滔滔不絕地去發表我的看法，但我內心的智慧，卻是可以發光的，可以讓更多人受益。所以，世上深藏不露的人很多，智慧不一定要華麗的包裝，智慧的目的是使自己受益，也使他人受益！

王爾德說：「我不要謀生，我要生活。」

確實如此，謀生只需要一點聰明，而要想生活幸福，就需要足夠的智慧！人與人的關係，可以通過忍耐而相安無事，但是必須通過精準溝通，才能讓彼此關係和諧圓滿，從而讓彼此獲得幸福！

人人都渴望美好的生活，卻常常苦於沒有智慧。時間教給我的精準溝通的智慧，我希望能造福更多人，越分享，效能越是翻倍！

智慧，很多時候並不高深，它源於生活，我們要有一顆覺察的心，要有一顆接納的心，更要積極主動地去溝通，去解決一切遇到的問題！

答案就在問題上，美好人生，就在那裡！

生活中，我們每個人想要做的事情很多，我們要有化繁為簡的能力！

梭羅在《瓦爾登湖》裡寫到：「我們每天努力忙碌，用力生活，卻總在不知不覺間遺失了什麼！」

面對不斷膨脹的需求與欲望，我們需要把自己的心安頓好，我們要在關注自己的需求的同時，多多關注別人的需求，關注社會的需求，通過「利他」的智慧，達到多贏的結果，最後受益的一定也是我們自己！利他者，必自利，這也是一種大智慧！

送人玫瑰，香的首先是自己！

這個世界就是這樣，你簡單，世界也簡單，你複雜，世界就複雜。過往的得失，該放就放，過往不念，當下不雜，輕鬆自在！

法國作家馬塞爾•普坦魯斯特說過，沒有人給我們智慧，我們必須自己找到它。

精神越簡單，人生越豐盈，當下不計較，未來不迷失！

第52章　精準溝通是平衡的藝術

「人天生熱愛生命，樂於互助。」正因為心懷善意，才會因擔心傷害別人而煩惱，並努力學習如何與人溝通。也就是說精準溝通，其實不僅是在為自己考慮，更是在為對方考慮，是一種人與人之間微妙的平衡。

利他與利己並不矛盾，溝通無礙，可以使雙方同時受益！

與「精準溝通」對立的「暴力溝通」來源於何處？溝通時進行道德評判，進行比較，逃避責任，強人所難，就容易導致暴力溝通！避免或化解矛盾衝突的關鍵，是彼此把對方的需要和自己的需要放在同等重要的位置考慮，也就是在人與人之間形成一種微妙的平衡，這才是最好的親密關係！

精準溝通給我們的啟示是，在溝通中要善於尋找一個平衡點。聆聽對方的需求，表白自己的需求，兩者都是十分必要的。但在表達自己需求的同時，我們往往容易忽略與他人共情、關注他人的需求，這樣就會讓雙方的關係失去平衡。同理，一味地付出，只為對方考慮，喪失了自我，沒有關注到自身的需求，也會讓雙方的關係失去平衡！失去平衡的關係，雙方吵吵鬧鬧，傷害在無意間就造成了！

因此，溝通其實並沒有我們想像中那樣困難，也沒有想像中那麼複雜。只需我們在說話之前，多斟酌片刻，多從對方的角度思考，多關注對方的需求，便能盡可能地避免衝突，使溝通保持微妙的平衡，也使彼此的關係保持微妙的平衡！

有一個家庭，媽媽很愛賺錢，她是做直銷的，她孩子還小，所以，

她到哪裡就把孩子帶著去，就是邊帶娃邊工作。她老公就是不參與她的工作，而且對她的工作表現得很生氣，為什麼生氣？她自己上班還把孩子帶著，這麼負責任的老婆，她老公為什麼會生氣呢？因為這個老公，整天看不到老婆，從早到晚，老婆帶著小孩去賺錢，就等於顧不上家裡，也顧不上老公。可是換一個思路，她賺錢也沒錯，她為了家嘛！但是很多男人，他不一定有能耐，錢賺得少，而且要老婆陪伴。

很多這樣的家庭，就是因為這樣的情況產生了一個什麼樣不好的影響呢？她老公一天到晚跟她吵架，搞得每天都雞飛狗跳的。可是，這個太太就是因為沒有安全感，就是想要賺錢，因為她不賺錢的話沒有底氣，她覺得老公不是她的依靠，她要靠自己賺錢，只有賺更多的錢，她才會有安全感！

為了事業打拼，她每天很晚才回家，老婆比老公忙，老婆是做事業，老公是老實上班，他們之間差距很大！可是，老公沒辦法接受老婆一天到晚不在家，就只知道在外面衝衝衝！而且，老公也沒有安全感，他不知道自己的老婆是在外面做事，還是去幹什麼別的壞事，或是背叛他們之間的感情。

與感覺自己沒有未來的人相處真的會害怕，他們之間存在很嚴重的溝通問題，關係也發生了微妙的變化，但是沒有離婚，她非常誠意地想跟自己的老公形成互補，老公賺錢不夠多，她就自己努力去打拼，自己去賺！其實，說明這個老婆還是挺好的，只是不懂得與自己的老公做精準溝通。

這個老婆用了很多的時間、很多的心力來維護這個家，可是因為賺錢要花時間，她的事業又不是做得特別大，也沒有實現財務自由，也無法把外面的事情停掉來照顧這個家。她還要去找很多事業夥伴一起打江山，她才會賺到很多錢。她很苦惱的是，她的老公一天到晚跟她吵架，她有時

候半夜回家，老公睡醒的時候，就給她大罵一頓。說她太過分了，這樣成天到處亂跑，沒看到人影，到底有沒有賺到錢？所以，她也很痛苦，而且越罵越沒有安全感。這樣的婚姻其實靠不住，因為連精神上都沒有支持！

為了賺更多錢，讓自己有安全感，她常常出差，隔天才能回家。她老公很生氣，就說：「你什麼時候月收入達到100萬？我給你一個期限，如果達不到的話，我要考慮一下我們之間的關係！」老公就好比手上捏著一隻小鳥，太用力，怕小鳥窒息，太鬆懈，又怕小鳥會飛走，此時，她老公其實也沒有安全感！

為了月入100萬，這個老婆一直在努力，她其實也是想維護這個家。老公用「離婚」來威脅她，她心裡也很害怕，就這樣一直衝，一直往前衝，打拼事業是非常辛苦的，而且心也很累。而老公就是擔心她成天在外面跑，會不會有外遇？會不會賺太多錢回家會對他很兇啊？夫妻雙方缺乏溝通，滋生出很多的煩惱！

所以，男女之間，女人去打拼，男人緊張，男人去打拼，女人也緊張，等待的那個人總是會緊張。但是，價值觀不一樣的時候，沒辦法兩全其美，尤其是直銷對於很多人來說都存在偏見，很多人很糾葛，不理解。

對一個女人來講，她在外面打拼，她都是為這個家，而且孩子帶在身邊，更加辛苦，老公卻一直鬧一直鬧，是不是會覺得很沒有安全感？這個婚姻變成一種拖累，而且很多的責任，太辛苦了！但是，她是很堅強，一直努力在外面賺錢。

這個家庭，對於溝通來說，老公有問題，應該是老婆要聆聽他，對不對？老婆沒有能力聆聽，因為在外面打拼，已經累得要死，回家還不能馬上睡覺，還要被老公吵啊吵的。可是，她有一個優點，她學了精準溝通之後，她知道問題歸屬，她漸漸有了聆聽的能力。她老公在吵的時候，她就靜靜聆聽，她老公不管怎麼吵，她就是安安靜靜地聆聽，然後理解

性回應，結果，就慢慢改變，他們之間的關係慢慢就從不理解，走向相互理解了。

精準溝通有時就是這麼簡單，當對方在生氣的時候，你能靜靜聆聽，如果你再高階，EQ 再高一點，你還可以站在對方的立場說對方的話，理解性地回應給他，但是，你沒有到達那個位置的時候，你自己要學會靜靜聆聽。當然，當你實在忍不了的時候，你要防止自己爆漿，你要逃離現場，不要在那個現場，你要防止事態的惡化！

人與人的互動中產生各種情緒，分析來分析去，似乎大多數問題都來自於雙方的溝通出了問題，溝通失去平衡，彼此的關係自然失去平衡！彼此之間不想溝通或者沒有溝通，要麼溝而不通，你說你的，他說他的，彼此處於不同的頻道，又怎麼能同頻共振？

當一方不想聽另一方說話，沒有聆聽的能力，就無法做到精準溝通！溝通，不是一方說服另一方，也不是追求一致的見解，而是尋求一種微妙的平衡！溝通就是「表達自己」與「聆聽對方」相結合，就像人與人之間的關係，是付出與收穫相循環，是被愛與給愛相連結。

生活中，人們常常失去覺察力，覺察不到別人，也覺察不到自己，無法慢下來、靜下來去仔細看、認真聽、真誠做，因此，也就很難懂得精準溝通的力量。有覺察力，聆聽，聽懂對方想說什麼，在說什麼，關注對方的需求，體諒對方的感受，不要急於下定論，也不要急於採取行動，以這樣的態度去溝通，才是高效能的精準溝通。

先入為主，先有結論，再用結論去解決問題，問題是解決不了的，問題只會加劇！精準溝通，首先要把自己的心放平！

精準溝通，不是尋求雙方達成一致，因為世上沒有完全相同的兩個人，精準溝通是尋求一種微妙的平衡！

第53章　聆聽是慈悲的涵養，慎言是口德的的修養，包容是接納度的擴展

《鬼穀子》有言：「口者，心之門戶也。」

有分寸，有尺度，不追問他人的過錯，才是植根於內心的善良和修養。

溝通注重換位思考，如果說溝通是一種修行的話，那麼，溝通就是不斷地修正自己的過程，你改變了，別人才會跟著改變！

精準溝通是高級的智慧，非常重要的一點就是換位思考，將心比心。懂得站在對方的立場，說對方的話，替對方考慮，顧及他人的需求和感受。

會換位思考的人，更能贏得對方的好感及信任，精準溝通時會更順暢。

懂得覺察和體會他人的情緒及立場，並且感同身受地去回應，這就是高情商！所謂高情商，不是溝通技巧有多高明多油滑，而是懂得心懷善意，將心比心，真心相待。

大部分影響生活和工作的因素，大概率都是源於溝通，溝通不到位，是導致人與人之間關係陌生疏遠或是互相鬥爭的原因！學習溝通的技巧，修煉說話的水準，是人生中的一種修行，而修行就是要不斷修正自己，每一次溝通都不會是完美的，其中都有值得修正的地方。只有在不斷修正的過程中，我們才能讓精準溝通越來越接近完美！

生活中很多爭吵和誤解，都是圖一時的嘴快，說話之前，沒有三思而言，明明一片好心，卻由於不會表達，反倒傷害了別人，讓人心生怨

懟。沒有人是完美的，不必一遇到事，就得理不饒人。溝通要有同理心，也要有共情力！

俗話說：「話到嘴邊留半句，事到臨頭讓三分；飽經世故少開口，看破人情但點頭。」

成年人的相處中，最忌諱的就是口無遮攔。

有一個媽媽，她住得較遠，她說她在做一些團體的義工。她說她不想做了，因為她常常被罵，沒有人理解她。所以，她不知道是不是人緣不好，還是因為不會講話，她做的事情總是做得不好，她常常被罵，很多人都會罵她。其實，就是溝通出了問題！

她來學了之後，她發現她就是表達的方式出了問題，這是她的自我覺察能力開始覺醒！她發現自己的問題出在溝通過程中，做事情的時候就是沒有先打個招呼。發現問題後，她就開始改進。主動去溝通之後，她改善了與大家的關係，不僅人緣變好了，而且她身體也變得越來越好。

本來她是跟大家關係處不好的時候，她心情不好就會睡不著，睡不好導致牙齒都腫起來，牙齒痛得難以忍受！後來，她有能力跟大家互動表達，她的狀況就好很多。她說：「懂得溝通之後，好久，牙齒都沒事了！」可見溝通能力對人的影響是至關重要的！不良人際關係會造成她的後遺症，而良好的人際關係又會令她心情好、睡眠好、身體好，也就是不僅影響心理，還影響身體。

她之前處理不好家裡的關係，也處理不好外面的關係，最根本的問題是她不懂怎麼說話，老是說錯話，無意中就造成大家對她都有意見。

這個媽媽是做直銷的，對與人際關係技能的要求是非常高的，也就是說，好的人際關係就等於你能創造更大的業績！她學了精準溝通之後，不僅改善了她與他人的關係，而且在業務上也幫她賺了很多錢！

團體活動的時候，要煮中餐給大家吃，就有人會拿絲瓜來，拿金瓜來，其中有一個人會偷偷把絲瓜私自拿走一條、兩條。這個媽媽說，她以前如果看到這種情況的話就會馬上抓住她，然後告訴大家，這樣一來，這個人以後就會很令人討厭，而且，也會損害她的名聲。後來，這個媽媽跟我學了精準溝通之後，她就懂得用精準溝通的方式去處理這件事！這個媽媽就跟那個人一對一說：「這是別人貢獻給大家吃的，我看見你拿走，這樣好像感覺不太好，等於是公家的東西變成私用，可能對你自己也不好。而且，如果有其她人看到，也很難看。」

　　後來，那個會偷東西的人就不敢來了，沒有在那裡再出現，問題就這麼簡單地解決了！

　　她說：「不管她犯了什麼錯，其實就是要尊重她，要私底下跟她談。這樣，那個人比較沒有面子的問題。因為如果她偷東西的行為讓人家知道，當眾揭發出來，那個人會很沒面子，就可能會嫁罪給揭發她的人，反而會更糟糕，就變成大家都轉而討厭我。」

　　一個人要有覺察力，也必須要一點基本功，就是在一些基本的架構裡面，可以一條一條去分析，才有能力去覺察自己的問題出在哪裡。就像我們腦袋裡面有四書五經，我們才能覺察：喔！我現在是不夠人性化，或是我現在是口德不好。起碼有一些架構作為參考，讓我們可以快速釐清自己的問題。修行，其實就是不斷修正自己，才知道我自己哪裡做得不好，我去改進它，有個架構，就可以對照著反省自己。

　　生活中，很多人明明沒有惡意，卻因為說話前不經思考，不懂得慎言而得罪了人。

　　慎言，開口之前停三秒、話到嘴邊留三分，惡言要提前止住，要忍住、壓下去，而美言要說到對方的心坎裡，讓對方如沐春風。好好說話，良言一句三冬暖！慎言，是一個人有良好教養的體現。

說話並不是一件容易的事，但聆聽更難！

一句話，可以讓人心生愉悅；一句話，也可以讓人心生厭煩。說話的藝術，在於心，在於情。而聆聽的藝術在於同理心的共情力，聆聽對方，理解對方，與對方共情，並且理解性回應，對方就能感受到你對他的情義，也能感受到自己受到尊重與愛！

人和人之間最好的相處：聆聽是慈悲的涵養，慎言是口德的修養，包容是接納度的擴展是度量。

聆聽，是一種無聲的表達，更是將心比心，代表著接納他人，理解他人，尊重與愛他人。聆聽有時比滔滔不絕地訴說更有效用！

一位哲人說：「耳朵是通向心靈的路。」

俗語說：「水深不語，人穩不言。」懂得什麼時候該說話，什麼時候不該說話，掌握一個「度」非常重要！溝通有度，才能溝通無礙！

懂得聆聽、慎言和包容，就能抵達精準溝通的最高境界：心與心的交流溝通！

第54章 在內心的「小宇宙」同頻共振

人的內心是一個「小宇宙」，極其複雜，因此需要精準溝通來瞭解彼此的想法與情感。

語言上的溝通，是最常見的，也是最表面的，但是這種溝通也是最簡單、最容易把控的，語言的溝通能傳達資訊，通過語言的溝通，消除一些不確定性，解開彼此的誤解，增進彼此的關係！

情緒上的溝通，是最容易被忽視的，很多溝通上的問題都源於對情緒的漠視或逃避，情緒一旦爆發就會演變為暴力溝通，情緒的出錯率非常高，情緒累積，情緒壓抑，都會造成傷害！學會疏導情緒，對於精準溝通來說，顯得異常重要！

精準溝通本質上是心與心的溝通，有時候，我們被語言所左右；有時候，我們被情緒所感染；但要建立起長期的良好的人際關係，那就要達到精神層面的溝通，就是心與心的溝通！通過同理心與共情力，讓我們與他人達到同頻共振的境界。

本質上來說，精準溝通不僅僅是為了尋求一致意見，而是為了尋求同頻共振！

語言是一條河流，奔騰著往前，說出傷害別人的話，反悔也沒用，傷害已經造成！

情緒是一條大江，洶湧著向前，爆發出來的情緒如同猛獸，會給別人造成致命傷，情緒會傳染給更多人，一人情緒不好就是全家人的戰爭，甚至是更多人的戰爭！傷害一旦造成，也沒有反悔的可能！

有這樣一則寓言故事：牛辛苦地耕田回來，狗過來看它。牛和它訴苦說：「我每天耕地真的是太累了，很想休息一天。」狗離開後，遇到了貓，對貓說：「牛大哥說它太累了，想休息一天，也確實，主人給它的活實在太重了。」貓轉身就對羊說：「牛抱怨主人給它的活太重太累了，它明兒不想幹活了，想休息一天。」羊又對雞說：「牛抱怨主人給它的活太重太累，不想幹了，是不是其他主人對他的牛也是如此。」雞又對豬說：「牛不想再繼續給主人幹活了，想去別家看看。主人一點兒也不心疼它，給它幹那麼重那麼累的活，還用鞭子抽打它。」晚飯時，家裡的女主人去給豬餵食，豬對她說：「我要跟您回報一件事，得好好教育教育牛了。不然它要離開這裡，去別人家了。」餐桌上，婦人對丈夫說：「豬跟我反應，牛想要離開你，換一個主人，你要怎麼處理？」男主人聽後，很生氣地說：「對待不忠誠者，殺無赦！」於是，一頭辛苦勞作又老實的牛就被謠言給「殺」死了。

　　溝通，往往是一種「鏈式反應」，不良的溝通會造成一系列問題！解決這一系列問題的關係就是回歸溝通的本質，用精準溝通的方式修正自己與自己的關係，修正自己與他人的關係，修正自己與社會的關係。

　　我有一個學生，是一個太太，她一直當家庭主婦，從來沒有上過班。她的小孩長大了，而且小孩很乖，也不用她太操心。但她會被別人說閒話，說她不工作，沒什麼用，所以，她就決定出去賺錢，但是，她出來之後，發現她有個困難，大家都不喜歡她。她說話，沒有人喜歡聽，因此，她就一直碰壁，做事也做不好，事業沒有起色，心情鬱悶，身體也不太好。其實，溝通不好的話就會造成一些「連鎖反應」，只要是溝通不好，一系列的事情都會跟著全都不好！

　　時間久了，她自己也動搖了，自己對自己失去了信心，自己對自己產生了懷疑：「我真的那麼差勁嗎？我真的處處都不如人嗎？」

由於長期壓抑，她身體就變得不好，得了類風濕，關節一直腫起來，膝蓋也腫起來，身上開始有些奇怪的病。她說痛得要死，去看醫生也沒有用。她也不敢再出去見人，因為出去一說話，大家反而更不喜歡她，甚至會貶損、批判她。她心情很不好，就躲回家。

後來，她又去看醫生，她怕吃藥有副作用，不敢吃，可是越來越痛，病痛折磨著她，她內心有自我攻擊，就一直攻擊自己，覺得自己不好，別人又不支持她，她非常無助。其實，她並沒有那麼不堪，只是因為不懂精準溝通，所以，產生了這一系列問題。

她跟我學了精準溝通之後，情況就大為改觀了！她的一些朋友也鼓勵她，還是要出來，出來去面對，與大家有更多互動，才有辦法改變。沒有互動，躲在家裡，沒辦法改變！有了精準溝通的方法，有了大家的支持，於是她就開始改變！

她學會做問題歸屬，學會做筆記，學會分析與覺醒。到底發生什麼事？為什麼我講話，大家都很討厭？可是別人講話就不會發生這樣的情況，差別在哪裡？她慢慢地去聽，然後，通過記筆記的方式，來找問題，來覺察自己，發現自己的問題。

做了筆記，分析各種問題，回頭看，會更清楚事情表象下的實質，她的思考邏輯在轉變，並從一個旁觀者的角度發現白己在溝通方面的問題，學會聆聽，學會覺察自己和覺察他人，也學會同理心與共情力，並且通過心理建設，讓自己的自信心建立起來，同時也在溝通的實踐中，建立起自己的精準溝通力！當溝通更有效能時，她改善了與他人的關係，也在高效的溝通中強化了自信，得到了正向回饋，一切都變得越來越好起來！

有些人說話，一開口就情緒化，就一直教訓，一直教訓，一直講道理，這是不對的，可是說話的人卻覺得這是正常的。她們就是習慣性地犯一些錯誤，她們覺得那是理所當然，因為已經用了幾十年了。但是，精準溝通

不是說服別人，而是一種影響，通過一顆心去觸動另一顆心，心心相印，才能身身相隨！而且，精準溝通講究對情緒的處理，有時靜靜聆聽比滔滔不絕地輸出自己的觀點更重要！

著名的踢貓效應，說出了一個情緒的「鏈式反應」：一位父親在公司受到了老闆的批評，回到家就把沙發上跳來跳去的孩子臭罵了一頓。孩子心裡頭火了，狠狠去踹身邊打滾的貓。貓逃到街上，正好一輛卡車開過來，司機趕緊避讓，卻把路邊的孩子撞傷了。

生活中，乃至人生中的一切，都是環環相扣的！當你情緒化地指責別人時，一定是自己內心有過不去的負面情緒。其實，問題歸屬是在自己身上，我們要做的是修正自己，而不是去改變他人！先要紓解自己的負面情緒，再去與別人做精準溝通，不可顛倒順序，更加客觀、冷靜地判斷，做好問題歸屬，才能做到更加睿智、到位地精準溝通！

善於溝通的人，才是人生贏家！精準溝通，才能關係融洽，獲得幸福人生！

第55章 我和我的朋友們

人不能沒有朋友，就像蒼穹不能沒有星星！我想，真正的友誼就是黑暗中發光的那些東西，光與光在黑暗中交相輝映，他們彼此知道對方的心，他們同頻共振，一起做夢，一起思考，一起談心，一起走人生的道路！

我小時候是一個安靜的孩子，不太會說話，所以朋友並不多！我那時交朋友，有一定的困難，因為不懂溝通，我對別人心懷好意，但對方接收不到。我屬於討好型，討好人家，討好到後來就會被人家拋棄！

我跟隔壁的同學很要好，我幫她倒水，怕她鉛筆沒削，我也削好給她用，然後，她要坐下來的時候，我也順手幫她把椅子拉開。可是，她還是不喜歡我。因為討好型的人，總是會被別人忽略。這樣的一些善意的動作，其實對方沒有辦法感受到。如果你像是一個「啞巴」，一直用一些行動去表達自己的情義，其實對方還是沒有感覺，所以，溝通對於友誼來說，是至關重要的！

放在家庭中，也是一樣！如果在一個家庭裡面，一家之主的爸爸不會表達愛，小孩會感覺爸爸很嚴肅，不愛自己的孩子。我們傳統家庭都會有這種感覺，所以，愛與友誼，都是需要表達，需要溝通，只有精準溝通之後，別人才會接收到愛或友情的訊號！

有時，我們付出了行動，但是你並沒有說出口，對吧？實際上，我們應該通過溝通，用語言的表達交流情感，在溝通的基礎上，再結合我們的實際行動，這樣可能就會讓對方更加明白我們到底想幹嘛，更加理解我們的心，從而建立起友誼。

我小時候是最討厭是非的，離是非遠遠的，因為我小時候由於不會溝通，一直被陷害，人家背後都說我不好，所以，我最討厭別人講人家是非。

在我成長過程中，不會溝通，造成我朋友很少。因為不會溝通，我又學會了聆聽的能力，並且讓自己遠離了是非，這反而促進我成長。可以說是：「禍兮福所倚，福兮禍所伏」吧！

小時候，也有一些因為友誼帶來的樂趣，比如朋友會帶我到她家裡，去撈魚，或是去烤土窯雞，就是用土把雞包起來烤，烤好了，把土扒開，那種香味，我至今還記得。初次的友誼，帶來的是一輩子的美好回憶！所以，我雖然是一個靜靜的人，但有時我也會嚮往熱熱鬧鬧的友誼，大家玩在一起，一起成長，將來長大了，就一起追憶往昔！其實，這也算是人生中值得珍藏的友誼吧！

交朋友也可以開拓我們的視野，小時候，有些朋友會帶我出去玩，去爬樹，去抓泥鰍，做那些我從沒有嘗試過的事情，這些都開拓了我的視野，也豐富了我的人生體驗！

初中時，我的溝通能力就稍微好了一點，稍微懂得溝通，而且，我那個時候喜歡各種運動，比如滑冰之類的，因為愛運動，就會更容易結識一些志同道合的朋友！友誼，最簡單的方式，就是擁有共同的愛好與共同的話題，這是最簡單的友誼，也是最純粹的一種友誼！

那時，有溜冰的朋友，還有打籃球的朋友，他們會常常帶我去他們家玩。運動讓我的情緒轉移，我就活得不是那麼壓抑，而友誼讓我的生活更豐富，也讓我身心都得到情感的滋養，所以，我變得開朗許多。

高中時，我的溝通能力又進步了，會有更穩固的友誼。那個年代，我是比較高的女生，買不到衣服，買不到鞋子，我有一些不錯的朋友，可以請她們幫忙。所以，這個時期，我跟我的朋友們會有更多的互動！

雖然都是一些小事，但是這些細節卻反映出彼此內心的情義！

　　出社會以後，我會尋找人與人之間的平衡點，如果我沒有找到一個平衡點，我就知道我與別人的關係不會長久。如果以現在的角度來看的話，還是會覺得人與人之間的平衡點很重要，有了平衡點，意味著我的需求與對方的需求都能得到滿足，這樣就是比較好的親密關係。

　　朋友之間，在於有共同的語言，有一種默契，也有一些共同的興趣。我的人生中，我的圈子其實一直在變，我也主動走進了不同的圈子，比如說有打籃球的圈子，有滑冰的圈子，有學生的圈子，有事業夥伴的圈子等。不同的人生階段，我們可能需要不同的朋友，因為，不同的人生階段，我們做著不一樣的事，遇到不一樣的人，而且，我們的價值觀與興趣點也在發生著變化，就決定了我們會與不一樣的人交朋友。因為圈子不一樣了，已經接觸了很多的不同圈層的人，所以，我在交不同的朋友的過程中，自己的溝通能力也在不斷提升。

　　有一個時期，我在小的服裝廠工作，做一些機械的手工活，這個工作做久了，好像會笨掉，因為都不用頭腦，就是一直做一直做。而且，那時住在宿舍，都是幾個人同住，關係也比較難相處。住在宿舍就會有糾紛，有人會偷我的東西，又搶我的東西，有人會亂告狀，說我怎麼樣怎樣樣，然後就會莫名其妙，還會被人栽贓、冤枉。我當時不懂得辯解，只是遠遠走開就好了！從人際高效能溝通的角度，溝通就像跳舞一樣，一進一退，一進一退，到後來一定會有一個結果。但是，我那時並沒有主動溝通，而是選擇了消極的回避。

　　溝通其實也要勇敢，要有技巧，有那個能力，你的勇敢才好用。沒有那個能力，你的勇敢可能就是大吵大鬧，不歡而散。有溝通的能力，遇到被冤枉，其實是要當場釐清，會比較好，對方發現你很有能力釐清，他們會怕你，以後也不敢隨隨便便冤枉你！

我做保險的時候，也是對我的溝通能力的鍛煉，因為會有很多內訓的機會，而且，在工作的過程中接觸到各種人，這些都是溝通的實踐。我業績做得很出色，因為我懂得聆聽，同事們看我去談客戶，我全程都不怎麼講話，但是客戶卻往往覺得我溝通能力很強，人也特別好，都紛紛跟我簽合同。其實，溝通能力很強，並不表現為僅僅是會講，還要會聽，有同理心和共情力，要讓你的心讓對方知道，精準溝通，才有精準的傳達！

　　我與同事可以成為朋友，我和客戶也可以成為朋友，我和我的學生也可以成為朋友，與人為善，學會溝通，天下人皆可以成為我的朋友！

　　很多客戶把我當成他們的朋友，會跟我講他們的秘密，我就會說：「啊！你講的什麼事情？我會很健忘，我會馬上忘記喔！下次你再講，不要問我，怎麼樣怎麼樣，我沒辦法接話喔！」我的意思是，我願意做一個聆聽者，但是秘密的事情，聽就聽了，到我為止，我不會去傳播。這也是我與客戶的一種默契，他們需要一個聽眾，而我是最好的聽眾！

　　所以，做一個最好的聽眾，也是和別人交朋友最好的一種方式。

　　在國外學習的時候，會有很多朋友拉著我去跳舞，我不太會跳舞，所以，也很少會去。但我到一個新的環境，到一個新的國家，可以迅速的融入對方，這也是我的一種能力。我性格比較隨和，所以，環境的適應能力比較強。朋友們在我生日的時候，還辦了一個 party，調皮又有創意的異國朋友給我帶來很多驚喜！很多禮物好難忘喔！

　　我的一個同學，現在在當校長，每次調到哪個新學校，都會跟我聯繫。我和她一年大概會見面一次，一聊就聊一整晚，都不用睡覺，白天聊到晚上，晚上又聊到天亮。因為我從美國學習高效能溝通回來，我已經學會溝通的精髓，我不一定會講，但我會聆聽，有很多人愛跟我說話，說到晚上都不用睡覺。親密關係，是建立在「相互接納」基礎上，並通過「彼此認同」發展起來的！每一次，我的朋友和我長談之後，都捨不得離開！

後來，我去學打高爾夫球，然後又會認識一些不一樣的朋友，所以，我們總是在人生中遇見各種各樣的「妙人」，我們能從他們身上學到各種各樣的知識，同時也開拓了我們的視野，而我們自己也無形中教會了別人不少東西。從這個角度來說，朋友與我們的關係，其實是一種微妙的「互補」的關係，也是一種相互成就的互利關係！

交朋友的過程中，細節決定一切，我遇到過這種情況，有的人拍照時，把自己拍得很美，卻把別人拍得很醜，這個人的人際關係一定很不好，拍照拍幾十年，只顧自己漂亮，不顧別人美醜，15 人的活動醜照發 2 百多人的群組，連肖像權都沒尊重！那不是每照一張團體照就得罪一批人，需要他服務的人應該寧願另找他人吧！沒有同理心與共情力的，人際溝通就不會好到哪裡去，其實人際關係決定財富等級，這個人用去了我人生中第一次的公眾表白，並引起震撼。

在打拼事業的過程中，我也結交了一些朋友。因為舉辦活動，我要去租場地，對方要一個小時 1200，我只想租 5 小時，對方說：『給特價打對折，要收 3000。』場地用完還要我們自己打掃。對方還開出一個條件，他們要求進來免費聽課。

我就說：「我在很多地方開課，有一些地方是不收我們場地費的，而且，我年紀大了，人家也不會讓我們自己打掃場地，學生是付費的，也不可能當打掃場地義工。並且，我的課程是有版權的，並不是可以免費聽課。」所以，這件事沒有談攏，但是，我與她溝通的過程中，也讓彼此有了成長，就是讓彼此懂得為對方考慮，站在對方的立場想問題。

我看到不對的事情，我可以幫助對方成長，這種幫助，也是一段友誼的開始！只要用心，精準溝通總是可以讓我們有更多成長，也讓關係走向和諧！

友誼往往起始於真誠，我真心對你，你也會真心對我！我幫助你成

長，你同樣也成就了我，是一種物質上的互利，也是一種精神層面的互利！

隨著年紀的增長，就會發現精準溝通的重要性，相處舒服是因為精準溝通，關係和諧是因為精準溝通，精準溝通才是人和人之間最好的狀態。

有了精準溝通力，人與人之間，不必刻意寒暄，不用強顏歡笑，聊天時感覺相談甚歡，沉默時感覺彼此默契！

圈子不同，也同樣能溝通無礙！

友情，有時是易碎品，需要我們用「精準溝通力」去精心維護！

後 記

心理學家們經常說：「人生有兩大動力：追求快樂，逃避痛苦。」而精準溝通，可以讓人與人之間，快樂越來越多，痛苦越來越少！

精準溝通可以讓誤會解開，讓情緒紓解，讓問題解決，同時，在這個過程中彌合了人與人之間的關係，而且也持續不斷地讓心與心越來越貼近，讓彼此的關係更加和諧親密。

精準溝通中取得對方的信任，是我們展開精準溝通的出發點和落腳點，我們的善意，我們的情義，要讓對方精準地接收到。

通過聆聽，表現對對方的尊重，通過表白，表達自己的需求，在溝通中尋找人與人之間微妙的平衡點，心放平了，溝通就更有效能！

精準溝通，要關注對方的關注點，放下自己的標準和執念，聆聽，是以對方為中心，而不是以自己為中心，通過換位思考，來平衡關係，這是精準溝通的捷徑！而通過問題歸屬，來解決問題，則是精準溝通的根本！答案往往就在問題上！事件的結果、過程、人，這三者之間的邏輯關係，比這三者本身更重要，理解關係，維護關係，比滔滔不絕地表達自己更重要！

講得越多，對方能聽進去的就越少；相反，聽得越多，對方的心敞開得就越多，我們就有更大的機會，走進對方的心裡！心心相印，才能身身相隨，這樣的溝通才有更大的影響力，才能長久維持和諧與親密的關係！

精準溝通的核心是處理好情緒，人之所以有情緒，是自己想要的結果和客觀事實之間產生了偏差。誰有情緒，問題就出在誰的身上，我們要先處理好自己的情緒問題，然後，再處理對方的情緒問題，而聆聽和理解性回應，是讓對方得到情緒紓解最好的辦法！

情緒得不到很好的控制，就會導致暴力溝通；能夠有效控制情緒，把善意與愛準確傳達給對方，這才是高效能的精準溝通！

本質上來說，任何選擇都是對的，問題是你是否接受自己選擇帶來的結果。選擇精準溝通，是一個種善因得善果的過程，也是結善緣，建立親密關係的過程！

精準溝通過程不是分辨對與錯、強與弱，也不是僅僅為了尋求一致意見，而是尋求一種和諧的人與人之間的關係，以及人與人之間微妙的平衡點，是一種平衡的藝術！

精準溝通既是利他的，也是利己的，是一種互利的溝通方式，也是一種相互成就的溝通方式！它不是零和遊戲，不是一方贏一方輸，而是雙贏和多贏！

精準溝通是一個不斷成長的過程，在精準溝通過程中，你幫助別人成長，別人也在幫助你成長！不管是物質層面，還是精準層面，在精準溝通的過程中，我們都將受益良多！

精準溝通力，是一個取之不盡的寶藏！

精準溝通是面向未來的，學會精準溝通，世界就打開了無數大門！

隨　筆 1

順境中善待別人，逆境中善待自己

　　窮則獨善其身，達則兼濟天下；順境善待別人，逆境善待自己。順境是鼓舞，逆境是激勵，沒有狂風巨浪，激不起美麗的浪花。

　　在順境時，我們應該對待別人更加友善、慷慨、寬容，因為當我們生活在幸福、享受的環境中時，我們要惜福，也要感恩，而讓福氣放大的方法，就是與人分享，福氣總是越分享越多。我們不僅與人分享福氣，還把獲得幸福的方法也分享給他人。

　　送人玫瑰，不僅手有餘香，心也有餘香！

　　我們在順境中，儘量去幫助更多人，我們的內心充滿喜悅，感到更加滿足，從而能夠用更好的心態去面對自己的生活和周圍的人。

　　在逆境中，我們應該學會善待自己。我們中國人常說：窮則獨善其身，達則兼濟天下。因為逆境可能會給我們帶來不安、痛苦和挫折，讓我們的心情變得消沉和沮喪。在這種情況下，我們應該對自己更加溫柔和寬容，給自己更多的支持和鼓勵，這樣才能重新振作起來，面對生活中的各種挑戰。當我們有足夠的力量，我們就要試著去幫助別人，為讓世界變得更美好盡自己的一份力。這句話的核心意思是：在任何時候，我們都應該對待自己和他人更加友善和善良，並在這個基礎上，去改變，去讓自己與世界變得更美好！

　　生命本就不是來享福的，生命都是帶著使命而來，因而苦難是不可避免的。

沒有苦難的感受，哪來感同身受？透過逆境的磨練、淬煉，才能真正體悟箇中滋味，能勇於面對逆境，突破「困」字的人，生命就會日益茁壯、發光、發亮。

　　尼采說過：「知道為什麼而活的人，便能生存。」

　　生病了，就要告訴自己生命的意義，就是健康與快樂，健康與快樂的嚮往足以增強戰勝疾病的內在力量；而當環境生了病，我們也應當明白，我們有義務幫助周遭的環境變得更好，發自己的一份光，世界並沒有變得更亮，但當所有人都在發光，我們就不再懼怕漫長的黑夜！

　　看不到生活有任何意義、任何目標，因此覺得活著無所謂的人是可憐的，因為人生本就沒有與生俱來的意義，生命與人生的意義是我們用自己的行動去賦予它的。

　　生命是一個空杯子，我們要往裡面裝上無上的瓊漿，如果什麼也不裝，生命也只不過是一個空杯子！

　　面對人生的苦難，我們要在生活態度上做到根本轉變，我們需要瞭解自身，而且需要說服我們自己，也要說服那些同樣身處絕望的人，只要心中有希望，我們就能找到脫困的辦法。困境只能使我們更強！

　　我們期望生活給予什麼並不重要，重要的是生活對我們有什麼期望；我們不應該再問生活的意義是什麼，而應該像那些每時每刻都被生活質問的人那樣去思考自身；我們的回答不是說與想，而是採取正確的行動！

苦難的意義，不是一次考驗，而是為了證明生命的偉大，生命像夜空一樣深邃，蘊藏著無限的潛力與能量。

我們來到人間，不是為了尋找答案，而是為了享受過程！哪怕過程中充滿困難，甚至是苦難。

「生命」的意義不是某種含糊的東西，而是非常實在和具體的，具體到一個微笑、一縷憂傷，甚至一餐一宿與四季的冷暖。

每個人的命運都是獨特的，生活永不重複，不同問題需要不同的應對。有時你會覺得深思熟慮更為可取，有時你會發現順其自然是正道。每種情況都有其特殊性，正確的應對也不會只有唯一一個答案。

聰明的人著眼於解決問題，而智慧的人著眼於不產生問題！

如果苦難不可避免，那就接受它，並想辦法化解它，並把它變成前進的動力，在苦難中強大起來，日後的一切苦難也就都雲淡風輕了！如果你發現經受磨難是命中註定的，那你就應當把經受磨難作為自己獨特的任務，當你成功脫困的那一刻，你也已經變成了一個更強大的自己。

人生的快樂、痛苦、順境、逆境，都是生命至關重要的片段，都不是全部，卻是生命不可或缺的一部分！

不要過多思考生命的意義，而是要去親身體驗生命的意義，因為在大多數情況下，「體驗」遠比「思考」具象得多，也博大得多！對我們來說，生命的意義包含著從生到死受苦受難這一更廣闊的迴圈，生老病死，苦集滅道，一切的一切都是生命無上的饋贈！

有時我會想：上天是覺得我們太強大了，才會把一些苦難降臨在我們身上！而我們往往只看到苦難，而沒有看到自己的強大！當我們發現自己很強大時，苦難就成為了我們強壯的養份！

一旦我們明白了苦難的意義，我們就不再通過心存幻想、盲目樂觀等方式去減少或平復遭受的苦難，我們會找到解脫之道，那就是讓自己變強大，找到苦難中暗藏著的成功機會。

　　必須直接面對所有的苦難，不能軟弱，只有淚水是無用的，但也不必諱言流淚，因為眼淚見證了人們承受痛苦的巨大勇氣！

　　天會下雨，是天的天性；人會流淚，也是人的天性！風雨來時，風滿樓；風雨去後，月滿溪！

　　我們的事業提倡大家，善待別人，包容別人，同時也善待自己，包容自己，在成就他人的同時，也成就了自己，只有自己在拋棄自己的私心雜念的時候，才會將自己的內心狀態發揮到自然極致。

　　你天生不凡，只是你自己還不知道！

隨 筆 2

教妳當個偷心盜賊

普羅米修斯偷來天上的聖火，從此人間不再冰冷！我們也要善於偷心，當我們得到別人的心，我們將與他人有一段充滿溫暖的關係，破冰的秘密，在於人與人之間的心心相印，在心與心聚合所產生的熱度，生命的溫度，正是在一段又一段溫暖的關係之中。

年輕的時候，男人要的是青春的肉體。女人有青春的肉體，就會有主控權，這個主控權其實是暫時的。

最是人間留不住，朱顏辭鏡花辭樹！

自古落花惹人傷春，詩人們或感慨「春去也，飛紅萬點愁如海」，或歎息「林花謝了春紅，太匆匆」，有人「長恨春歸無覓處」，更有人「一掬愁心，不放春歸去」。

若已溫柔珍重芳菲時，又何須惘悵芳菲盡？

女人的美，像鮮花綻放，但會不會有幸福的結果，這其實是取決於你自己的。

在男人要妳的時候，妳最大，妳可以慵懶、妳可以不洗衣服、妳可以不倒垃圾、妳可以為所欲為、妳可以要車要房要錢……

如果除了青春肉體，沒有其他能力、特點，那麼妳的男人外遇的機會相對提高！

因為青春的肉體男人也會膩，青春的肉體會變型，會有其他更好的

青春肉體來倒貼。

女人需要成長，要幽默、要睿智、要有自己的氣質、要有自己的風格，對愛妳的人要會換位思考，要有本事成為對方的精神伴侶，才不會被替換掉。

宋美齡是中華民國第一夫人，被蔣總統愛一輩子的人，她除了美貌以外，琴棋書畫、多國語言、處事能力、貼心懂禮都是一等一的表現。她的情愛經營是女人成功的典範，妳知道她有多努力嗎？

以她為標杆，打個六折還是很優秀的。

當然妳的成長，也要跟妳丈夫的成長並駕齊驅，妳才能與他同心，才能保有永不退色的愛情。

如果女人的成長超越了男人，男人跟不上，這兩人的感情也會出問題。不一定是女人外遇，或許男人往低處去找過去的妳青春肉體的替代品，而不知醒悟，一直在肉體中輪迴找不到出路？

若是男人比女人成長了，男人的心孤單了，也會去找尋未來的妳，那個有才幹、懂他、又貼心、知冷知熱的替代品。

為什麼男女在一起生活了還會變心？

答案是：男人和女人在不同階段與不同年齡層都會有不同的需求。

不同的職位，不同的工作會有不同的成長、不同的體悟與覺察。

一輩子很長，妳要如何規劃？如何成長？如何進步？才能與自己心愛的人並駕齊驅，白首同心，一同恩愛到老？

所以，建議你每週要挪出一、二天去學習自己感興趣的事，累積自己的能力，也培養了自己的氣質，每晚要跟自己心愛的人心靈交流，互相分享人生哲學、工作體悟、或是分享覺察到的任何人、事、物，才能與伴侶一起成長。

「百年修得同船渡，千年修得共枕眠」。夫妻的結合本是千年修得的緣分，但世界上沒有完全相同的兩片樹葉，夫妻因成長環境、家庭背景、人生經歷、學識水準等各不相同，即使再心心相印、恩愛無比，也會在脾氣性格、為人處事等方面出現差異。

女人的「萬有引力」不僅來自於肉體，更來自於精神。

女人要保持健康向上的生活狀態，追求高雅高潔高尚的生活情趣，主動把真誠、信任、理解與寬容等「愛情資本」融入到婚姻經營中。

夫妻要相互尊重，夫妻間要用「磨合」替代「改造」，因為試圖改造對方，夫妻兩方都是痛苦的，而默契的磨合，就像探戈舞一樣，雙方都會有一種「愛」的愉悅感。要記住千萬不要以自己的標準去要求對方、約束對方、改造對方。這種做法是無效的，這種改造是徒勞的，最終只會讓自己遍體鱗傷。要記住甜蜜的愛情不能只有索取沒有回報，投入真誠，回報忠貞；投入思念，回報牽掛；投入關心，回報體貼；投入患難與共，回報生死相依。

「家」永遠不是一個說理的地方，分不出對與錯，只在乎愛與不愛。

女人是愛情的主人，女人是婚姻的主人，女人也是幸福未來的主人。

加油～ go ～ go ～ go ～為自己加油拿到永遠的主控權！

隨 筆 3

情感勒索與情緒化是社會公害

情緒化的溝通，等於：彼此傷害。

「情緒化」的教育方式有多少父母都中招？情緒化的教育，是當下父母們最常用的教育方式，也是一種暴力溝通方式。使孩子沒辦法用平和、平等的方式與父母進行溝通和相處。父母對孩子的每一句評價，未必是出自他們的本心，而往往是出自於他們的情緒！但父母的每一句評價，孩子都會無比在意，甚至會直接影響孩子對自己的認知，哪怕是不經意間的無心之言，在孩子的眼裡，也有舉足輕重的影響。

每一個懂事的孩子背後，都有一對不懂事的父母。

情緒化的父母，先學會自我成長，學會反省自己，學會處理好自己的情緒再來處理孩子的問題。

對孩子最好的教育是應該時刻控制好自己的情緒，用心陪伴並和孩子共同成長。改變自己的同時，也在改變著孩子的命運。

怎樣處理情緒化？

一個人情緒正在爆漿的時候，你有幾個選擇：

（1）盡速離開現場

（2）在現場做理解性的情緒引流

（3）消極聆聽

（4）安靜陪伴

你不能做的是：

（1）極力勸導

（2）命令教訓

（3）攻擊謾罵

因 一個人有情緒時是失控的，是危險的，是需要被隔離、被冷凍。離開現場才能安全不被波及。

如果你有冷靜穩定的能力，你當時也願意，也有足夠的時間，可以幫助情緒爆漿的人做情緒引流，讓他情緒穩定下來。

如果你可以寧靜祥和適當的給敲門磚，他也可以盡情的發洩情緒，雖然你沒有做理解性的回應，但是消極聆聽的敲門磚就能使情緒不穩的人，慢慢穩定下來。

安靜地陪伴，就只是看著對方適當的點頭發出嗯、啊、喔，理解的聲音，也可以有效協助紓解情緒。

你不能做的是：極力勸導，他受阻會抓狂。

命令教訓會使他崩潰，因 他情緒滿溢，無法接受任何有道理有意義的話，此時他的腦袋變成了一大坨糨糊無法思考。

攻擊謾罵，強烈對峙會讓他如瘋狗一樣，卯起來打打殺殺。

人的情緒不可怕，可怕的是你用錯方法，就如同在火災現場丟汽油

桶，會使狀況嚴重千百倍。

比如一對父子平常都用打罵教育，兒子已經積恨很深，一天老爸煮了一鍋酸辣湯，招呼兒子吃，兒子說：「你盛一碗給我吃。」老爸回：「沒用的兔仔子，你不會自己盛喔！」

兒子一聽怒火攻心，向前一個箭步一把推倒老爸，大打出手，老爸激起盛怒反擊並大罵，一場激戰，老爸慘死在廚房。

這是真實故事，你可能看完新聞，覺得孩子不孝！每一件事的發生都不要去評論對錯，要看前因後果。不當的溝通模式會釀成無法修復的結果。一個高情商的溝通可以化干戈為玉帛。結果是天差地別的。

情緒不穩定，容易怒火攻心，容易壓抑情緒，這些都會使您身心受傷，情緒一堆若要得到健康就很難了。情緒會影響荷爾蒙分泌，影響食物在身體裡的化學作用，會產生很多毒素，會影響睡眠品質，那麼您再怎麼養生也得不到健康。

情商高的人一般很少情緒化，從心理學角度，情商主要來源於兩個方面：

一是內在的客體關係模式。即內在的自己和內在的父母的關係，小時候父母怎麼對待我們，我們將來就如何對待別人，甚至教會別人如何對待自己。

二是自由的環境，沒有對錯評判，人的精神內核會天然地去觀察和成長。

所以，後天我們通過對自己的觀察瞭解，改變我們內在的客體關係模式，穩定內核，也可以提高情商。

在平時生活中有哪些高情商的溝通方式呢？

1）多接納對方的感受，當對方的感受被尊重，對方的情緒就能得到穩定。

2）如果對方沒有主動詢問，或者不是在互相討論中，就不要主動給對方建議。

情緒，需要被承認，而不是被評判「該不該」。未發洩的感受，它不會消失，只有被承認，被接受後，情緒才會平復。

3）任何時候，有問題解決問題，有感受表達感受，看到事實本身。不執著於評判誰對誰錯。有時，在一段關係中，對與錯不重要，重要的是彼此的態度。

4）不刻意討好任何人，多真誠地表達欣賞。

每個人總有閃光的地方，我們只要多真誠的表達欣賞就好，如果暫時沒發現對方的閃光點，那麼，我們就給對方一些理解性的回應。

5）少表達「擔心」。

可能很多人以為表達自己的擔心是在關心對方，但是對方並不買賬。其實，擔心背後的含義，是在表達對對方的否定，即我認為你做不到，你弄不好，甚至某種意義上來說，擔心反倒成了一種詛咒。

6）高情商就是讓自己舒服，也讓對方舒服。

不是壓抑自己扭曲自己，刻意地去讓別人舒服，委屈求全不是我們要追求的方式。而且我們也不需要讓所有人感到舒服。關鍵是在各種關係中，掌握一個「度」，一個讓自己與對方都相對感到舒服的「度」！

訓練自己高情商的精準溝通力是刻不容緩的！

* 讓鳥兒自由飛往它的山 *

鳥兒就該自由飛往它的山，魚兒就該自由遊向它的海洋，雄鷹就該自由飛往它的天空……就像每個孩子都該擁有他獨立自由，充滿愛的空間！

可父母卻總是往往給錯"愛"！

父母的確是神聖的角色，但不能擔任孩子一生的"導演"，因為大多數父母，在孕育一個新生命之前，都一無所知，沒有學習如何當父母，也沒有接受訓練如何做好親子的溝通教育！

伴隨著孩子的出生，教育的挑戰也隨之而來。父母抱怨孩子不聽話，孩子埋怨父母不瞭解自己的真實內心，父母很用心嘗試了各種辦法，但還是收效甚微，親子之間的問題也從未間斷，於是打罵教育，就成了大多數父母的習慣。

每天跟孩子對抗，每天讓孩子根據命令做事，每天讓孩子沒有發聲的機會，最後孩子越來越叛逆，有時候甚至還會故意做一些"壞事"，來激怒自己的父母，相愛相殺！

可是大家知道嗎？一個沒有被教好的小孩，犯一個案件，社會就要付出千萬元的代價，犯 10 個案件社會就要付出億萬代價，甚至更慘痛，無法挽回的代價！

「精準溝通力之親子教養訓練」是心理學架構延伸出來的溝通模式。有理論、有示範、有演練、有角色扮演、有冥想、有覺察、有分享，帶您成為人際關係中的諮商師，幫助您處理親子關係，與他人建立良好協作的關係，共赴美好幸福的未來！

孩子是社會的棟樑，只有孩子被教育好，社會才會好，每個孩子才能充分發揮自己的天賦，成才成名。兄友弟恭、夫妻和睦、同事有愛……何

樂而不為？

我教了 36 年的親子教養訓練，沒有見證，也不敢站出來說：「請先學好怎麼當父母，再生養小孩！」

很多父母學習各種書籍、參加各種培訓班，卻毫無效果，親子關係一點都沒有改善，反而越來越迷茫，不知道答案在哪裡。這些都是因為他們沒有精準學習，沒有找對方向，沒有針對性解決自身的問題。

其實您可以，也有能力教出有勇氣、有學習力、有生存力、有精力、有目標的未來領袖。歡迎您跟我們聯絡預約諮詢，以瞭解您的需求。

你想擁有不吼不叫就能輕鬆培養卓越孩子的方法嗎？

你想成為只要說孩子就會聽、只要聽孩子就肯說的父母嗎？

你想獲得用一套沙盤就能讓孩子自動自發學習的能力嗎？

你想洞悉孩子成長的五大元素，更好地陪伴孩子健康快樂的成長嗎？

人人都望子成龍望女成鳳，卻無法很好地處理好當下跟孩子的關係，給他們營造健康良性的成長環境。孩子的成長是個系統工程，如果沒有一個培養卓越孩子的系統架構，育娃的過程中問題就會層出不窮。

如何收穫一個懂事貼心的孩子？

如何成為一個善解人意的父母？

「明日之星親子營」專為支持良好的家庭親子關係養成量身定制！

* 通過親子教養訓練您將收穫 *

1. 説話清晰有力量和影響力。

2. 只要對話孩子就能自動接收完成，不必對抗。

3. 架構明確，對症解決問題。

4. 洞悉孩子生命成長的本質，更好陪伴孩子的成長。

5. 讓孩子從容自在有目標，讓父母從容淡定有成就。

*3 天課程，您將收穫幸福，高品質的生活關係 *

課程內容：孩子的自動自發／親子關係的本質／為成為未來領袖的父母做準備／幸福親子關係語言模型／讓家成為愛心洋溢的港灣／啟動親子共進步的驅動力／找到人生奮鬥的意義／學習型家庭架構搭建術／讓家庭保存新鮮感，擁有競爭力

更多驚喜，等你解鎖……

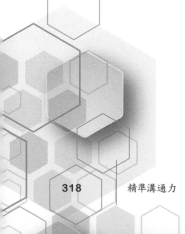

* 適合人群 *

想更瞭解孩子、更好陪伴孩子、深度成長的父母

- · 育兒遇到困擾、急需改善親子關係。
- · 想有效激發孩子內驅力，讓孩子愛上學習。
- · 想提升孩子抗壓抗挫能力，讓孩子更加自信勇敢。
- · 想提升孩子時間、精力管理能力，更好規劃學習和生活。
- · 想收穫更加和諧幸福的家庭氛圍。

* 特別福利 *

2 人同行，第 2 名六折

報名資訊：

　　我是一名想要助力更多家庭、守護孩子健康成長的親子教育工作者，期待你們的到來。

國家圖書館出版品預行編目（CIP）資料

精準溝通力 = Accurate communication power/ 賴聰敏著 . --
初版 . -- 臺北市 ： 匠心文化創意行銷，2023.07
　　面；　公分
ISBN 978-626-97301-1-7（平裝）
1.CST: 溝通技巧 2.CST: 説話藝術 3.CST: 人際關係
177.1　　　　　　　　　　　　　112010872

精準溝通力

作　　者	賴聰敏
總 策 劃	洪豪澤、賈雯雯
內文編輯	全球創業人物實錄總編 - 周夫人
採訪編輯	全球創業人物實錄總編 - 周夫人
封面設計	全球創業人物實錄品牌總監 - 丁丁
總　　監	全球創業人物實錄
圖書出版	匠心文化創意行銷有限公司
發 行 人	張文豪
出版總監	柯延婷
執行主編	郭茵娜
執行編輯	郭珊伶
圖片提供	賴聰敏
美術設計	宛美設計工作室

全球創業人物實錄
歡迎掃碼關注微信公眾號
聯繫方式：1713006978@qq.com

總 代 理	旭昇圖書有限公司
地　　址	新北市中和區中山路二段 352 號 2 樓
電　　話	02-2245-1480（代表號）
印　　製	上鎰數位科技印刷有限公司
初　　版	2023 年 07 月
定　　價	新臺幣 380 元